中村 達
Tohru NAKAMURA

私が諸島である

カリブ海思想入門

書肆侃侃房

私が諸島である

カリブ海思想入門

*

もくじ

序　章　冒険の季節　5
第1章　ひとつの世界としてのカリブ海　15
第2章　1492を越えて、人間であること　解呪の詩学　29
第3章　カリブ海を定義する者へ　存在論的不純性　45
第4章　神話とカリブ海　悲しくも希望に満ちた叙事詩　61
第5章　出会いを押し進めるために　相互歓待　75
第6章　カリブ海の社会モデル論　プランテーション、多元、クレオール　91
第7章　環カリブ海的経験のクレオライゼーション　この海の下で、我々は手を取り合う　109
第8章　カリブ海によるクレオール的時政学　海が歴史である　127
第9章　ミサイルとカプセル　円環性の実践としての弁潮法　149

第10章　ニヒリズムに抗うクロス・カルチュラルな想像力　カリブ海的身体と幻肢　167
第11章　カリブ海のポストモダンの地平　カリビアン・カオス（前編）　187
第12章　カリブ海のポストモダンの地平　カリビアン・カオス（後編）　209
第13章　押し付けられた言語は誰の存在の家か　私―像を描く言語　225
第14章　クレオール礼賛の裏で　カリビアン・フェミニズム　245
第15章　クレオールの精神　カリビアン・クィア・スタディーズ　285

終わりに　322
参考文献　328
カリブ海思想研究リーディングリスト　340

凡例

一、訳文において、［ ］括弧内の部分は筆者による補足である。また省略は（……）で示している。

二、訳文において、日本語で訳出の難しいものや原著者の造語、また重要と思われる言葉については、訳語の後に（ ）括弧内で原語を載せている。

序章

冒険の季節

今でも覚えている。容赦のない太陽。舗装が中途半端な道を歩く私の横を、がたがたと音をたてて通り過ぎる中古の日本車。そしてそこに残った土埃とガソリンの臭い、レゲエのリズム。

「海外 PhD」という言葉の「海外」が欧米を意味していることに、いつも嫌気がさしていた。若気の至りというものだったのかもしれないが、当時のあの感情がなければ、私はこの本を書くことができなかった。

2015年に日本の大学院を飛び出るように満期退学した私は、同年代がアメリカとイギリスの伝統ある大学に留学していく中、カリブ海にある西インド諸島大学への博士課程留学を決意した。西インド諸島大学は、ジャマイカ、トリニダード・トバゴ、バルバドス、アンティグア・バーブーダにキャンパスを持ち、バハマ国にも分校を置いている。また、通信制のキャンパスも運営している。私が選んだのは、ジャマイカにあるモナキャンパスだった。大学院課とのやり取りは非常に困難だったが、後に指導教員となるナディィが間に入ってから、手続きが何とか進んだ。ビザを取得できたのは、フライト前日のことだった。ジャマイカへ留学する、と周囲に伝えた。好奇の目で見られることはあっても、それは決して肯定的なものではなかった。ジャマイカで取る学位にどれほどの価値があるのかわからない、と言われたことも覚えている。フライトは、成田空港からカナダのトロントを経由するルートを選んだ。日本で助成金の類の一切に恵まれなかった私は、少しでも節約しようと、トロント・ピアソン国際空港のベンチで一泊した。結局眠れないまま、ベンチでひとり夜通し本を読んだ。その本は、サリンジャーの『ライ麦畑でつかまえて』ではなく、ジョージ・ラミングの『冒険の季節』だった。

翌朝、エアカナダ・ルージュに搭乗する際、すでに周りがジャマイカ人ばかりであることに気づいた。アジア系は私だけだった。周囲からはジャマイカ特有の言語が聞こえてきた。フライトは4時間ほどだった。到着地が近づき、機体が高度を下げていく。私は機内中央部の席に座っていたので、窓からジャマイカの地を見下ろすような格好いい思い出作りはできなかった。こうして私は、ジャマイカのノーマン・マンリー国際空港に降り立った。予想に反して、入国審査はスムーズだった。空港から出ると、大学の国際学生課が用意してくれたタクシーが私を待っていた。空港から大学まではすんなり行くことができた。運転手との会話は、現地のビール「レッド・ストライプ」の味についてだった。寮についた私は、割り当てられた部屋に入った。机と冷蔵庫、ベッドのみの質素な部屋だった。窓はガラスではなく木の板が並べられたものだった。網戸はない。1階の部屋なので、窓を開ければ虫は入り放題だった。パンパンに膨らんだバッグから、日本の家電量販店で購入した小型の扇風機を取り出し、机に置いた。さぁ、始めよう。新しいノートを開いて、『冒険の季節』からの引用をひとつ書いた――「自由とは、お前が何であるかだ」[*1]。

複数性を見据えて

西インド諸島大学モナキャンパスは、ジャマイカの首都キングストン東郊の山間部にある。この土地は、元々はプランテーションだった。キャンパス内には、近所に流れる川ホープ・リバーから製糖工場へ水を送るために使われていた石造りの水路橋など、植民地時代の建造物が残されている。1948年の設立当初、現在の西インド諸島大学の前身西インド諸島ユニバーシティ・カレッジでは、医学教育のみが行われていた。そこに英文学科が追加されたのは、1950年のことである。それから半世紀近く経った1994年、西インド諸島大学モナキャンパスの英文学科は、その名称を"The Department of English"から"The Department of Literatures in English"へと変更した。私が5年間在籍したのは、この学科だった。

この学科の名称を日本語で紹介する時に、私はいつも悩んでしまう。「英文学科」でも「英語文学科」でも、"Literatures"という言葉に含まれる意味を拾い上げることができない。私が卒業した大学の英文学科含め、日本の大学の英文学科のほとんどが、"The Department of English Literature"や"The Department of English Language and Literature"といった英語の名称を使用している。通常、"Literature"という単語は複数形で使用することがない。そのため、留学先のキャンパスを決めあぐねていた時、私はモナキャンパスの英文学科のこの名称を不思議に思っていた。しかし、ナディかららのメールで、彼らがこの単語をあえて複数形にし、自分たちの名称とすることに決めた背景を知ると、私はこの決断を称賛したい気持ちで満たされた。この"Literatures"という言葉に込められた意味を、読者の方々は想像できるだろうか。

ロンドン大学の分校として設立された西インド諸島ユニバーシティ・カレッジは、そのカリキュラムもロンドン大学のものだった。そのため、英文学科で扱われる文学作品も、必然的にウィリアム・シェイクスピア、ウィリアム・ワーズワース、サミュエル・テイラー・コールリッジといった伝統的なイギリス文学作品だった。1962年に、ジャマイカとトリニダード・トバゴの独立に合わせ、西インド諸島ユニバーシティ・カレッジは西インド諸島大学となった。そして、それまで英文学科のイギリス文学一辺倒だったカリキュラムにも変化が起きた。だがそれは、アメリカ文学の導入だった。英語圏であるにもかかわらず、自分たちの世界を描いた文学はカリキュラムに含まれることはなかった。あたかも英文学は、そして世界は、アメリカとイギリスによって出来上がっているかのように。

西インド諸島大学モナキャンパスの英文学科が、「文学」という言葉を"Literatures"という複数形で表現したのは、現代には複数の英文学が存在するということを強調するためである。複数形を使う行為は、カリブ海の脱植民地化のための戦略と言ってもいい。カリブ海思想では、文学といっても"literature"ではなく"literatures"、歴史といっても"history"ではなく"histories"、理論といっても“theory”ではなく“theories”といったように、通常複数形にはしない名詞が複数形で用いられることがよくある。この複数形の戦略は、地域性を肯定する視点に基づいている。ノーベル文学賞受賞者のデレック・ウォルコットは、あるインタビューでこのように述べている。「奴隷制の全体的な経験は黒人に共通していると言えるかもしれませんが、その結果は様々です。(……)その違いは、島々の地理的な現実、自由の感覚、可能性の感覚、空気、太陽、光、草、果物、美といった単純な現実の感覚に関係しているのです」[*2]。歴史だろうが理論だろうが、自由の感覚だろうが美の価値だろうが、そして知の形だろうが存在の意味だろうが、それらにはすべて地域的経験に基づいた複数のスタンダードがある。欧米の価値観は、その中のひとつでしかない。欧米という地域から生じたものが、必ずしも世界で唯一のスタンダードというわけではないのだ。

私が西インド諸島大学モナキャンパスの英文学科を選んだ理由のひとつは、複数性を常に見据えるというこの姿勢である。英文学は、帝国主義時代にはイギリスの優位性を誇示するために利用されていた。そのため、一般的に英文学科のシラバスには、その名残りがある。欧米以外の英語圏の作家が周縁化されているという事実は、英文学という学問に存在する植民地主義と帝国主義の刻印を物語っている。かつて「英文学」が指していたものは、単一的な「イギリスの文学」、つまり“English Literature”だった。しかし、現代において、英文学はもはや単一の形をしていない。英語で書く作家たちは世界各地に存在し、彼らは色々な人種的背景を持っている。英文学は、様々な形で存在するのである。西インド諸島大学モナキャンパスの英文学科は、カリブ海によって生み出された英文学を学ぶ必要性を強調する。彼らはイギリス中心であったシラバスをカリブ海の視点から変えていくことで、英文学という学問そのものを脱植民地化しようとしている。モナキャンパスの英文学科では、カリブ海文学専門の授業が複数あり、この授業を取らなければ一生読むことがなかっただろうと思える作品にいくつも出会うことができた。

日本にいたままでは、英文学の複数性という観点を知ることすらできていなかったかもしれない。西インド諸島大学モナキャンパスの英文学科に在籍することは、私自身が日本で無自覚に受け入れ続けてきた単一的な「イギリスの文学」としての英文学を、脱植民地化するための一歩だった。西インド諸島大学では一流の研究が行われているが、確かにそこでの研究活動や生活には経済的な難しさがある。SNSで欧米の名門大学に留学している方々が、煌びやかで設備も整っている図書館の画像をあげているのをよく目にしていた。しかし私には、そのような豪華な図書館も、綺麗な自習室も必要なかった。図書館の換気が悪くカビ臭い一角にある書架で、埃をかぶって眠っている書籍の中から、地域的な記憶を載せた1ページに出会える瞬間が、私には必要だった。この瞬間の経験を、読者の方々と共有することができれば、この本を書いた意味があったと思える。

諸島として見る

本書のメインタイトルは、トバゴ島出身の詩人エリック・ローチの詩のタイトルからの引用である。カリブ海では、西洋列強が己の欲望のままに奴隷制を展開した。その長く暗い歴史の結果、島々は英語圏、仏語圏、スペイン語圏、オランダ語圏といったように、複数の言語圏に分かれてしまった。しかしローチの詩が表現しているのは、カリブ海の国々をそれぞれ孤立したものとしてではなく、諸島として見るということ、つまりカリブ海のアイデンティティをそれぞれの島の隔絶性や狭小性にではなく、海の広がり、そして島々の繋がりに見出すという、植民地支配の負の遺産にカリブ海全体で抵抗する決意である。各言語圏には、それぞれ異なった人種的、文化的な背景がある。しかしながら、カリブ海の人々は同じ海を見て、ひとつの「世界」を形成している。その特異な経験を携えた地域からは、全世界でもユニークな思想が生まれている。

日本には、まだカリブ海の思想を紹介する本は少ない。本書がその不足を補いながら、同時に「現代思想」の複数性を照らし出すものとなることを願う。私はこれから、カリブ海思想という知の総体をひとつのスタンダードとして紹介する。欧米の知の形とはまた違った知の形を巡る冒険の季節の訪れを、読者のみなさんに感じていただきたい。

＊1　George Lamming, *Season of Adventure* (Ann Arbor: University of Michigan Press, 1992), 18.

＊2　Derek Walcott, quoted in J. P. White, "An Interview with Derek Walcott," in *Conversations with Derek Walcott*, ed. William Baer (Jackson: University Press of Mississippi, 1996), 167.

第1章

ひとつの世界としてのカリブ海

「なぜハイデガーでなければならない？　なぜラカンでなければならない？」当時の指導教員であったノーヴァル（ナディ）・エドワーズ教授から投げかけられたこの言葉が、私の研究の転換点だった。

英語圏カリブ海文学研究を志していた私は、日本で十分な指導を受けることができない状況に手詰まりを感じ、2015年にジャマイカにある西インド諸島大学モナキャンパスの博士課程へ進学した。コロンブスの「発見」から「歴史」が始まったカリブ海は、奴隷制や年季奉公制という人類史上で最も過酷な経験を通し、様々な人種的背景を持つ人々が遭遇する舞台となった。彼らの出会いは文化の衝突と融合を引き起こし、カリブ海特有の文化を生み出した。文学理論や哲学がもたらす読みの快楽に浸っていた私は、カリブ海文学をハイデガーやラカンといった思想家を通して分析せんとし、意気揚々とナディに博士論文の序章の草稿を見せた。良い反応を期待していた私にナディが発したのが、冒頭の言葉だった。ナディの言葉は短かったが、私の無知――無自覚な西洋中心主義と言ってもいいかもしれない――を曝け出すには十分だった。「僕たちにだって思想や理論はあるんだ」。

思えば私は、長い植民地支配の経験と記憶を受け継ぐカリブ海の人々の文学を研究していると自負しつつ、思考は常に西洋が作り上げた哲学や理論に依拠していた。フロイトやラカン、ハイデガー、ベルクソンにマルクス、アルチュセールといった名だたる西洋哲学者の理論をもって、完璧に武装した気でいたのだった。ジャマイカ人でカリブ海思想研究に長年従事してきたナディは、私たちが普段盲目的に研究や分析の拠り所とし、この世の叡智として受け入れている思想や理論が、カリブ海の人々を劣った他者として扱い続けてきたということ、そしてカリブ海には独自の思想や理論があるということに気づかせてくれた。これが私のカリブ海思想、もしくはカリブ海詩学と呼べるものとの出会いだった。

ナディいわく、「思想」や「哲学」、「理論」として世の中に流通する知識の総体は、西洋によって一方的に作り上げられてきた部分が大きい。またその包括的な態度の下には、西洋諸国が植民地支配、奴隷制、そして年季奉公制を通して行い続けた人種差別の歴史が積み重なっている。たとえばフランシス・フクヤマは、「歴史の終わり」は自由民主主義が他のイデオロギーに打ち勝った時にやってくると主張するが、彼がその歴史観を依拠するヘーゲルは、そもそもアフリカを「歴史を欠いた閉鎖的な世界」と見なしていた。[*1] ヘーゲルにとっては、「世界史は東から西に向かって進む」ものである。その観点からすると、アフリカは「世界史に属する地域ではなく、運動も発展も見られない」のだ。[*2] なぜなら、黒人は「自然のままの、まったく野蛮で奔放な人間です。かれらを正確にとらえようと思えば、あらゆる畏敬の念や共同精神や心情的なものをすてさらなければならない。かれらの性格のうちには、人間の心にひびくものがないのです」。[*3]

そのような自然状態は、世界史を発展させる人間文明に貢献しない。それゆえヘーゲルはアフリカが非歴史的大陸であり、「こうした状態にある黒人は、発展することもなければ文化を形成することもなく、過去のどの時点をとってもいまとかわらない。（……）奴隷制度は黒人世界に人間的な活気をあたえているともいえる」と言い切ったのである。*4 この人種差別的な歴史観に排除された人々を、フクヤマの「歴史の終わり」は想定できていただろうか。このように、現代思想は、植民地支配や奴隷制という歴史を通して形成されていった人種差別的構造を隠していることがある。私たちがこの世の真理を追究する学問として触れる哲学や理論——それが存在論だとしても、現象学だとしても、精神分析学だとしても——は、包括的な態度を装いつつ、西洋的価値観にそぐわない人々を他者として排除してはいないだろうか。カリブ海が育んできた知識を無視し西洋哲学者をもってカリブ海を論じるのは、思想レベルでの帝国主義とも言えないだろうか。

『カリブ海思想史』（*An Intellectual History of the Caribbean*）において、カリブ海思想研究の第一人者であるシルヴィオ・トレス゠セイランは、西洋中心主義や欧米中心主義、白人至上主義が内在した思想や理論が「認識論的に囲い込むような用語」を使用していると批判する。*5 彼は、イマニュエル・ウォーラーステインの『新しい学　21世紀の脱゠社会科学』を例として取り上げる。ウォーラーステインは、「ヨーロッパ中心主義とその化身」と題された章において、西洋中心主義批判の様々な形態が実はそのイデオロギーの強化に加担してしまっていて、「反ヨーロッパ中心主義的ヨーロッパ中心主義」に陥っていると批判的に分析する。[*6] そして、「むしろわれわれは、ヨーロッパが行なった世界の再構築の固有性を全面的に認めなければならない。なぜならば、そうすることによって初めて、それを乗り越えることができるようになり、望むべくは、人類の可能性について、より包括的な普遍性のヴィジョンにたどりつきうる可能性が生まれるからである」と主張する。[*7] トレス＝セイランにとって問題となるのは、ウォーラーステインによる西洋中心主義批判への批判ではなく、「包括的な普遍性のヴィジョン」にたどりつく「我々」という存在を示す語の使用である。トレス＝セイランは、この著作の『我々が知っているような世界の終わり』（*The End of the World as We Know It*）という原題に注意を促し、そもそもウォーラーステインによるこの「我々」は誰を想定しているのだろうか、と問う。

私が思うに、それらが持つ惑星的気取りの大胆さは、少なくとも人を戸惑わせるはずだ。奇妙なことに、この講演集の序文で、その高名な社会科学者は、彼の包括的なタイトルにある「知っている」という単語を入念に注解する一方で、より厄介な「我々」という単語については説明しないままにしている。彼は、ラテン語における「知っている」に相当する主なふたつの単語に言及する。すなわち、能動的に情報を獲得することを意味する“scio-scire”と、人々や環境、物事との接触を通して得られる認識や親しみを確認する“cognosco-cognoscere”である。

このふたつに言及することで、「知っている」という単語の「二重の意味」を前景化している。しかし、その表現の大胆さを考えると、「我々」という言葉は、より早急な注解を必要としているように思われる。

ウォーラーステインは、注釈がないまま一人称複数代名詞を使っている。それにより、この本を見るだろうすべての人をその代名詞が包括している、と私たちに理解させようとする。（……）そのような理解が前提としているのは、惑星上の人々が同じ世界を知り、同じようにそれを知っているということである。そのような見解を共有するには、間違いなく根拠のない妄信が必要である。チベットの寺院やブラジルのアメリンディアンの村が見せる光景から得られる世界が、ソルボンヌ大学で人間科学者を目指す人々やワシントンD.C.の経験豊かな政策立案者たちが認識する世界と、ことごとく一致しているのは自明だなどと考えることはほぼできない。この認識する人々は、世界を眺め、経験し、理解するための視点や視座を共有していない。そのため、その認識の内容においてだろうが吸収の仕方においてだろうが、彼らが世界に関しての知識を共有しているとは私たちには到底思えないのである。また、ウォーラーステインの本を読む可能性のあるすべての読者が、私たちの住む世界についての統一された認識によって特徴づけられた、均質な共同体の一員であると自分自身を考えることもできるわけではない。[*8]

現代思想に蔓延する大胆にも「惑星的な我々」と標榜された主体性が持つ西洋中心性や白人至上主義、そしてそれらに隠された排他性に、トレス＝セイランは警鐘を鳴らすのである。というのも、哲学や思想が提供する「我々」、「世界」、「地球」、「惑星」という包括的な用語は、西洋的もしくは白人主体を想定していることが多いからだ。トレス＝セイランは、その主体性確保のために他者という立場に追い込まれた人々がいると述べる。「私たちは、『我々』に住みつく多数の存在を認める一方で、多数の『我々』が住みつく世界の多様性というものも認めなければならない」。[*9]

次にトレス＝セイランが例として挙げるのが、2002年に出版された『現代批判思想』だ。その副題は「理論家たちについて書く理論家たちのアンソロジー」である。その序論で編者のドリュー・ミルンは、「英語圏における『理論』の特徴は、フランスの思想が重要視され、そのような思想の源であるドイツの思想が軽視されていることだ」と述べ、「ドイツとフランスの思想の対話」によって「理論の新しいハイブリッド空間」を提供することができると主張している。[*10] トレス＝セイランは、現代思想や理論があたかも英仏独という西洋によってのみ生み出されたかのように説明されていると指摘する。そのような見地から想定された「惑星的な我々」は、カリブ海のような非西洋を主体の一部と扱えるだろうか。日本においても、2021年に出版された日本における英文学研究の金字塔とも呼べる『脱領域・脱構築・脱半球』に、「限りなく地球的な交響」というタイトルのセクションがあるが、扱われるのは主に欧米圏の作家であり、カリブ海思想や文学が言及されることはない。トレス＝セイランはこう述べる。「20世紀に入り、人間科学における思想の国際市場が西洋の知的産業によって支配されているため――宇宙航行やデジタル技術、それに核兵器においてもそうであるように――、マレーシア人、チベット人、アメリンディアン、そしてキュラソー人の思想家たちは、自分たちが知的に存在している世界が（……）自分たちのものではないという苦々しい実感に至るのである」。[*11]

トレス＝セイランは、カリブ海思想研究において、そのような西洋中心的な思想の引力に逆らい、「カリブ海がひとつの世界を形成している」と認識することの必要性を説く。[*12] そうすることで、「カリブ海の歴史、文化、そして運命を語る新しい『理論』」を表現することができると述べる。[*13] 本来であれば、ポストコロニアリズムという理論が、カリブ海の人々のような、植民地支配の経験を持つ人々による主体性表現のための文化活動の擁護に役立つところである。それゆえポストコロニアリズムには、本橋哲也が述べるように、「コロニアリズムの終わることなき再検証」という役割があると言えるのである。[*14] ところがトレス＝セイランは、ポストコロニアリズムがカリブ海思想を軽視してきたと批判する。

ポストコロニアル研究は、その擁護者たちがラカンやフーコー、ドゥルーズにデリダ、クリステヴァ、ブルデューにリオタールなどの学説を巧妙に扱うことで権威付けしてきたが、それこそ西洋の批評理論が持つ認識論的中心性を裏付けるものである。ポストコロニアリストたちは、カリブ海が長い時間をかけて発展させてきた理論的枠組みをわざわざ再提示する。パッケージを新たにし直して、学術的に経済従属してしまっているカリブ海にそれを送り返すのだ。そうやって、クレオライゼーションなどその土地特有の思想概念を、雑種性として知られているあのより高価な輸入品に変形してしまうのである。[*15]

1978年にエドワード・サイードの『オリエンタリズム』が出版されてから40年以上経った現在でも、欧米の学術界を中心に発展したポストコロニアリズムは、カリブ海の学問への貢献を無視し、その地域的経験や歴史を雑種性という自分たちの用語に挿げ替えている。この理論を輸入し続けている日本でも、その傾向が顕著である。2020年に出版された『クリティカルワード　文学理論』という理論入門書には「文学理論の現在を考えるために」というセクションがあり、「帝国／ネーション／グローバル化と文学」という章でネグリチュードがキーワードとして取り上げられている。ネグリチュードは、「アフリカ系アメリカ人による芸術・文化運動であるハーレム・ルネサンスに影響された国際的な運動であり、地理的に離れたカリブやアフリカの黒人に共通する特性」を探る運動であった。[*16] フランス海外県マルティニーク出身のエメ・セゼールが中心となったこともあり、ネグリチュードはカリブ海思想史においてもきわめて重要な歴史的運動である。続く説明の通り、「アフリカ文明はヨーロッパとは根底から異なると主張したネグリチュードはあからさまに本質主義的であり、次世代の英語圏の作家からは批判も上がった」[*17]。そして、その本質主義への批判と反省という見地から、デレック・ウォルコットやエドゥアール・グリッサンらカリブ海思想家たちが、植民地支配から生じた人種的・文化的混交を自分たちの主体性として肯定的に捉えるべく依拠した概念が「クレオライゼーション」である。

しかし『文学理論』では、そのようなカリブ海思想家たちの奮闘は言及されることなく、議論はホミ・バーバの理論に移る。「ポストコロニアリズムに理論的整備を施し『イズム』としての輪郭を与えたのが、ホミ・バーバであろう」[*18]。トレス＝セイランが批判した、ポストコロニアリズムによるカリブ海思想の軽視を想起させる。このように、クレオライゼーションなどカリブ海発の思想概念が持つ人種的・文化的複数性は、理論として欧米に認め印を押されたバーバの雑種性という概念に変形・受容され、カリブ海に送り返されるのである。気鋭のカリブ海文学研究者マイケル・ニブレットが端的に批判するように、「その結果、カリブ海諸国の作家や思想家によって生み出された、クレオライゼーションに関する数多くの初期作品は、雑種性というレンズを通して読み返されることによって、軽視されたり歪められたりした」[*19]。今やカリブ海の思想家らが生み出した知識は軽視され、サイードやバーバに代表される雑種性の議論こそが、文学理論の「現在」においてはポストコロニアル理論の「比喩原型」となっている。

トレス＝セイランをはじめとするカリブ海思想研究者たちは、このようなカリブ海の思想的搾取に抗議し、抵抗してきた。ルイス・ゴードンと共にカリブ海を含めたアフリカ哲学研究をリードするパジェット・ヘンリーは、「もし我々が、我々の自己形成に関わる文化的側面の主導権を取り戻そうとするなら、西洋から輸入し続けている哲学的人類学、倫理学、存在論、認識論、その他の言説を、我々自らの手で耕し、生みだささなければならない。今こそ、このような哲学的依存関係を断ち切るべき時なのだ」と述べる。[*20] 西洋への「哲学的依存関係」を断ち切る、すなわち現代思想の西洋中心的引力から逃れるためには、トレス＝セイランが求めるように、カリブ海をひとつの世界として認識し、その独自の思想を体系化する必要がある。２０００年にヘンリーの『キャリバンの理性』（*Caliban's Reason*）が出版されてからこの約20年間で、世界各地のカリブ海研究者による思想的挑戦は勢いを増している。

日本にもこの挑戦は流れ込んできており、その潮流は今福龍太、立花英裕、星埜守之、中村隆之らの研究に見ることができる。彼らの知識は２０２０年に集結され、『クレオールの想像力　ネグリチュードから群島的思考へ』という大作となった。しかし日本におけるカリブ海研究は、仏語圏とスペイン語圏を対象とするものがほとんどで、英語圏の叡智をすくい切れていない。たとえばセゼールやグリッサン、マリーズ・コンデやパトリック・シャモワゾーといった仏語圏の文学者らの作品は、しばしば研究でも取り上げられ日本語に翻訳されている。『クレオールの想像力』も、彼らの思想や文学作品を中心に取り上げている。一方で、英語圏カリブ海出身の文学者・思想家によるカリブ海思想への貢献は、日本ではほとんど言及されてこなかった。ウォルコットやV・S・ナイポールのように、ノーベル文学賞を受賞したことによって注目を浴び、翻訳へと至った作家はいるものの、シルヴィア・ウィンター、ジョージ・ラミング、ウィルソン・ハリス、エドワード・ボウ、アール・ラヴレイスのようにカリブ海特有の経験を描く英語圏カリブ海作家・思想家は残念ながら日本では受容が進んでいない。

私の研究は、英語圏カリブ海の文学作品を中心とした環カリブ海思想のオリジナリティをテーマとしている。ナディの指導を受けることで、私はカリブ海を「ひとつの世界」として認識する視座を得た。そして「カリブ海の歴史、文化、そして運命を語る新しい『理論』」としての存在論を博士論文で論じ、西インド諸島大学から優秀博士号(PhD with High Commendation)を取得した。現在はトレス＝セイランやヘンリーによるものをはじめとしたカリブ海思想研究を、日本にも定着させるべく研究活動に従事している。この本を通して私が行うのは、英語圏を中心としたカリブ海思想の体系化と導入的解説である。カリブ海思想家たちは、西洋中心主義や白人至上主義が内在する理論に抗いながら、自分たちの経験や歴史の地域的特殊性を自分たちの言葉で表現している。しかし、日本の英文学研究においては、彼らの声は拾われず、欧米のより大きい声によってかき消されてしまっている。欧米の知のみが、唯一のスタンダードではない。以降の章では、できる限りカリブ海思想家たちの言葉を読者の方々の印象に残るような形で引用したい。彼らの著作を紹介し、彼らの言葉をそのままに伝えたいと思う。そうすることで私が目指すのは、「カリブ海思想には独自の歴史がある」ということをお見せすることだ。[*21]

＊1　ヘーゲル『歴史哲学講義（上）』、長谷川宏訳（東京：岩波書店、１９９４年）、１６９。
＊2　同書。
＊3　同書、１６３。
＊4　同書、１６８。
＊5　Silvio Torres-Saillant, *An Intellectual History of the Caribbean* (New York: Palgrave Macmillan, 2006), 1.
＊6　イマニュエル・ウォーラーステイン『新しい学　21世紀の脱＝社会科学』、山下範久訳（東京：藤原書店、２００１年）、３０９。
＊7　同書、３１８（強調筆者）。
＊8　Ibid., 1-2.
＊9　Ibid., 2.
＊10　Drew Milne, "Introduction: Criticism and/or Critique," in *Modern Critical Thought: An Anthology of Theorists Writing on Theorists*, ed. Drew Milne (Oxford: Blackwell, 2003), 3.
＊11　Torres-Saillant, *Intellectual History*, 4.
＊12　Ibid., 5.
＊13　Ibid., 7.
＊14　本橋哲也『ポストコロニアリズム』（東京：岩波書店、２００５年）、xiii。
＊15　Torres-Saillant, *Intellectual History*, 44.

＊16 橋本智弘「帝国／ネーション／グローバル化と文学」、『クリティカル・ワード 文学理論 読み方を学び文学と出会いなおす』、三原芳秋、渡邊英理、鵜戸聡編（東京：フィルムアート社、２０２０年）、１５１。

＊17 同書。

＊18 同書、１５５。

＊19 Michael Niblett, "The Manioc and the Made-in-France: Reconsidering Creolization and Commodity Fetishism in Caribbean Literature and Theory," in *Readings in Caribbean History and Culture: Breaking Ground*, ed. D. A. Dunkley (Plymouth: Lexington Books, 2011), 159.

＊20 Paget Henry, *Caliban's Reason: Introducing Afro-Caribbean Philosophy* (New York: Routledge, 2000), 276.

＊21 Torres-Saillant, *Intellectual History*, 2.

第２章

１４９２を越えて、人間であること　解呪の詩学

1492という出来事

「私たちに課せられた使命は、私たちのための新しい詩学を実現させることだろう」[*1]。このように述べるジャマイカ人思想家シルヴィア・ウィンターは、「1492のまったく新しい解釈」を要求する。[*2] 彼女は、私たちの無自覚な西洋中心主義的な認識構造を舌鋒鋭く批判し、1492という歴史の転換点をカリブ海的視点から再訪する。カリブ海思想の急先鋒として彼女が突き付ける「人間」の批判的系譜学は、カリブ海の人々のための「新しい詩学」の羅針盤である。

1492年8月3日、西航ルートでインドを目指しスペインのパロス港を出港したクリストファー・コロンブスは、同年10月12日、現在バハマ諸島として知られるカリブ海の群島に行き着いた。彼は最初に到着した島を「サン・サルバドル（聖なる救世主）」と名付けた。インドに着いたと思い込んでいたコロンブスは、その島々をインドと呼び、住民たちをインディアンと呼んだ。この誤認が、カリブ海の別称西インドの由来である。私たちの多くは、この出来事を単に「コロンブスによる新世界の発見」という歴史的事実として認識するだけだろう。この「発見」を境にして、私たちが世界の「歴史」として受け入れている時間の流れの中に、新世界が存在し始める。しかし、カリブ海にとってこの「発見」は、自分たちの存在に打ち込まれた永遠の楔となる。というのも、その瞬間から、カリブ海は西洋という歴史の主役によって発見される「客体」となり、「他者」となるからである。

ウィンターは、デイヴィッド・スコットによるインタビューにおいて、1492という出来事の功罪についてこう語る。

一方では大規模な残虐行為があり、最終的にはアラワク族の絶滅を招きました。1518年以降は、奴隷にされたアフリカ人に中間航路というトラウマを植え付け、大量死をもたらし、そしてたどり着いた先では奴隷プランテーションのためだけの存在に変えられるという恐怖を与えました。しかし他方では、私たち自身の存在を可能にする出来事でもあります。近代世界を誕生させ、私たちすべてにとっての現実を変え、私たちが今生きている単一の歴史に私たちを挿入する出来事でもあるのです。では、私たちはそんな出来事にどのようにアプローチするべきなのでしょうか。[*3]

コロンブスの「発見」後、カリブ海の先住民アラワク族は、植民地主義者たちによる虐待と西洋から持ち込まれた天然痘やマラリア、腺ペストという感染症によって、早々にほぼ絶滅へと陥った。住民を失ったカリブ海の島々は、西洋が思うがまま己の欲望を流し込む空虚な受け皿、つまり奴隷制によってアフリカ人たちを強制労働させるプランテーション植民地となった。労働力を補完するための奴隷として送り込まれたアフリカ人たちは、プランテーションでただひたすら砂糖を生産させられた。西欧列強は、その非人道的搾取により得られた「物質的幸福」を独占的に享受した。こうして1492という出来事は、カリブ海を人々が絶滅、奴隷制、年季奉公制など凄惨な経験を耐え続ける舞台へと変えた。しかしその一方で、それまで地球に離れて存在していた人種を遭遇させ、混淆を引き起こすことで近代世界を誕生させもした。この歴史の転換点を、カリブ海思想はどう見直すのか。ウィンターはこう語る。「1492という出来事を『人間』の暫定的な歴史の枠組みで見ることだ。その枠組みでは、西欧の歴史はただの一面でしかない」[*4]。

1492以後の「人間」の批判的系譜学　ヒト(1)、ヒト(2)

この1492という歴史の転換点においてウィンターが重要視するのは、「人間」である。1492は、西洋が「人間であること」の意味を独占する決定的契機となった。ウィンターの言葉を使えば、西洋による「『ヒト』の発明」(“the invention of Man”)だ[*5]。

彼女は「ヒト」をこのように説明する。「あたかもそうであるかのように自身を表象するが、『ヒト』は人間のことではない。それは、特定の地域文化的な人間の概念、すなわちユダヤキリスト教的西洋による人間の概念が完全に世俗化した形態である」[*6]。ウィンターの系譜学によれば、中世ヨーロッパにおいて「人間であるとは何か」という問いは宗教的議題であった。人間のあるべき姿は「真のキリスト教的自己」であり、この人間としての存在の枠組みから零れるものはすべて軽蔑すべき「キリストの敵」、つまり「他者」である。[*7] ウィンターは、この人間のあり方が当時の「[世界が」神の恩寵の中にある居住可能な地域と、その外にある居住不可能な地域という非均質な2つの地域に分かれている」という中世地理学に基づいていたと述べる。[*8]「真のキリスト教的自己」も「他者」も神に守られた「居住可能な地域」に存在し、海の先には「居住不可能な地域」が広がっていると考えられていた。つまり、西洋という「居住可能な地域」にのみ「人間」は存在しており、それ以外の存在はあり得ないと考えられていたのである。

しかし、1492という出来事によってこの前提が崩れた。海の向こうには「居住可能な地域」があり、しかもそこに自分たちと同じような姿をした生物がいる。しかしこの生物は、自分たちの文明レベルに遥かに劣った野蛮な生活を営んでおり、自分たちと同じ「人間」と見なされるには致命的な欠如がある。救済が必要な真の「他者」は、西洋の内側ではなく海を越えた先にいたのだ(この点で、コロンブスが最初に上陸した島を「聖なる救世主」と名付けたのは非常に示唆的である)。この「他者」の発見により、西洋はウィンターが「ヒト(1)」("Man (1)")と呼ぶ新たな人間のあり方の規範を発明する。この「ヒト(1)」は、白人男性を理想像とし、「国家の法律に何よりも従うことにより自分の理性を表す主体である。以前のような教会の戒めに何より従うことで原罪への隷属状態からの解放を目指すような主体ではない」。[*9] つまり、理性的・政治的白人男性像を指すと考えてよい。この規範に従えば、西洋国家とその政治に理性的に従うことができる存在こそが「人間」であり、それができない有色の非理性的存在（たとえば原住民や黒人）は、「人間」として不完全な存在である。そして、このような劣った者たちは、理性的主体の理想である自分たちによって奴隷とされることで救済され、ようやく文明を享受することができるのだ。こうして、西洋の思い上がった認識ができあがるのである。「その『他者』とは、すべての先住民、そして最も極端に、絶対零度にまで除外されたすべてのアフリカ系の人々だ。（……）『人間』であるとは何かという認識において、［彼らは］不完全な人間として否定的な烙印を押されるのだ」。[*10]

ウィンターによれば、19世紀に入ると、ダーウィンの進化論に見られるように、西洋が独占する「人間」の価値に経済的・生物学的な意味合いが侵入するようになる。生物的差異に経済的格差を接続することによって、西洋は「ヒト（2）」（"Man (2)"）を発明するのである。「ヒト（1）」が理性的・政治的白人男性像を指していたのであれば、「ヒト（2）」は理性的・政治的・経済的白人男性像を示していると理解してよい。この「ヒト（2）」は、「人間」のあるべき姿として、現代まで支配的であり続けている。この規範に従えば、もはや「他者」は原住民や黒人に限らなくなる。現代の「他者」とは、「貧者の枠組みなのである。つまり、無職やそれに近い者、そしてグローバルシステムの観点でいえば、概していわゆる『開発途上』の国々だ。（……）どれも、不完全な稼ぎ手という否定的な他性を持つ地位を象徴させられているのである」。[*11]「ヒト（2）」において、理性的・政治的であるだけでなく、経済的に充足していることも「人間」としての基準となった。そして経済的に貧しい人々は、「ヒト（1）」におけるアフリカ系の人々や先住民と同様絶対零度にまで除外され、救済が必要な「他者」に分類されるようになったのだ。

このように、1492以後の「人間」のあり方の認識が、西洋によって独占されてきたこと、そしてその認識は、踏み台として利用される「他者」があって初めて成立するということを、ウィンターの系譜学は暴露する。ニール・ロバーツの表に従えば、この系譜学は以下のように整理できる。

ウィンターは、西洋中心的な「人間」の認識の構築、つまり「真のキリスト教徒」、「ヒト（1）」、そして「ヒト（2）」による西洋の一方的な「人間」イメージの独占を、「過剰表象」（"Overrepresentation"）と呼び批判する。[*13] この「過

人間のあり方	時代
中世キリスト教徒	中世
ヒト（1）	15世紀後半から18世紀後半
ヒト（2）	19世紀から現在

人間	不自由	自由
中世キリスト教徒	原罪	宗教的救済
ヒト（1）	非理性	理性的救済
ヒト（2）	自然的希少性／除外された遺伝子	物質的救済／選ばれた遺伝子

ニール・ロバーツ「シルヴィア・ウィンターのハリネズミ　自由を求める新たな「人生の形式」を作り出す知識人たちの挑戦」[*12]

剰表象」された「人間」の条件に合わない存在は、「人間」として欠如があるとされる。こうして、劣等の役割を担う「他者」は、非西洋人に押し付けられていったのである。

この批判的系譜学を用いてウィンターが抵抗するのは、1492以後西洋に「過剰表象」され続けた「人間」を当然のもののように演出する、私たちが普段思想や哲学として触れ親しんでいる知識や言説である。「ヒト（1）」が支配的だった15世紀後半から18世紀後半に発展した啓蒙思想や倫理学は、たとえばナイジェリア人哲学者エマニュエル・チュクウディ・エゼが批判するように、人種差別的議論に溢れている。「啓蒙主義は自らを『理性の時代』と宣言したのだが、その宣言はまさに、理性が歴史的に近代ヨーロッパにおいてのみ成熟しうるという前提の上に成り立っていたのだと言える。一方で、ヨーロッパの外の地域に住む人々は、非ヨーロッパ的な人種的・文化的起源を持つと見なされ、理性的に劣る野蛮な存在として一貫して描写され、理論化されたのだ」[*14]。西洋は、自分たちの高度な文明においてのみ理性は成熟するとし、その理性を備えた存在（つまりヒト（1））こそが「人間」であるとした。啓蒙や倫理を説いたその思想には、西洋中心的、そして白人優位な人種的序列が居座っている。その序列では、西洋人が「人間」として頂点に立ち、非西洋人は「人間」として欠陥を抱え、啓蒙と救済を求めている哀れな他者の地位にいる。

カリブ海思想において、この視座から西洋思想を批判的に追及していく代表的な哲学者は、チャールズ・ウェイド・ミルズである。彼は、ホッブズやロック、ルソー、カントにヒューム、ミル、そしてヘーゲルといった西洋哲学者たちによる議論が、普遍的に受容されている一方で、白人を人間主体として想定しており、非白人は暗々のうちに排除と差別の対象となっていると指摘している。白人を「完全な人間」、非白人を「従属的人間」の関係で規定する、西洋啓蒙思想や倫理学に潜んだこの「公式・非公式の合意あるいはメタ合意」を、彼は「人種契約」と呼ぶ。[*15]

> （……）人種契約という肌の色でコード化された道徳は、こういった生まれながらの自由や平等を白人だけに制限する。非白人は自然法の義務をまったくわかっていないからという理由で、あるいはせいぜい不完全に、近視眼的にしか理解していないという理由で、道徳という名のはしご（存在の大いなる連鎖）の下の段に都合よく格下げされる。要するに、非白人たちは生まれながらに不自由で、不平等なのだと決めつけられるのである。こうして、区分けされた社会的存在論が作り出され、宇宙は人間と、人種的に一段下の人間、劣等人間とに二分される。劣等人間は黒、赤、黄——奴隷、原住民、被植民地人——と多様なものになりうるとはいうものの、集合的に「隷属人種」として都合よくひとくくりにされてしまう。この劣等人間たち——黒人奴隷、インディアン、中国人、インド人、メキシコ人、オーストラリアのアボリジニー、南アフリカの黒人、インド系日雇い労働者、オーストラリア原住民、東洋人、フィリピン人、韓国人——は、白人よりも下の位置に定められた規範的な権利の天井を突き破ること

がないと生物学的に決定づけられる。それ以降、公に認められているかどうかはさておき、西洋の道徳思想や政治思想が発展する中で提起されてきた倫理にかんする壮大な理論にはもちろん制約があって、その支持者たちは公然と、あるいは暗黙のうちに、それが白人だけに限られていることを当然と見なすようになる。*16

西洋の哲学者たちは、この人種契約を潜ませた啓蒙思想や倫理学を紡いでいった。その際、ミルズが言うように、彼らは「決まって普遍主義的な言葉を用いてきた」のである。*17 その西洋中心的な「人間」の概念が普遍的に受容されることに疑義を挟むことを許されず、非白人はその人種契約に「署名」することを強要されてきた。そしてその強制的な「署名」により、彼らは自らその白人至上主義の言説の権威の再生産に加担してしまうのだ。

19世紀から現代にかけては、存在論や現象学、精神分析やフェミニズムなど様々な理論がメジャーな言説となったが、それらにおいて使われる「人間」や「世界」、そして「我々」という包括的な言葉は、西洋の経済的優位性を伴った「ヒト（2）」という模範を隠し持ち、それにそぐわない人々を救済が必要な「他者」として排除していることがある。ポストコロニアル文学研究者ランジャナ・カーンナは、名著『暗黒大陸』において、精神分析が「植民地的学問」、もしくは「植民地主義の時代に根付き、文明化の使命が成り立つための土台となる未開というものの概念から成り立っている分析の形式」であると主張している。[*18] カリブ海文学の文脈においては、ホイットニー・ブライ・エドワーズが、「精神分析そのものから文学的に発展していったもののいくつかには、文学の普遍性、または家族や個のアイデンティティといった西洋ベースの模範を分析することを特権化していると見られるものがある」と指摘する。[*19] また、プエルトリコ系哲学者ネルソン・マルドナード＝トレスは、フッサールの『危機』書には、彼の西洋人としての自尊心が一貫して存在しており、彼の言説における「『我々』は『ヨーロッパ人男性』の他ない」と指摘する。[*20] 非理性的で経済的にも救済が必要な非西洋人にとっては、「我々」西洋人になることが最終目標であり、それゆえフッサールは、彼らが「自己を西洋化する」ようになると述べるのである。[*21] この言葉の裏には、白人への非白人の人種的、文化的、そして経済的な服従を当然視する白人至上主義がある。現代まで続く「人間」を語る理論や言説には、現象学でも精神分析でも、存在論でもフェミニズムでもクィア・スタディーズでも、欧米の中心的権威や白人至上主義が備わっており、ミルズが言うように、それらは「非白人の服従と概念的に結びあっている」のである。[*22]

カリブ海思想を代表して、ウィンターはこう主張する。そのような普遍主義的な言葉を用いた思想や哲学に埋め込まれた白人至上主義、西洋中心的な「言説の秩序」、もしくはその「呪いを解くこと」（“to disenchant”）。それが「私たちの任務である」と。[*23]

解呪の詩学へ

西洋による「ヒト」の発明の最初の例は、シェイクスピアの『テンペスト』におけるプロスペローとキャリバンに見ることができる。西洋人で「ヒト」であるプロスペローと原住民で「他者」であるキャリバンの関係は、1492の反復であり、カリブ海における西洋と非西洋の遭遇と衝突のメタファーとしてカリブ海思想家らに頻繁に言及される。

ウィンターと軌を一にするように、バルバドス人作家ジョージ・ラミングは、論考集『流浪の歓び』(*The Pleasures of Exile*)において、プロスペローとキャリバンの主従と相克にカリブ海の人々が引き継いだ遺産と未来を見出す。プロスペローが現地人のキャリバンを支配すべく用いたのは、言語である。「キャリバンは彼(プロスペロー)の改宗者だ。言語に植民地化され、言語に除外された改宗者なのである。(……)自分の神々に追放され、自分の本性に追放され、自分自身の名前に追放されたのだ!」[*24]。劇中で「奴隷」や「野蛮」、「怪物」や「下劣な人種」といった言葉が彼に投げつけられるように、キャリバンは「ヒト(1)」としてのプロスペローによって押し付けられた言語によって、「人間」の枠組みから疎外され、「非理性的」な生物として定義されてしまうのである。

カリブ海の人々をプロスペローとキャリバン両者の子孫とみなすラミングは、自身の作家としての使命をこう語る。「言語という彼（プロスペロー）の遺産を用いる――我々の出会いを恨むのではなく――むしろそれをさらに押し進めるために。両者の子孫に済んだことはもう過去のことだと気づかせるのだ」[*25]。言語を自らのものとする行為、つまり西洋の言説に頼るのではなく、「私たちのための新しい詩学」によって自分たちを「他者」ではなく「主体」として語る行為こそが、カリブ海の人々を植民地支配という牢獄から真に解放するのである。サンドラ・パケットが『流浪の歓び』の序文で述べるように、「もしプロスペローの魔術が彼の本の中にあるのなら、それを打ち消す鍵もそれらが握っている」[*26]。ラミングやウィンターをはじめとしたカリブ思想家たちの活動は、いわばプロスペローの魔術、つまり西洋による言説を打ち破る試みなのだ。言い換えれば、彼らの思想は、自身にかけられた呪いを解く物語なのである。

ウィンターは、このような西洋中心的知識体系への抵抗を「呪いを解く」と呼ぶ。１４９２以後、「人間であるとは何か」を記述する言説を、西洋は自分たちの「人間」の認識によって支配してきた。それにより「他者」を表象する枠組みに長年押し込められてきたカリブ海の人々は、自ら筆を執り、自らの言葉で自身を語り始めた。西洋によって独占されていた「人間」の意味に抵抗し、自分たちの思想によって存在を再考・再定義し、植民地支配によって奪われた主体性を取り戻さんとするのである。そうして生み出された文学や思想を、我が師ナディに従って、私は「解呪の詩学」（“a poetics of disenchantment”）と呼びたい[*27]。

ウィンターによる「人間」の批判的系譜学は、カリブ海の「解呪の詩学」を描くための羅針盤である。本書は、この羅針盤を用いて、オリジナリティに満ちたカリブ海思想を航海していく。果たしてカリブ海思想家たちは、どのように哲学や思想が隠し持つ白人至上主義・西洋中心主義の引力に挑み、どう「ヒト（1）」、「ヒト（2）」という「人間」の「過剰表象」を拒否し、いかにして自分たちの「解呪の詩学」を描くのだろうか。

＊1　Sylvia Wynter, "1492: A New World View," in *Race, Discourse, and the Origin of the Americas: A New World View*, ed. Hyatt Lawrence and Rex Nettleford (Washington D. C.: Smithsonian Institute Press, 1995), 47.

＊2　Sylvia Wynter, quoted in David Scott, "The Re-Enchantment of Humanism: An Interview with Sylvia Wynter," *Small Axe*, no. 8, (September 2000): 191 (original emphasis).

＊3　Ibid.

＊4　Ibid., 201.

＊5　Sylvia Wynter, "Unsettling the Coloniality of Being/Power/Truth/Freedom: Towards the Human, After Man, Its Overrepresentation – An Argument," *CR: The New Centennial Review* 3, no.3 (Fall 2003), 263.

＊6　Sylvia Wynter, "Africa, the West, and the Analogy of Culture: The Cinematic Text After Man," in *Symbolic Narratives/African Cinema: Audiences, Theory and the Moving Image*, ed. June Givanni (London: British Film Institute, 2000), 25.

＊7　Wynter, "Unsettling," 266.

＊8　Wynter, quoted in Scott, "Re-Enchantment," 192.

＊9　Wynter, "Unsettling," 277.

＊10 Wynter, “Africa,” 25.

＊11 Ibid., 25-26 (original emphasis).

＊12 Neil Roberts, “Sylvia Wynter’s Hedgehogs: The Challenge for Intellectuals to Create New ‘Forms of Life’ in Pursuit of Freedom,” in *After Man, Towards the Human: Critical Essays on Sylvia Wynter*, ed. Anthony Bogues (Kingston, JA: Ian Randle Publishers, 2006), 160-63.

＊13 Wynter, “Unsettling,” 260.

＊14 Emmanuel Chukwudi Eze, *introduction to Race and the Enlightenment: A Reader*, ed. Emmanuel Chukwudi Eze (Oxford: Blackwell Publishing, 1997), 4.

＊15 チャールズ・W・ミルズ『人種契約』、杉村昌昭、松田正貴訳（東京：法政大学出版局、２０２２年）、14－15。

＊16 同書、21（強調原著者）。

＊17 同書、１３６。

＊18 Ranjana Khanna, *Dark Continents: Psychoanalysis and Colonialism* (Durham: Duke University Press, 2003), 6.

＊19 Whitney Bly Edwards, “Psychoanalysis in Caribbean Literature,” in *The Routledge Companion to Anglophone Caribbean Literature*, ed. Michael A. Bucknor and Alison Donnell (New York: Routledge, 2011), 314.

＊20 Nelson Maldonado-Torres, *Against War: Views from the Underside of Modernity* (Durham, NC: Duke University Press, 2008), 44.

＊21 Edmund Husserl, *Phenomenology and the Crisis of Philosophy*, trans. Quentin Lauer (New York: Harper Torchbooks, 1965), 157.

＊22 ミルズ『人種契約』、１１８。

＊23 Sylvia Wynter, “On Disenchanting Discourse: ‘Minority’ Literary Criticism and beyond,” *Cultural Critique*, no. 7 (Fall 1987): 237.

＊24 George Lamming, *The Pleasures of Exile* (Ann Arbor: University of Michigan Press, 1992), 15.

＊25 Ibid.

＊26 Paquet, Sandra Pouchet, introduction to *The Pleasures of Exile* (Ann Arbor: University of Michigan Press, 1992), xviii.

＊27 Norval Edwards, “‘Talking about a Little Culture’: Sylvia Wynter’s Early Essays,” *Journal of West Indian Literature* 10, nos. 1/2 (2001): 14.

第3章

カリブ海を定義する者へ　存在論的不純性

存在論を解呪せよ

「しかし植民地化され文明化された社会においては一切の存在論の実現は不可能になってしまっている」[*1]。マルティニーク出身の精神科医フランツ・ファノンは、存在論の普遍性をこのように否定する。この存在論批判によって彼が意味するのは、非西洋には存在論を生み出すことが不可能だったということではない。存在論が西洋で当たり前のように通用するのは、他者によって「植民地化されていない」、「文明化されていない」社会だからだということである。早逝したこのカリブ海知識人が命を削って生み出し、遺していった思想は、存在論が孕む西洋中心性を暴露し、それに抗うカリブ海特有の存在論の可能性を問う基盤を提供する。

ウィンターの「人間」の批判的系譜学は、ファノンから大きな影響を受けている。前章で紹介したように、彼女の系譜学は、私たちの「人間」であることの意味や価値が、西洋による「ヒト」の発明によって独占されているということを示す。理性的・政治的白人男性を指す「ヒト（1）」（15世紀後半から18世紀後半）、そして経済的白人男性を指す「ヒト（2）」（19世紀から現在）によって、「人間」は「過剰表象」されてきた。非西洋の人々は、その「人間」の理想に沿わない非理性的で貧しい「他者」として、否定され踏み台にされ続けてきた。その「他者」の中でも、カリブ海の（特にアフリカ系の）人々がとりわけ押し付けられ続けてきた否定性がある。それは、「人間」に対して「存在論的欠如（“Ontological Lack”）を実体化した者」としての「役割」である（ウィンターは、この存在論的欠如を持つ者をクリステヴァの「おぞましいもの」と関連づけている)。[*2]すなわち、1492という出来事以降、理性・政治・経済という規範に加え、存在という「人間」の理想から零れた絶対零度の「他者」として、カリブ海の人々は生きることを強いられてきたのだ。言い換えれば、カリブ海の人々は、西洋人という理想的存在と否定的に比べられて初めて、「他者」として存在することを許されたのである。ウィンターは、ファノンをグリッサンと並べ、彼らの思想を「存在論的欠如を実体化した者」という「役割」に対するカリブ海思想の「詩的反乱」と表現している。[*3]

ウィンターは、スコットによるインタビューにおいて、カリブ海が植民地支配によって奪われ続けてきた「主権」について語る。1492年以降500年近く植民地支配を受け続けたカリブ海では、1960年代から英語圏の国々が次々と独立していった。1962年にジャマイカとトリニダードが独立したのを皮切りに、1966年にバルバドスとガイアナ、1973年にバハマ国、1974年にグレナダ、1978年にドミニカ国、1979年にセントルシアとセントビンセント及びグレナディーン諸島、1981年にアンティグア・バーブーダ、そして1983年にセントクリストファー・ネイビスが独立した。イギリスから政治的に独立し、国の経済の舵を自らの手でとっていくようになったカリブ海の国々は、「政治的主権」や「経済的主権」について理解し回復するよう努めてきた。しかしウィンターは、カリブ海の人々が「存在論的主権」について無知のままであることを指摘する。「我々は存在論的主権と呼ばれるものを理解していないのです。恐れずに言うと、存在論的主権という概念について語るには、現在我々が持つ人間であるとは何かという概念の外へと、そしてそのような概念を定義し再生産するお決まりの知識体系の基盤の外側へと、完全に出ていく必要があります」[*4]。ウィンターに言わせれば、存在論は西洋が一方的に支配する「人間」の意味と価値の再生産をする偏った知識体系であり、非西洋にとっては自分たちが「存在論的欠如」を持った他者という否定的な客体として扱われる呪いのかかった言説なのである。独立し経済的に自立してもなお、存在論を解呪しなければ、カリブ海はいつまでも「他者」のままなのだ。

存在論が植民地支配を受けた社会では不可能である理由について、ファノンはこう説明する。「存在論というものは本来実存は取り扱わない。となれば黒人の存在を存在論によって理解することは不可能である」[*5]。西洋の存在論は、カリブ海の人々が500年以上受け継いできた痛ましい経験を無視し、「人間」を「過剰表象」することで全世界に流通するための普遍性を標榜する。しかし、ジャマイカ人学者レックス・ネトルフォードはこう主張する。「我々は、過去500年以上もの時間をかけて現れた世界の人口の一部を代表する。ユニークとはいかないまでも特殊な歴史的経験が、我々の実存的現実を形作り、それによって我々の存在論もしくは存在の感覚（……）が形成されるのである」[*6]。カリブ海の植民地支配、奴隷制、年季奉公制を通して受け継がれ、育まれてきた特殊な経験と記憶は、カリブ海特有の存在論を作り出す。カリブ海にとって、自らの存在論で自らを語る行為こそ言説の解呪であり、「他者」ではなく人間であると叫ぶための「詩的反乱」の手段なのだ。

存在の同一性？

存在論と言えばハイデガーだが、彼の言説に内在する西洋中心主義・白人至上主義には近年世界各地の研究者が批判を重ね上げている。たとえば比較哲学研究者で中国哲学を専門としているスティーヴン・ブリックは、ハイデガーの西洋中心主義をこのように説明する。「初期の作品においては、恐らくハイデガーは一層西洋中心主義的な思想家で、異文化間とは正反対にいると考えられるだろう。彼は他の文化に関与しようとはしていない。後期の作品のいくつかでさえ、この西洋中心主義的な傾向が明らかに見てとれる例がある。ハイデガーは西洋にのみ私たちが『哲学』と呼ぶものがあり、たとえばインドや中国には哲学はないとまで言っている」。[*7] アフロアメリカン研究者のカルヴァン・ウォレンは、ハイデガーの存在論では黒人は非存在となるとし、「ハイデガーは西洋中心的な考え方のせいで、黒人の存在を考えることができない」と批判する。[*8] このように、アジア、アフリカなどの非西洋の思想家・研究者らは、ハイデガーを避けては通れない偉大な哲学者としながらも彼の西洋中心主義的傾向を批判し、それを共に乗り越えんと知を共有し奮励している。

現代カリブ海思想の存在論研究において最も勢いがあるのが、マルドナード＝トレスである。

『戦争に抗い』(*Against War*)において、彼は西洋哲学に備わる「戦争のイデオロギー」を暴いてゆく。[*9] 彼は、ハイデガーがドイツにはギリシャとの特別なつながりがあり、「フランス人たちが思惟し始めると、彼らはドイツ語を話します。彼らは、フランス語では切り抜けられないということを確証します」と発言した1966年の「シュピーゲル対談」に触れる。[*10] マルドナード=トレスは、「彼は古代ギリシャをドイツのみに結びつけることで、ヨーロッパ人から古代ギリシャを『奪う』ことさえしてしまう」と厳しく批判し、ハイデガーが西洋中心主義的どころかドイツ中心主義的な思想家であり、彼の理論の普遍性は注意深く検討されなければならないと指摘する。[*11] そしてハイデガーの存在論に備わる「戦争のイデオロギー」を、ドイツの国家としての問題との繋がりに見出す。

「戦争のイデオロギー」とは、フランス革命の思想とヨーロッパ社会におけるその結果に反発して生じた理想を指す。それは有機的な共同体の理想なのだが、その共同体は平等性という抽象的な結束ではなく、戦場で生きた経験によってもたらされる強固な連帯によって結びつけられている。この考え方によれば、市民権は、重要な間主観的つながりと個人による自己価値の獲得の手段としては不十分である。本来的な個人性と共同体は、対立と闘争のパトスにおいて現れる。そしてそのパトスは、ある国家が他の国家と戦争するときに現れるのだ。英雄的で暴力的な愛国心は、手厚い礼節に取って代わる。国家は異常な権力を感じることのできる源泉となり、個人に対する尊敬の頂点ではなくなる。犠牲、決意性、死との出会い、そして運命によって結びつけられた民族という概念は、「戦争のイデオロギー」の主な特徴のうちの4つである。これら4つの理想は、ハイデガーの作品に何らかの形で登場している。（……）本来性の探求は、もしそれが個人の本来性の達成に終始するのであれば、それこそ限定された範囲にとどまるだろう。個人の本来性は、それどころか、共同体の本来性の達成でこそ、最もあらわになるようである。ここで再び、戦争の理想化の可能性が浮かび上がってくるのである。戦争は、「現存在」の死との出会いと「民族」の再生の両方を促す。こういった観念の実現は、間違いなく第一次世界大戦の経験と結びついている。[*12]

マルドナード＝トレスによるハイデガー存在論批判から学べるものの中で、カリブ海思想にとって最も重要なのは、「同一性」の問題である。「ハイデガー的存在論が『戦争のイデオロギー』に加担する限り、彼の存在論は『戦争の存在論』を表していると言うこともできるだろう。存在論を通して、ハイデガーは本来的な人間存在の探求という問題含みのヴィジョンが持つ中心的な特徴の数々を再認識させてくれるのである」[*13]。マルドナード＝トレスは、その問題点のひとつとして、ハイデガーの存在論が、あらゆるもの、あらゆる人をすべて「存在の隠蔽の論理」へと帰してしまっていると指摘し、このように主張する。「ハイデガーの存在論は、他者よりも『同一』を優先することを表現している。すべてを『同一』に還元することで、存在論はレヴィナスがフッサール哲学に見出した理論的偏見と合致してしまっている」[*14]。ハイデガーの存在論は、他者によって「植民地化されていない」、「文明化されていない」ヨーロッパという社会、つまりハイデガーの西洋人としての目が認識できていた第一世界先進国の光景のみを反映したものであり、植民地主義が人類全体に与えた影響と結果を全く考慮していない。それにおいて存在は常に同一であり、カリブ海の人々が長い植民地支配を耐え、受け継いできた経験と記憶は、ファノンの言うように無視される。マルドナード＝トレスは、「ハイデガーが忘れてしまったのは、近代において、存在には植民地的な側面があるということである」と主張する。[*15] 現代において、存在論は同一性に重きを置くのではなく、植民地的な経験を考慮せねばならない。

マルドナード＝トレスと同じ視点で、マイケル・モナハンは、『クレオール化する主体　人種、理性、そして純粋性の政治学』において、西洋存在論における同一性の優位性と西洋が作り上げた人種的ヒエラルキーの共犯性を指摘している。モナハンいわく、存在論は「人種的現実の意味を、明確で曖昧でない、固定された存在のカテゴリーと見なす。存在は、一方では真に自由で、完全に合理的で、真に人間的なもの、他方では非合理的で、非自由で、人間以下のものを様々に実体化したものに分かれる」。[*16] 西洋存在論においては、ドイツ人ならドイツに生まれドイツ語を話す、日本人なら日本に生まれ日本語を話すといったような、民族的同一性を持つ存在者こそ「真に自由で、完全に合理的で、真に人間的」であり、その規範に沿わない者は「非合理的で、非自由で、人間以下」であるという人種差別的二元論が働いている。マルドナード＝トレスやモナハンの存在論における「同一性」批判は、まさしくウィンターが指摘した「人間」と「存在論的欠如を持った他者」の批判的系譜学に一致する。

存在の同一性という問題は、カリブ海思想家たちが解呪せんと試みてきた問題のひとつだ。500年以上植民地支配を耐え続け、奴隷制や年季奉公制を通して異人種間・異文化間混淆を経験してきたカリブ海が紡ぎ出す存在論は、ハイデガーが優先した同一性を拒否し、存在の不純性を肯定するのである。

存在論的不純性

カリブ海思想家たちは、英語、仏語、スペイン語の壁を越え、同一性ではなく自分たちの不純性を肯定する環カリブ海的言説を打ち立てんと画策してきた。たとえば仏語圏からは、グリッサンが『カリブ海序説』（*Caribbean Discourse*）や『〈関係〉の詩学』（*Poetics of Relation*）などを送り出した。彼は、西洋思想が普遍的理論として支配的になるために、あらゆる差異を無視してきたと指摘する。『カリブ海序説』において、彼は「同一性は固定化された存在を必要とする」、「同一性は個の存在が孤立するところに現れる」と指摘し、差異を同一性の対極に置くことで、固定化されない存在の可能性を思索している。[*17] その後、彼は『〈関係〉の詩学』において、その差異によって変化し続ける存在を「〈関係〉」（大文字のRを使った〝Relation〟）という概念を用いて表現する。西洋存在論が想定する存在は、「みずからのうちにはじまりを見いだすような自足した実体」である。[18]そのような存在を、グリッサンは「うぬぼれている」と批判する。[19]というのも、「存在は相互作用を押しつけられることを許さないから。あらゆる問いは相互作用であるのに、存在は自足している」。[20]西洋存在論における存在は、この世のあらゆる差異が衝突し、混淆する中で生じる〈関係〉、つまり変化に関わることを拒否する。それ自身が自己完結し、「充足している」と思い上がっているからだ。この同一性批判の流れにコンデやシャモワゾー、ラファエル・コンフィアン、ジャン・ベルナベらが続き、仏語圏では西洋中心主義的な存在論へのカリブ海の詩的抵抗が繰り広げられている。

英語圏からは、ラミング、ブラスウェイト、ハリスといった作家たちが次々に思想的作品を発表し、同一性を絶対的な価値とする西洋の言説に異を唱えてきた。ガイアナ人考古学者で作家でもあるデニス・ウィリアムズは、カリブ海という新世界で起きた人種的・文化的異種混淆は、ヨーロッパ、アジア、アフリカ、すなわち旧世界にとっては「悪夢」にしか見えないだろうと述べる。というのも、「新世界の我々は、祖先との関係において、旧世界の血統意識によって判断される。我々の雑種性（“mongrelism”）は、世界のサラブレッド的感性によって忌み嫌われるのだ」。[21]民族的同一性こそが存在の根幹であるという価値観が普遍の顔をし、当たり前のように共有されることで、カリブ海の人々も「自分たちがユニークな存在であるという事実に向かい合おうとしなくなる」のである。[22]そして、自分たちの雑種的な存在のあり方がこの世の存在のヒエラルキーの下部にあることを認識し、「存在論的欠如を抱えた他者」という「役割」を受け入れてしまうのだ。

ウォルコットは、民族的同一性を保っている（と思い込んでいる）旧世界の人々が、カリブ海を「文法家が方言を見るように、都市が地方を見るように、帝国がその植民地を見るように」見ることを批判する。[*23] 彼らにとっては、カリブ海は「非合法で、根無し草で、雑種的」でしかない。[*24] それゆえ「西インド諸島主義は汚点」なのだ。[*25] しかしウォルコットは、カリブ海がその長く痛ましい経験から得た不純性を称賛する。以下に引用するのが、ノーベル文学賞受賞時のスピーチで彼が世界に語った、有名な花瓶の比喩である。

花瓶を割ってみなさい。その断片を再び寄せ集める愛は、それが完全だった時にその均整を当然と受け止めていた愛よりも強いのです。破片を合わせる接着剤は、元の形に固め上げます。我々のアフリカやアジアの断片を寄せ集めるのはそのような愛であり、その先祖伝来の割れた家財を直しても白い傷が見えます。このように、破片を集めることが、アンティル諸島のケアと苦痛です。断片がもし不揃いでぴたりと合わないなら、元の彫刻、つまり我々の先祖の場所で当たり前のように受け取られていたそれらのイコンや神聖な容器よりも、多くの苦痛を含んでいるのです。[*26]

アラワク・タイノ族という主人を失ったカリブ海には、奴隷制によってアフリカ人が、年季奉公制によってアジア人が送り込まれた。彼らはそれぞれの文化を持ち寄って衝突し合い、それを乗り越えながら共存し、新しい独自のカリブ海文化を育んできた。それが、愛による「アフリカやアジアの断片」のつなぎ合わせである。「ぴたりと合わない」というウォルコットの表現は、彼らの人種間のいがみ合いと相克を示唆している。そのような異文化の断片を接着しても見えてしまう「白い傷」は、西洋による忘れられえぬ植民地支配と、西洋文化をも包摂するカリブ海性を表す。不揃いで、不格好で不純な花瓶が出来上がったとしても、それはユニークで誇らしいカリブ海の人種的・文化的混淆の象徴なのだ。

『カリブ海詩学』において、トレス＝セイランは、不純性をカリブ海思想の重要なテーゼととらえる。彼はウォルコットの花瓶の比喩を高く評価し、純粋な出自を称えたり同一性を優遇したりするのではなく、カリブ海の人々が「あれでもなくこれでもない、ということを可能にする一種の存在論的弾力性」に恵まれていると主張する。[*27] 祖先がカリブ海に移植したアフリカ、ヨーロッパ、アジアの文化の断片を接着することによって、カリブ海の人々は自分たちの不純性をトラウマとしてではなく、全体像として肯定的に受け入れることができる。しかし、その断片の矛盾や不整合からくる苦痛、フラストレーション、不安に耐えていかなければならない。この苦痛に立ち向かいながらも、自分たちの人種的・文化的不純性を「存在論的欠如」としてではなく、存在の特徴として受け入れていく。これをトレス＝セイランはカリブ海の「存在論的不純性」（"ontological impurity"）と呼ぶ。[*28] この「存在論的不純性」によってカリブ海思想が私たちに見せつけるのは、カリブ海の人々の特殊な経験と記憶を包摂するカリブ海特有の存在論である。

ジャマイカ滞在時、ジャマイカで2年に1度開催される、国際的にも有名なカリブ海文学イベントであるカラバッシュに参加している際、私はふと今同じ空間を共有している人々が、アフリカ系、アジア系、ヨーロッパ系とあらゆる人種的背景を持ちながらも、全員がカリブ海の人々であるということに気づき、ひとり感嘆したことがある。同一性とは無縁の、雑種的でありながら調和的なこの空間こそが、まさに「存在論的不純性」を物語っていた。その特異な不純性を存在の礎とする存在論は、カリブ海の人々の「生きられた経験」を反映しているのである。そのイベントに参加していた、私が敬愛するジャマイカ人詩人マーヴィン・モリスの詩「西インド諸島を定義する者へ」を紹介して、この章を終える。この詩は、モリス自身はあまり出来の良いものとは思っていないようだったが、トレス＝セイランがカリブ海詩学における重要な詩のひとつとして重宝するものである。

あなたの知性は、不満を覚える
そこにありながらもレッテルを貼れないことに。
３００万人と

我々のいくつかの領土に
アフリカイングランドアメリカポルトガルそしてスペイン
インドとフランス中国シリア
黒くて茶色で黄色くピンク色にクリーム色で
若くて中年の老いぼれで生命力溢れ
ジョン・カヌー・ケレーカーニヴァル
ホセイラ・マグリットそれにインデペンデンス・デイ
我々の英語賛美歌クレオール語の諺
スチールバンドカリプソロックンロール

……………………………………

これらすべて
これらすべてを、望めばもっとだ
すぐに乾いてしまう定義に固定できるものか。
我々を詰め込もうとしてはいけない
あなたのその小さな箱の中に。
あなたの定義は必然的に偽りだ
さもなければ、我々は死んでいるのだ。*29

＊1　フランツ・ファノン『黒い皮膚・白い仮面〔新装版〕』、海老坂武、加藤晴久訳（東京：みすず書房、２０２０年）、１２９。

＊2　Sylvia Wynter, "Beyond the Word of Man: Glissant and the New Discourse of the Antilles," *World Literature Today* 63, no. 4 (Autumn 1989): 645.

＊3　Ibid., 641.

＊4　Wynter, quoted in Scott, "Re-Enchantment," 136.

＊5　ファノン『黒い皮膚』、１３０。

＊6　Rex Nettleford, *Inward Stretch Outward Reach: A Voice from the Caribbean* (New York: Palgrave Macmillan, 1993), 184.

＊7　Steven Burik, *The End of Comparative Philosophy and the Task of Comparative Thinking: Heidegger, Derrida and Daoism* (Albany: State University of New York Press, 2010), 35.

＊8　Calvin L. Warren, *Ontological Terror: Blackness, Nihilism, and Emancipation* (Durham: Duke University Press, 2018), 28.

＊9　Nelson Maldonado-Torres, *Against War*, 49.

＊10　マルティン・ハイデッガー「シュピーゲル対談」、『形而上学入門』、川原栄峰訳（東京：平凡社、１９９４年）、４０２。

＊11　Maldonado-Torres, *Against War*, 59. マルドナード＝トレスは言及していないが、ハイデガーの『ブレーメン講演とフライブルク講演』における発言にも、アジア圏の私たちはとりわけ注意を向けたい。ハイデガーは、やはりギリシャとのつながりこそ哲学を可能にするとして、ヨーロッパの思惟こそが哲学であると考える。そして、「ヨーロッパ的思考はいまや地球規模となろうとしており、その勢いたるや、現代のインド人、中国人、日本人が自分たちの経験した事柄をわれわれにあれこれ伝えようとする場合、彼らは我々ヨーロッパ人の思考様式でかろうじて伝えるしかないほどなのだから」と発言する（マルティン・ハイデッガー『ブレーメン講演とフライブルク講演』、森一郎、ハルトムート・ブッナー訳（東京：創文社、２００３年）、173）。西洋中心主義的な「認識論的に囲い込むような用語」の使用に見られる「惑星的気取り」を、ハイデガーの存在論は孕んでいるのではないだろうか。カリブ海だけでなく私たち日本人も、「惑星」だ「世界」だと言いながら、西洋中心主義的な思想に囲い込まれてはいないだろうか。

＊12　Maldonado-Torres, *Against War*, 54-55, 57.

＊13　Ibid., 60-61.

＊14　Ibid., 61.

*15 Nelson Maldonado-Torres, "On the Coloniality of Being: Contributions to the Development of a Concept," *Cultural Studies* 21, nos. 2-3 (March/May, 2007): 251.

*16 Michael J. Monahan, *The Creolizing Subject: Race, Reason, and the Politics of Purity* (New York: Fordham University Press, 2011), 169.

*17 Édouard Glissant, *Caribbean Discourse*, trans. J. Michael Dash (Charlottesville: University of Virginia Press, 1989), 98.

*18 エドゥアール・グリッサン『〈関係〉の詩学』、菅啓次郎訳（東京：インスクリプト、2000年）、201。

*19 同書、228。

*20 同書、201。

*21 Denis Williams, *Image and Idea in the Arts of Guyana, The Edgar Mittelholzer Memorial Lectures* (Georgetown: National History and Arts Council, 1969), 6–7.

*22 Ibid., 7.

*23 Derek Walcott, *What the Twilight Says: Essays* (New York: Farrar, Straus and Giroux, 1998), 67.

*24 Ibid.

*25 Ibid., 56.

*26 Ibid., 69.

*27 Silvio Torres-Saillant, *Caribbean Poetics: Toward an Aesthetic of West Indian Literature*, 2nd ed. (Leeds: Peepal Tree Press, 2013), 30-31.

*28 Ibid., 28.

*29 Mervyn Morris, "To a West Indian Definer," in *Caribbean Literature: An Anthology*, ed. G. R. Coulthard (London: University of London Press, 1966), 86-87.

第4章

神話とカリブ海　悲しくも希望に満ちた叙事詩

「発見」の神話とカリブ海

「ある種の神話は、それを創り出した必要性が消え去った後も、死ぬことを拒む」[*1]。バルバドス人作家ジョージ・ラミングは、神話や叙事詩といった社会的形成物に、カリブ海を虐げる植民地主義的イデオロギーを見出す。神話は、世界の始まりにかかわる物語であり、特有の宗教観や文化を反映した「世界の起源」に関する様々な神話があらゆる地域で語り継がれ共有されている。しかし、植民地支配を経験したカリブ海では、神話は人々を他者化する装置となりうる。ラミングによるカリブ海的視点からの神話の語り直しは、カリブ海をひとつの世界として理解するための起点となる。ラミングの思想とともに、この章ではカリブ海におけるヨーロッパとアフリカの遭遇と相克を再訪する。

神話は、ルーマニア人宗教学者ミルチャ・エリアーデによれば、神々や英雄などの超自然的・形而上学的存在の物語を通して、私たちに世界の起源に触れることを可能にする。「神話は超自然者の行為を通じて、宇宙という全実在であれ、一つの島、植物、特定な人間行動、制度のような部分的実在であれ、その実在がいかにしてもたらされたかを語る。そこで、神話は常に『創造』の説明なのであって、あるものがいかに作られたか、存在し始めたかを語る」[*2]。日本においても、『古事記』や『日本書紀』に収められた「天地初発」、「天地開闢」の神話が、世界の創世を語る。エリアーデいわく、私たちはそのような創世神話を共有し、物語に現れる神々や英雄のふるまいを学ぶことで、それを自分の存在の規範とする。それゆえ、神話は「あらゆる重要な人間行為の模範となる」[*3]。神話とは、人間存在と世界の始まりの物語で、「人間を実存的に構成した原初の『話』を人間に教え」るのである。[*4]つまりは、ハンガリー人神話学者カール・ケレーニイがユングとの共著のなかで端的に述べるように、「神話の出来事は世界の根底を形づくる。というのは、一切が神話の出来事を基礎とするからだ」[*5]。

しかしそのような神話の定義は、カリブ海に呪いとして降りかかる。というのも、1492という出来事以降、原住民であるアラワク・タイノ族はほぼ絶滅し、その地域の「世界の創世」を語り継ぐ存在がいなくなったからだ。主人なき空虚な空間となったカリブ海には、西洋列国による奴隷制を通してアフリカから、年季奉公制を通してインドや中国から人々が送り込まれたが、彼らは次第に自分たちの言語を失い、祖先の土地の文化との繋がりも薄れていった。カリブ海という世界の始まりを教えてくれる神話は、植民地支配によって失われてしまったのだ。それゆえ、ガイアナ人芸術家スタンリー・グリーヴスは、「我々は自分たちの『歴史』を知ってはいるが、我々に自分たちの起源を教えてくれる神話というものがない。芸術家として、ガイアナの神話が存在しないというのは耐え難い重荷である（……）」と述べる。[*6]キューバ人理論家アントニオ・ベニーテス゠ローホーは、「カリブ海の人々はみな、今も昔も、自分自身の神話と歴史から、そして自分自身の文化と世界における自分自身の存在から追放された身なのだ」と言う。[*7]

創世神話を語り継ぐ存在を根絶やしにされたカリブ海は、その始まりをコロンブスの「発見」によって塗り替えられてしまう。カナダ人心理学者マーリン・ドナルドの「敵対する社会を征服するとき、征服者が最初にとる行動は、自分たちの神話を征服された者たちに押し付けることである」という言葉を思い出してもいいだろう。[*8] カリブ海を植民地化する西洋は、自分たちがこの未開の地に到達し文明の光を分け与えることによって、カリブ海という「新」世界が始まったといういわゆる「発見」の神話を、カリブ海に押し付けた。その西洋中心的認識に基づいた「人間」の枠組みが、カリブ海の人々の存在を決定づけてしまう。ニーチェは、「神話を欠くならば、いかなる文化もその健全で創造的な自然力を失うのである」と述べた。[*9] ならば、神話なきカリブ海は、西洋の文明に対して「健全で創造的な自然力を失った」世界であるという不公平な見方をされるしかないのだろうか。そして、「発見」の神話によって常に西洋に発見され、使役され、教育されることでしか存在できない「他者」と認識され続けなければならないのだろうか。

ラミングは、この西洋中心的な「発見」の神話を、カリブ海の視点から語り直す。彼は「それはあらゆる種類の人間が生まれながらにして受け取る母乳の栄養的な働きに近い」と述べ、神話が人間の存在の根源的なものであることに同意する。[*10] カリブ海は、原住民が絶滅したとはいえ、神話のない、「健全な創造力を失った」世界ではない。カリブ海の神話は、失われたわけでも押し付けられたわけでもなく、「発見と移住の、悲しくも希望に満ちた叙事詩」であるとラミングは言う。[*11]彼が自身の作品で文学的に語り直す、1492以降の植民地支配、奴隷制、年季奉公制という痛ましい歴史は、「悲しくも希望に満ちた」物語である。それは、カリブ海の人々を他者化することのない、カリブ海というひとつの世界の神話なのだ。

創世か、文化的接触か

ジャン゠リュック・ナンシーは、ハイデガーの存在論を発展させ、共同体における神話の役割について分析する。『無為の共同体』において、彼は共同体が「無為」であるかどうか、つまり「制作・働き・営み」がなされないかどうかで、彼が呼ぶところの「共通的存在」と「共同での存在」の区別を試みる。[*12]共通的存在は、共通のアイデンティティのもとで成る本質を持った実体であり、全体主義思想やナショナリズムによって成立する共同体を示す。一方で共同での存在は、本質的なもので想定されたり営まれたりしてではなく、ただ人間の実存における共同性によって成立する共同体を示す。神話は、共通的存在の中心的な特徴である。「このことはただ単に、共同体が一つの神話であることを、共同体的な合一が一つの神話であることを意味しているだけではない。神話が、神話的な力と定義とが、共同体にとって本質的なものであることを、それゆえ神話の外には共同体などありえないということを意味しているのだ」。[*13]神話は、共同体の単一の起源を回想的に喚起する働きをする。「神話は起源にあり、起源を語るものであって、神話的定礎に関わっている。そしてこの関係によって神話はそれ自体（一つの意識、民族、物語）を定礎する」[14]。この起源の物語によって、神話は人々を「融合」するのである。つまり神話は本質的に、共同体の唯一の起源にさかのぼって、民族などの本質や全体性によって彼らを融合させる。この働きが19世紀ロマン主義によって見いだされ、ドイツではノヴァーリスやシェリング、ヘルダーなどに再評価され、のちに極端な形でナチス政権による民族主義に利用される、というのはロバート・J・C・ヤングが『ポストコロニアリズム』において「ロマン主義的ネーション概念」という表現でわかりやすく解説している。[15]

もし「神話は起源に関し、起源に由来する」のであれば、その地域の起源を語ることのできる原住民アラワク・タイノ族が絶滅したカリブ海では、自分たちの起源を語る神話が存在しないことになる。あるのは「発見」の神話のみだ。その神話の中では、西洋は常に理性的な「人間」で、カリブ海は野蛮な「他者」である。たとえば「発見」の寓話は、エルドラドや楽園、ユートピアにカニバリズムといった形で、『テンペスト』、『ロビンソン・クルーソー』、『ガリバー旅行記』、『オルノーコ』、『ソロモン王の秘宝』、『ジャングル・ブック』、『闇の奥』などの英文学作品にみられる。これらの作品では、「発見者」の西洋人は主体であり、「発見される人々」の非西洋人は客体である。特にカリブ海においては、ウィンターが示したように、理性的・経済的に理想的で、先祖代々受け継がれた神話を持つ「ヒト」の西洋に対し、非理性的・非経済的で、存在の基盤である神話もなき

「存在論的な欠如」を抱える「他者」の地位に人々は追いやられる。「発見」において優位なのは、常に「発見者」なのだ。

カリブ海思想家たちは、この一方的に押し付けられた、自分たちを他者化する神話に対抗する。ここで重要なのは、グリッサンのカリブ海には創世という概念は必要ないという力強い主張である。「複合的な民族、つまり雑種的であることを否定も隠蔽もできず、神話的な血統という概念によって昇華することもできなかった民族は、創世記という考えを『必要としない』のである。というのも、彼らは純粋な血統の神話を必要としないからだ」[*16]。グリッサンは、ナンシーに似たような形で、共同体をふたつに区別する。ひとつは、「創世という概念（つまり世界の創世）、そして血縁という概念（つまり共同体の現在をこの創世に常に接続する）」に基づく共同体である。もうひとつは、異種混交から生まれる複合的文化を持つ共同体であり、そこでは「創世という概念は（……）押しつけられるものでしかない」[*17]。カリブ海は後者を代表する。グリッサンは、ズールー国王シャカやダホメ王ベハンジンたちのような征服されたアフリカの英雄たちに触れ、こう述べる。

これらの征服された英雄の叙事詩は、彼らの民族や部族、時には彼らの信仰の叙事詩でもあったが、語られる際には、世界における自らの正当性を共同体に再認識させることを意図していない。それらは創世叙事詩ではない。『イリアス』や『オデュッセイア』、旧約聖書、冒険記、そして武勲詩のような、創世を描いた偉大な「書物」でもないのだ。それらは文化的接触の記憶である（……）。[*18]

植民地支配の経験から芽生えたカリブ海の神話は、起源というより「文化的接触の記憶」で構成されている。「発見」の神話は、発見をした者が絶対的な価値の担い手となる。しかし、グリッサンが論じるように、カリブ海の神話は「諸文化の接触から生まれた変異型の、汲みつくすことのできない領野」を示すのだ。[*19]

この「文化的接触の記憶」を語る神話こそが、ラミングの言う「悲しくも希望に満ちた叙事詩」である。ラミングは自身3作目の小説『成熟と無垢について』（*Of Age and Innocence*）で、この神話を「部族少年たちと略奪王たち」（The Tribe Boys and the Bandit Kings）というカリブ海のある島に伝わる物語として具体化している。１４９２年のコロンブスによる「発見」の再現としての「部族少年たち」と「略奪王たち」の遭遇は、どのようにして「悲しくも希望に満ちた叙事詩」となるのだろうか。

「発見者」と「発見される人々」の平等とは

グリッサンは、創世という概念を拒否し「文化的接触の記憶」を語るカリブ海の神話においては、

「かつての発見者／被発見者が、〈関係〉において対等になる」と述べる。[*20] 起源に民族的権威を見出すのではなく、遭遇する人々を平等に描く。それがカリブ海の神話である。ラミングは『成熟と無垢について』で、西洋によるカリブ海侵略の寓話を利用するが、それにおいて、「発見者」と「発見される人々」はどのように平等なのか。

西洋の「発見」の神話は、常に「発見者」である西洋の視点で語られる。日本でも、『桃太郎』の話を思い起こせば理解しやすいだろう。その寓話において、私たちは鬼なる非人間的存在が何らかの理由で討伐対象であることをただ伝聞のみの情報で知り、桃太郎という正義が一方的に成敗する。鬼とされる存在の口から語られることは何もない。この鬼と同様に、カリブ海の住人は非人間的で食人種の「他者」であり、植民地支配によって文明化されるべき存在という認識しか与えられないのである。

「部族少年たちと略奪王たち」の神話は、カリブ海の架空の島サン・クリストバルに住む少年ボブ、シン、リーによって語られる。彼らはそれぞれアフリカ系、インド系、中国系であり、彼らのグループとしての存在はカリブ海の複合的文化を象徴している。「部族少年たち」はサン・クリストバル島で「創世記のように」、動物たちと自然に囲まれ平和な暮らしを営んでいた。しかし「略奪王たち」が海を越え到着し、サン・クリストバル島の所有権を主張し始めた。「略奪王たち」は

「甘い語りかけ」で、「部族少年たち」が彼らを手助けしてくれれば島に残ってもよいと伝えてきた。しかし、「助けるということは仕えるってこと。んで仕えるってことは、わかるだろ?」とリーが語るように、「部族少年たち」は奴隷になることを拒否した。銃が象徴する「略奪王たち」の非道な侵略に、「部族少年たち」は知恵を持って抵抗したが、「略奪王たち」が「蟻兵士」(The Warrior Ants)を島に解き放ったことで、「略奪王たち」に見つかり、虐殺されていった。追い詰められ、捕まった「部族少年たち」は、ある行動をとる。

リーは言った。「残った『部族少年たち』はまるで降伏したみたいに歩き出したんだ。そして『略奪王たち』は彼らがひざまずいて命乞いをするのを待った。だって彼らがひざまずいて降伏さえすれば、仕えさせるつもりだったんだからね」

「でも彼らはそうしようとはしなかった」とボブは言った。「彼らは次々にささやきで伝え合って、『王たち』に負けはしないって、完全な犠牲者になりはしないって誓ったんだ。そして立ち止まることなく歩き続けた。『王たち』は彼らが魂が抜けたみたいに歩いていくのをただ見るだけだった。彼らはマウント・ミザリーのてっぺんまでたどり着いた。そしてそこで崖に永遠の口づけをして、頭を垂れてパッと自分たちの葬儀へと飛び込んだんだ」

「全員溺れて死んだ」とリーが言った。

シンは、「部族少年たち」の「無様な屈服より死を選ぶ」行為に触れ、「完全な人間の意志を持っていたんだ」と述べる。最後まで人間として行動し、非人間的な侵略行為に抵抗し、人間の意志を持って死んでいったということが、この神話の結末として語られる。サン・クリストバル島出身で、この神話を知る主人公マークは、「部族少年たち」の行為をこう説明する。『『略奪王たち』は、『部族少年たち』が海に飛び込むのを見たとき、うろたえてしまった。それは、自分たちのことを思い出させる行為だったのだ。（……）そして彼らは敵に対して尊敬の念を抱いた」。「略奪王たち」は、「部族少年たち」が自分たちと同じように「人間」であったことに気づき、尊敬の念、そして死んでいった「人間」への責任を抱くのだ。ラミングによるこのカリブ海神話は、「発見者」の「略奪王たち」と「発見される人々」の「部族少年たち」のどちらもが「人間」であったこと、そして、カリブ海での「文化的接触の記憶」を示す。最後に「略奪王たち」が抱く「部族少年たち」という「他者」ではなく「人間」への尊敬の念は、「悲しくも希望に満ちた」カリブ海の物語を象徴している。[*21]

ラミングによる神話の語り直しは、非西洋を他者化する西洋中心的な神話を解呪する作業である。ラミングは、シェイクスピアの『テンペスト』の支配者プロスペローと奴隷キャリバンに触れ、カリブ海の人間として、自分は両者の子孫であると主張する。そして、自分の思想家としての任務は、「我々の出会いを恨むのではなく――むしろそれをさらに押し進める」ことだと述べる。この文化間の出会い、つまり「文化的接触」の記憶を保存する神話は、西洋的な民族の純粋性に権威を与える「起源」の神話とは異なり、カリブ海の人々の「存在論的不純性」の基盤となる。２０２２年に亡くなったラミングが私たちに残していったカリブ海の神話は、起源や創世ではなく、西洋も非西洋も「人間」であるということ、そして私たちの「出会い」を押し進めることの重要性を教えてくれるのである。

＊1 George Lamming, "The West Indian People," *New World Quarterly* 2, no. 2 (1966): 65.
＊2 ミルチャ・エリアーデ『神話と現実』、中村恭子訳（東京：せりか書房、１９７３年）、12。
＊3 同書、24。
＊4 同書、18。
＊5 カール・ケレーニイ、カール・グスタフ・ユング『神話学入門』、杉浦忠夫訳（東京：晶文社、１９７５年）、22。
＊6 Stanley Greaves, quoted in Alissandra Cummins, Allison Thompson, and Nick Whittle, *Art in Barbados: What Kind of Mirror Image?* (Kingston, JA: Ian Randle Publishers, 1999), 204.
＊7 Antonio Benítez-Rojo, *The Repeating Island: the Caribbean and the Postmodern Perspective*, 2nd ed., trans. James E. Maraniss (Durham: Duke University Press, 1996), 217.
＊8 Merlin Donald, *Origins of the Modern Mind: Three Stages in the Evolution of Culture and Cognition* (Cambridge, MA: Harvard University Press, 1991), 258.
＊9 フリードリッヒ・ニーチェ『悲劇の誕生』、塩屋竹男訳（東京：筑摩書房、１９９３年）、１８７。
＊10 Lamming, *Pleasures*, 26.
＊11 Ibid., 17.

*12　J＝L・ナンシー『無為の共同体　哲学を問い直す分有の思考』、西谷修、安原伸一朗訳（東京：以文社、２００１年）、１２２、１４８。
*13　同書、１１１。
*14　同書、84。
*15　ロバート・J・C・ヤング『ポストコロニアリズム』、本橋哲也訳（東京：岩波書店、２００５年）、90。
*16　Glissant, *Caribbean Discourse*, 141.
*17　Édouard Glissant, *Introduction to a Poetics of Diversity*, trans. Celia Britton (Liverpool: Liverpool University Press, 2020), 20.
*18　Glissant, *Caribbean Discourse*, 135.
*19　グリッサン『〈関係〉の詩学』、76。
*20　同書、80-81。
*21　George Lamming, *Of Age and Innocence* (Leeds: Peepal Tree Press, 2011), 116-21.

第5章

出会いを押し進めるために　相互歓待

人間として出会い、歓待する

「我々は、新しく解放的で創造的な関係の新世界へと、互いを迎え入れる方法を見つける必要がある」[*1]。トリニダード人作家アール・ラヴレイスは、カリブ海における様々な背景を持つ人々の出会いに、創造的可能性が存在することを指摘する。人種的・文化的差異を伴った出会いは、カリブ海において衝突やあつれきを生みだしてきたが、ラヴレイスは、「歓待」こそがこの人種間不和を乗り越え出会いを押し進めることを可能にすると説く。この章では、前章で焦点をあてたヨーロッパとアフリカのカリブ海における衝突に、さらにインパクトを加えることになったアジア系の人々の流入を取り上げる。

1492年の「発見」以降、西洋列強の繁栄の原動力となっていた奴隷制は、英語圏カリブ海においては19世紀前半に終焉を迎えた。1807年に奴隷貿易法、1833年に奴隷制度廃止法が成立し、1834年に大英帝国内すべての奴隷が法律上解放された。その後、奴隷制に代わる年季奉公制によって、安く得られる労働力としてアジア、特にインドから奉公人が送りこまれていった。1838年にガイアナに年季奉公船ウィットビー号（the Whitby）とヘスペルス号（the Hesperus）が到着し、インド人たちを降ろした瞬間からこの体制は1920年まで続き、結果的にカリブ海は、その地域をルーツとしないアフリカ系とインド系の人々が多数派を占める地域となった。ジャマイカのようにアフリカ系が大多数を占めるところもあれば、トリニダード・トバゴやガイアナのように、アフリカ系の人々とインド系の人が人口の4割ずつを占めるところもある。そこに少数グループとして中国系やシリア系、ヨーロッパ系の人々が存在し、カリブ海は世界でも稀な多文化・多民族が混在する地域となっている。カリブ海におけるヨーロッパとアフリカの出会いは、アフリカとインドの出会いによって大きく介入され、カリブ海特有の経験へと変容していったのである。

カリブ海におけるアフリカ系とインド系の関係は、チャールズ・キングズリーやジェイムズ・アンソニー・フルードのような19世紀のイギリスの作家や歴史家による紀行文学で描写されている。キングズリーには、アフリカ人とインド人の間にはもはや取り返しのつかない亀裂があるように見えたようだった。「このふたつの人種が決して融合しないのも不思議ではないし、今後もしないだろうことが危惧される」[*2]。彼は、カリブ海におけるアフリカ系とインド系の人々は本質的に敵対しており、お互いを文化的、社会的、道徳的に劣っていると見下しあう対立関係にあると述べる。「クーリー（インド人の下層労働者を表す蔑称）は、一般的な黒人の不幸なほどにぎこちない動きや下品な態度にショックを受け、彼らを野蛮人と見なし、一方で黒人は、クーリーを勤勉なよそ者として憎んでいる」[*3]。フルードは端的に「アフリカ人とアジア人は混じり合わない」と述べ、アフリカ人とインディアンの違いをヨーロッパ人とアフリカ人のそれよりも大きく捉えている。「このふたつの人種には、白人と黒人の関係と比べても、絶対的な溝がある」[*4]。このように、アフリカ系とインド系の人種間対立は本質的なものであるという見方が植民者側の文章に残されており、それが世界の「歴史」における一般見解となっている。

この西洋的見解を内面化したカリブ海思想家は少数だが確かにいる。V・S・ナイポールが典型例である。彼は「どちらも向こうより自分たちのほうが白いのだと主張し、インド人と黒人は見向きもしない白人の観客にお互いがどれほど軽蔑しているかを訴えかけるのである」とトリニダードのアフリカ系とインド系の対立を説明する。[*5] しかしラヴレイスは、この人種間のいがみ合いは本質的なものではなく、乗り越えられるものであると考える。このような対立は「各集団を身構えさせてしまい、未来に向けた我々の創造的な取り組みの質を制限してしまう」。[*6] そこで彼は、カリブ海的な「歓待」という概念を提唱する。彼は「歓待」に必要なことを、こう説明する。「他者を歓迎するためには、我々はこのような考え方に導かれる必要がある。つまり、力とは人間であることを支持し、守り、肯定しなければならないものであると。我々の人間性は譲渡できるものではないのだ」。[*7]

ラヴレイスの「相互歓待」(“Welcoming each other”)は、ウィンターの「人間」の系譜学と共鳴する。ウィンターは、西洋の「人間」という存在認識がいかに非西洋という「他者」を踏み台にすることによって成立していたかを暴露した。ラヴレイスは、この西洋的な「人間」的価値観に基づいた他者の扱いを拒否する。カリブ海の長い歴史は、人々を互いに敵ではなく、人間として出会い歓待しあうことのできる文化的土壌を作り出したのだ。ラヴレイスによるカリブ海思想は、本質的な人種間不和という西洋から押し付けられた表象を払いのけ、相互歓待を謳うのである。

「家」の感覚と分割統治

１８３３年に奴隷制度廃止法が成立し、１８３４年に大英帝国内の奴隷は法律上解放されたのはよく知られているが、その後アンティグア以外のすべてのイギリスのカリブ海植民地で「４年間の徒弟期間」が実施されたことはあまり触れられない。奴隷制によりアフリカから拉致されプランテーションで酷使された人々は、解放されてもなお４年間、ほぼ奴隷と同じような境遇で奉仕することを要求されたのである。この徒弟期間が終了した１８３８年は、初めてカリブ海にインドからの年季奉公労働者が到着した年にあたる。つまりこの徒弟期間は、次の安い労働力が得られるまでの時間稼ぎに過ぎなかったのだ。ラヴレイスはこう語る。「ヨーロッパ人はアフリカ人を酷使し、補償も与えず彼らを投げ捨てた。そして次はインド人に目をつけたのである。インド人は重要となった。というのも、彼らはヨーロッパ人たちの砂糖産業の労働力となったからだ」[*8]。

ラヴレイスは、小説『ソルト』（*Salt*）において奴隷制度廃止後のトリニダードを描写している。元奴隷のジョジョは、イギリス政府が奴隷労働力の喪失に対して奴隷所有者に２０００万ポンドの補償をする一方、元奴隷には４年間の徒弟期間を与えるだけで補償すらしないことに激怒する。

彼は、奴隷制が終わった今アフリカ系の人々が「この島を家にできるように」大英帝国が支援してくれることを期待していた。[*9] しかし、1845年に年季奉公船ファタル・ラザック号（the Fatal Razack）がポート・オブ・スペインに着港し、227人のインド人が降ろされた。ジョジョをはじめとしたアフリカ系の人々にとって、インド人の下船は、自らの生活を取り戻そうとしている土地への「よそ者」の侵入となった。

ラヴレイスのカリブ海思想への重大な貢献のひとつは、記録にも映像にも残されていないアフリカとインドの出会いの瞬間を、文学的に再現したことである。ジョジョは、突如降り立ったよそ者たちに怒りと戸惑いを覚える中で、ある日インド人フェローズと出会う。

ある朝、ジョジョが表に出て農園に行こうとしたとき、近くの土地から刈り取りの音が聞こえてきた。ジョジョは驚き立ち止まった。短刀を持ってその音のする方に近づいてみると、インド人がひとり茂みを切り開いているのが見えた。彼の怒りはさらに大きくなった。こいつらは大胆なやつらだ。総督が俺の陳情に応じるのを邪魔して、仕事を横取りしに来たのだ。そして今、こうしてひとり政府管理の土地に居ついてやがる。

「おい」とジョジョが声をかけた。「何してるんだ？　ここに人が住んでいるのが見えないのか？　どうして何にも言わずにそうやって入ってくるんだ？」

インド人の男は激しい怒りを感じながらも冷静に彼を見ていた。言葉を詰まらせ、声がほとんど詫びるように、彼は言った。「この土地は私のものですよ」。

「お前のもの?」

「契約しているからです。私はインドには戻る気ありませんし」。

「契約? 契約だって? 誰がお前とそんな契約をしたんだ?」ジョジョはまるで王国の保護官のように彼を詰問した。[*10]

彼らの出会いに、カリブ海のアフリカ系とインド系の人々の関係につきまとうことになる対立の種を見いだすことができる。アフリカ系の人々にとって年季奉公制はイギリス政府の裏切りを意味したが、彼らの怒りはイギリスよりもむしろインド系の人々に向けられた。『ソルト』におけるジョジョのフェローズに対する憤慨の描写は、彼らの間の人種的不和が本質的なものでも自発的なものでもなく、むしろ西洋植民者たちによって意図的に作り出されたものであることを示唆している。

ラヴレイスは、「奴隷制の時代、そして奴隷制が廃止された後、奴隷主たちは(……)我々を互いに戦わせるためにインド人を導入し、分割統治を行った」と語る。[*11] カリブ海で行われたこの分割統治に必須だったのは、島を「家」にしたいというアフリカ系の元奴隷の人々の切なる願いである。ラミングが述べているように、「インド人が家を作ることの意義は、今や、家が盗まれたというアフリカ人の反抗的な感情と天秤にかけられるかもしれない」[*12]。つまりジョジョにとってフェローズは、自分の家を盗みに突然現れた他者なのだ。こうして彼は、イギリスの裏切りに対してではなく、インド人に敵意を向けることになる。彼は自分の家が侵入者に奪われたという意識から、賠償の必要性をより強く主張するが、それにより「フェローズと他のインド人たちを敵に回してしまった」ことを認識するのである[*13]。このように、アフリカ人とインド人の間の対立は自然に発生したものではなく、両者が仲間としてではなく敵として見なすように、イギリス植民地主義者が分割統治によって作り上げたものだったのだ。ラヴレイスが述べるように、アフリカ系の人々はインド系の人々を「自分たちが働いて得た利益を享受している」と考えるようになってしまったのである[*14]。

キングズリーやフルードらイギリス人は、アフリカ人とインド人は互いに見下しあう下劣な人種であるという記述を残しているが、そのような関係に彼らが陥るように仕向けたのはイギリス植民地当局だ。このように西洋によって押し付けられた関係性をいかに解呪するかという問いに、ラヴレイスは「歓待」という概念を提唱する。『ソルト』においても、ソナン・ロカンというインド系の人物が「互いを歓迎する必要性」を説いている[*15]。しかし、ラヴレイスはまたこう問う。「どうやって、どこから始めるべきなのか?」[*16]

人種が出会う場としての文化

ラヴレイスは、カリブ海において異なる人種的背景を持った人々が出会いを重ね、その出会いの中で作り上げてきた文化に、歓待を実践する場としての可能性を見出す。そもそも歓待は、家にいるという認識があるからこそ行える。つまり他者を歓待するには、家の感覚が必要となる。イギリス植民地主義は、この家の感覚を利用し、アフリカ系とインド系の人々がカリブ海を家にしていくなかで争いをさせることで、分割統治を容易にしてきたのである。ラヴレイスは、他者を犠牲にしてカリブ海を自分の家とするのではなく、互いに同じ家に属し、互いを歓迎してこそ、押し付けられた人種間の諍いを乗り越えることができると考える。そしてそのためには、「人種が出会う場」としてのカリブ海特有の文化を擁護する必要があると指摘する。

小説『たかが映画じゃねえか』(*Is Just a Movie*) において、ラヴレイスはカーニヴァルやカリプソといったカリブ海の文化を、様々な人種が出会い、互いに歓迎できる場として描く。主人公カンカラは、かつては人々が求める抵抗の歌を歌う「民衆詩人」として賞賛を浴びていたが、今ではカリプソテントを追い出されてしまった売れないカリプソ歌手である。彼の語りは、1968年にトリニダード国全体を揺るがしたブラックパワー運動へと遡る。ブラックパワー運動はカリブ海史でも重要な出来事のひとつであり、肌の色が階級を決定する植民地的な構造が残る社会において、アフリカ系の人々が人種的・社会的抑圧に抵抗を表明する歴史的契機となった。しかし、カンカラは自身の過去を振り返りながら、ブラックパワー運動がインド系の人々を歓迎することができなかったことを、インド系の少年マニックの存在に触れることによって示唆する。

カンカラを含めた地域の少年たちは、ブラックパワー運動に参加すべきかどうか議論すべく、路上で会議を開いた。他のインド系の少年たちは去っていったが、マニックはその場に残った。少年たちはプラカードや旗を持って運動に参加することにしたが、プラカードを渡されたマニックの顔は不満を表していた。明らかに彼は旗、とりわけ「この闘争のために流された血」、つまりアフリカ系の人々の闘争を象徴する赤い旗を持ちたがっていた。少年たちは、「もし彼が仲間の一人なら、我々の一人なら、我々が一緒にこの作戦に参加するなら、彼が赤い旗を持つことを許されないなんてことがあろうか」と考える一方で、本能的にインド人である彼に疑いを持ってしまう。「彼はこの中で唯一のインド人なのに、どうして彼に黒人闘争の第一級のシンボルである赤い旗を持たせることができるだろうか。そして、この状況を知っていながら、どうして彼が赤い旗を持とうとするのだろうか」と。『ソルト』におけるジョジョが抱いたインド人フェローズへの嫌悪感は、ここでカンカラたちとマニックの関係において再生産される。結局マニックは失望した様子を見せ立ち去り、ブラックパワー運動に参加することもなかった。[*17]

物語の終盤で、カンカラは歌手として致命的な失声症に陥る。カーニヴァルの最中、彼はスチールバンドで溢れかえる中を赤い旗を掲げて突き進む集団を発見する。その集団の中に、彼ははっきりと「赤い旗を振る」マニックを目撃する。父親が長い時間をかけて作った衣装を着たマニックは、かつてカンカラを含めたアフリカ系の少年たちが彼に持たせることを拒否した黒人闘争の象徴である赤い旗を振って踊っているのだった。

エルシーが廊下にそっと置いたのは、鮮やかな赤、黄、黒のストライプで作られた衣装だった。胸の部分には鏡があり、背中側には太陽が描かれている。そして帽子には3つの方向をそれぞれ見る3つの顔がついていた。[*18]

（……）人ごみの中を、黒い油で真っ黒になったジャブモラッシーのバンドが激しい演奏をしながらやってきて、人々は彼らに道を空けた。その後ろからもうひとつ、不協和音ではない音がしてきた。タッサドラムのリズムとチャットニーのメロディが聞こえ、頭上には赤い旗が見えた。そして私の視界には、赤い旗を振るマニックが映った。彼を囲んで、裸足の男たちと派手な格好の女たちのバンドが喜びと気迫をほとばしらせながら踊っていた。マニックが着ている衣装を見て、私はあの衣装だと認識したのだった（……）。[*19]

マニックの衣装の色は、トリニダードの多文化共生の理想、とりわけインド系とアフリカ系の融和を象徴するものである。カーニヴァルにおいて「相互歓待」を実践するマニックを見たカンカラは、自分の声が戻ってくるのを感じ、最終的にトリニダードの人々のまばゆい未来のためにカリプソを歌うのだった。

ラミングは、彼の思想家としての任務が「我々の出会いを恨むのではなく——むしろそれをさらに押し進める」ことであると言った。この出会いを押し進めるには、西洋植民地主義によって捏造された本質的な人種間不和という言説を、「相互歓待」によって解呪する必要がある。そのためにラヴレイスが必要とするものはアーティストとしてのカンカラの姿に象徴されている。カンカラは、かつて歌っていたような攻撃的で革命的な歌ではなく、未来への希望を込めた歌を歌うことを決意する。「私たちが恐れる必要のない楽観主義を。冷笑主義によって私たちの冒険を損なったり、無差別によって私たちの経験を軽んじたりしないようにするために必要なあの配慮を」[*20]。彼が歌う「楽観主義」は、植民地支配によって塗りたくられた否定的なイメージを払拭し、希望を見せる。ラヴレイスは、アーティストがこの希望を人々に見せていかなければならないと語る。

だが私たちは若い。私たちは作り上げていかなければならない。もし否定的で自傷的な「現実」があるなら、私たちはその「現実」を変え、また別の現実を作っていかなければならない。私たちは自分の力と美を探し出さなければならない。私たちは希望を推さなければならない。自虐や自己中傷、自己欺瞞といった残虐で否定的な「文化」に、私たちはあまりにも長く虐げられてしまった。自分の望ましくない特性をあまりにも長く演じることになってしまった。その特性が存在するのは、歴史と特異な状況のせいである。それが真実であるのならばの話だ。真実とは何か？　もしこれが真実なら、私たちはこの「真実」を拒絶しなければならない。アーティストは肯定的で希望にあふれる価値を見つけ出す試練を買って出なければならない。その価値は、彼の感受性とヴィジョンが見ることを可能にし、彼の才能が表現することを可能にするのである。[*21]

自分たちを他者として世界に登場させる現実は、西洋の独りよがりの欲望によって捏造された現実に過ぎない。その現実を変えていくことができると人々に感じさせ、希望を抱かせることのできるのが、アーティストである。彼らが見せるこの希望こそが、相互歓待へと人々を誘う。

そして相互歓待は、カーニヴァルやカリプソのような、異文化間の出会いによって育まれたカリブ海特有の文化という空間において可能となる。ラヴレイスはあるインタビューにおいてこう語る。「クレオール文化は、両方のグループ（アフリカ人とインド人）が存在の感覚を持ってこの空間に加わろうとする出会いの場なのです」[*22]。クレオール文化という「出会いの場」において、人種的・文化的に多様なカリブ海の人々は、互いに出会いを繰り返し、歓迎しあうことができる。もし自分たちを常にいがみ合っている非文明的な存在だと描く現実があるのだとしたら、その現実を相互歓待によって変えるのみだ。ラヴレイスの思想は、日常への埋没から存在の本来性をもって抜け出すことではなく、クレオール文化という出会いの場で互いを歓迎することによって得られる「存在の感覚」、つまりカリブ海の「存在論的不純性」を賛美するのである。

＊1　Earl Lovelace, *Growing in the Dark: Selected Essays*, ed. Funso Aiyejina (San Juan, Trinidad: Lexicon Trinidad, 2003), 167.
＊2　Charles Kingsley, *At Last: A Christmas in the West Indies, The Works of Charles Kingsley* (London: Macmillan, 1880), 124.
＊3　Ibid.
＊4　James Anthony Froude, *The English in the West Indies, or The Bow of Ulysses* (New York: Charles Scribner's Sons, 1900), 74, 76.
＊5　V. S. Naipaul, *The Middle Passage* (New York: Vintage, 1990), 80.
＊6　Lovelace, *Growing*, 167.
＊7　Ibid., 172.
＊8　Ibid., 167.
＊9　Earl Lovelace, *Salt* (London: Faber and faber, 1996), 181-85.
＊10　Ibid., 185.
＊11　Lovelace, *Growing*, 127.
＊12　George Lamming, *Sovereignty of the Imagination: Conversations III*, (Philipsburg, St. Martin: House of Nehesi, 2009), 71-72.
＊13　Lovelace, *Salt*, 187.
＊14　Lovelace, *Growing*, 172.
＊15　Lovelace, *Salt*, 243.
＊16　Ibid.

＊17 Earl Lovelace, *Is Just a Movie* (London: Faber and faber, 2011), 161-62.

＊18 Ibid., 319.

＊19 Ibid., 342-43.

＊20 Ibid., 344.

＊21 Lovelace, *Growing*, 64.

＊22 Earl Lovelace, quoted in Patricia J. Saunders, "The Meeting Place of Creole Culture: A Conversation with Earl Lovelace," *Calabash: A Journal of Caribbean Arts and Letters* 2, no.1 (2001): 11.

第6章

カリブ海の社会モデル論

プランテーション、多元、クレオール

クレオールを理解するために

カーニヴァルやカリプソのようなクレオール文化は人種が出会う場となる、とラヴレイスは述べた。では、そもそもクレオールとは何なのか。クレオールという言葉自体は広く膾炙しているが、ポストコロニアリズムの流行によってバーバの雑種性という概念が理論の「比喩原型」となると、カリブ海思想家たちが発展させてきたクレオールに関する議論は軽視され、理論の枠組みの隅に追いやられ、やがて見落とされるようになった。それでも、仏語圏からのコンフィアンたちクレオリテと呼ばれる一派による力強い「クレオール礼賛」は、世界で共有されている理論的枠組みに影響を与えた。英語圏のクレオールという概念に至るまでの議論も、もちろん理論の発展に多大な貢献をしてきた。しかし、日本では仏語圏に比べて英語圏の議論は十分に触れられてこなかった。ここで、クレオールに関する英語圏の議論の発展の概説を試みたいと思う。以下の3つの社会モデル論は、カリブ海社会の特殊性を理解するために、カリブ海思想家たちが提出してきた思想の形である。どれかが古くなり使い物にならなくなったというわけではなく、どれもが互いの欠点を補いつつ、カリブ海というひとつの世界のヴィジョンを認識しようとしている。現代の理論として、クレオールを理解する手段として、それぞれの要点を解説する。

遺残する貧困——プランテーション社会論

「第三世界には変化の風が吹いたと言われる。もっとよく見れば、風は吹いたかもしれないが、きれいさっぱり掃除してくれたわけではないということがわかる」。[*1] プランテーション社会論は、奴隷制が残していった社会的構造をカリブ海社会の決定的な要因とする理論である。この理論を提唱する思想家にはジャマイカ人歴史学者オーランド・パターソンやトリニダード人経済学者ロイド・ベストなどがいるが、代表的な思想家はジャマイカ人経済学者ジョージ・ベックフォードである。ベックフォードによれば、カリブ海の社会は、プランテーションという空間を可能にしてきた強制と搾取による支配システムと人種に基づく階層を特徴とする。プランテーションにおいて実践されていた経済様式は、ベックフォードが「遺残する貧困」と呼ぶカリブ海の経済状態を決定づけている。アメリカの人類学者シドニー・ミンツが論じるように、植民地時代のカリブ海は「砂糖諸島」とも呼べるほど、ひたすら砂糖を生産するプランテーションだった。[*2] コロンブスによってサトウキビが島々に持ち込まれ、英語圏ではバルバドスが最初に砂糖島となった。そしてセントクリストファー・ネイビス、ジャマイカ、グレナダ、トリニダードへとサトウキビプランテーションは拡散していき、大英帝国の経済の支柱となった。

トリニダード初代大統領となった歴史学者エリック・ウィリアムズによれば、カリブ海の砂糖文化は、世界砂糖市場の競争の中で、「二つの敵」を相手にして朽ちていったように見える。[*3] ひとつは、インド、モーリシャス、ジャワ島、フィリピン諸島、ブラジル、ルイジアナなどの地域での「製糖技術と栽培方法の優秀性」によるサトウキビ生産の伸長。[*4] もうひとつは、安価な甜菜糖栽培である。甜菜糖産業の発展は、カリブ海のサトウキビ生産様式に対する「科学技術の勝利を象徴するものであった。[*5]」しかし、この「二つの敵」以上にカリブ海の砂糖文化の衰退に決定的だったのは、「科学のせいでも技術のせいでもなく、資本調達が容易だったためでも、利潤率が高かったからでもなかった。イギリスが自由貿易政策に転じ、ひたすら安価な砂糖を求め始めたところにこそ、根本的な原因があったのだ[*6]」。結局、イギリスの政策転換がカリブ海のいわゆる「モノカルチュア、つまり砂糖キビのみの栽培から得られる経済的利点」を破壊したのである。[*7]奴隷や年季奉公労働者は、サトウキビを栽培し、刈り取り、製粉し、精製することだけをただ教え込まれ、それ以外の能力は奪われた。「砂糖諸島」は利益の源として衰退し、大英帝国にとっては経済的重荷になったのである。そのため、植民地支配からの独立は、実際のところ部分的にはイギリスによる厄介払いだったという見方もある。このように、砂糖以外を生産する技術や能力を奪われたまま世界に放り出されたカリブ海の国々は、「遺残する貧困」に支配される社会となったのだ。

プランテーション社会論はまた、カリブ海は経済的に発展する能力を奪われる一方で、文化が育つ土壌をも失ったと主張する。というのも、奴隷として拉致されたアフリカ系の人々の文化や遺産は、少数派で支配階級の白人によってはぎ取られ、彼らの生活には西洋文化が押し付けられたからである。中間航路の恐怖、そしてプランテーション経営下での残虐な支配によって、宗教や家族の伝統などアフリカ文化の最も重要な特徴が失われていった。それゆえ、現在アフリカ系の文化と認識できるものは、実際には西洋文化の模造品に過ぎないのである。ベックフォードらは、プランテーション経営の遺産が、ヨーロッパや北米へのカリブ海の経済的・文化的依存という形式で今も遺残していると主張する。

ベックフォードはこう述べる。「プランテーションは変化の風を引き起こす主要な原因のひとつだったが、それが嵐を耐え抜いてしまったというのは皮肉な話だ」[*8]。奴隷解放、植民地支配からの独立を経てもなお、プランテーション経済を基盤としたカリブ海社会において、貧困は遺残する。このプランテーション社会論は、カリブ海思想において過去の遺物になったわけではなく、たとえばジャマイカ人経済学者ノーマン・ガーヴァンや、カルチュラル・スタディーズの始祖スチュアート・ホールといった思想家たちが引き継いできた。彼らは自身の思想の源のひとつとして、プランテーション社会論に言及している。ホールは、あるインタビューでこう語っている。「私がプランテーション社会と呼ぶものは、ポスト・プランテーション社会の貧しい人々や抑圧された人々の精神の中で繰り返され、病的な形で作動し続けているのです」[*9]。

しかしプランテーション社会論は、カリブ海に遺残する貧困を認識するのに貢献する一方で、被支配者たちの文化、とりわけアフリカ文化が残存していることを示す豊富な証拠を受け入れない。そのマクロで還元主義的とも言える理論構成ゆえに、地方や個々が保っている文化や思想、価値観には無関心なのである。この理論はまた、西洋による支配と文化的な押し付けに抵抗し、自分たちのアイデンティティを反映するような文化的表現を作り出そうとする被支配者の文化的主体性をも見落としている。この理論では、主体性は白人支配階級のみにあるとされる。しかしカリブ海特有の文化は、社会の下層にいる人々の主体的な活動によって形成されてきたことを忘れてはいけない。

閉じた社会文化単位——多元社会論

「文化的に分断された社会では、それぞれの文化セクションが、独自に行動、思想、価値観、社会関係の体系を持ち、比較的排他的な生活を営んでいる」[*10]。多元社会論は、カリブ海社会が複数のバラバラな文化、すなわち文化的多元主義によってできているとする。この理論はトリニダード人社会学者ロイド・ブレイスウェイトやイギリス人人類学者レイモンド・トーマス・スミスらが提唱してきたが、ジャマイカ人人類学者マイケル・ガーフィールド・スミスが代表格である。M・G・スミスは、生活集団の文化の核となるものが「制度」であると考える。それぞれの集団の基本制度は、その集団に特徴的な活動様式、ルール、考え方、価値観などで構成されている。つまり、制度はその集団の社会的パターンを決定する文化的条件を備えているのである。M・G・スミスは、社会における制度の形態が異なる限り、文化的に異なる集団が存在すると主張する。「いかなる制度も内的な統合と一貫性を目指す傾向があるので、これらの分化した集団は、それぞれ閉じた社会文化単位を形成する傾向がある」[*11]。

M・G・スミスは、この集団特有の制度という概念に基づき、同質的社会、異質的社会、多元社会の3種類の社会を区別する。同質的社会では、すべての集団が共通の制度を共有している。異質的社会では、異なる集団が「親族、教育、宗教、財産と経済、娯楽、ある種の連帯」といった基本的な制度を共有する。[*12] しかし同時に、M・G・スミスがサブシステムとして分類した二次的な制度の水準においてそれぞれ閉じられているので、異質的となる。そして多元社会では、異なる集団がひとつの社会に共存していながら、それぞれのアイデンティティが融合することもなく、それぞれの制度に固定されて生活が営まれている。異質的社会と多元社会のいずれのタイプも、異なる集団によって実践される文化の多様性を示すことは確かである。しかし、このふたつの社会の決定的な違いは、バラバラの各集団の間に「共通の意志」が存在するかしないかである。もし共通の意志がなければ、その社会は、ひとつの文化が優位になればそれによって支配されるという多元的な社会となる。「ひとつの文化セクションによる権力の独占は、社会全体を現在の形で維持するための不可欠の前提条件である」[*13]。したがって、共通の意志がない多元的な社会は、優位性を求める争いによって崩壊しやすい。多元社会で文化的断片をかろうじてつなぎとめ、各集団の距離感の微妙なバランスを保っているもの、つまりその社会としての体裁を保っているものは、共通の意志ではなく、むしろ権力を持った少数集団による暴力的な支配である。「支配的なセクションが少数派であるとき、文化的多元主義の構造が意味するものが最も極端に表出する。そして権力による規制への依存が最大となるのだ」[*14]。このような多元社会は、文化的少数派が権力によって他の集団を束ねることによってその秩序を保っており、それゆえ常に「対立を孕んでいる」[*15]。共通の意志がない以上、他者の利益は必然的に自分たちの利益に反するものとなり、その社会において支配的な集団が権力を維持する一方で、被支配者側の諸集団は互いに敵対的になる傾向がある。

この理論によれば、カリブ海社会には、社会的統一性と安定性の前提となる文化や制度の共有がない。そのため、支配階級に居座る白人による権力的支配が、これらの社会をまとめる唯一の装置となっているのである。M・G・スミスにとって、カリブ海におけるこのような多元的関係は、階級的区別ではなくむしろ文化的特質に基づいている。つまりM・G・スミスは、ベックフォードのように階級的に社会を眺める還元主義的な手法ではなく、文化に焦点を当てるアプローチでカリブ海社会を理論化しようとしたのだ。

M・G・スミスの多元社会論のカリブ海思想への貢献は、カリブ海の文化の存在とその複雑さを言語でとらえたことだ。カリブ海という世界は、先住民、ヨーロッパ人、アフリカ人、アジア人が植民地主義の時代を通して遭遇し衝突してきた、多文化的な空間である。M・G・スミスは主に白人、混血、黒人の文化的集団の差に焦点を当てていたが、彼の理論は英語圏以外のカリブ海社会にも援用できるだろうし、トリニダードやガイアナに多いインド系や中国系、シリア系の存在を射程に入れることも可能だろう。しかし多元社会論は、カリブ海社会を変化のない領域としてとらえてしまっているという批判を受ける。多元社会論は、過去500年以上の時間で、カリブ海で人種的にバラバラな集団が互いに交流したのはごくわずかな時間であり、各文化間の結びつきは存在しなかったと想定している。この理論では、カリブ海の異種混淆から生じた社会的・文化的変化を説明することはほとんどできない。社会は常に変化し、動き続ける。これこそが、クレオールという概念を理解するうえで重要な視点である。

文化変容と文化相互作用——クレオール社会論

クレオール社会論は、「黒人と白人、主人と奴隷という別々の単位ではなく、複数の部分が寄与するひとつの統一体として社会を見る方法である」[*16]。カリブ海におけるクレオライゼーションという現象の特殊な価値を称賛するバルバドス人歴史学者で詩人のカマウ・ブラスウェイトは、先行するプランテーション社会論と多元社会論が、カリブ海文化のダイナミズムを理解し損ねていると批判する。カリブ海社会を眺めるには、植民地主義を通して社会的階層の下層で虐げられてきた人々の主体的行動により文化が保たれてきたこと、そして様々な人種間の接触により文化が変化していったこと、この2点を考慮しなければならない。彼のクレオール社会論は、1971年に『1770年−1820年のジャマイカにおけるクレオール社会の発展』(*The Development of Creole Society in Jamaica 1770-1820*)というカリブ海思想においてもランドマーク的な著作となって世に登場した。

西インド諸島大学歴史学科で教鞭を執っていたオーストラリア人歴史学者バリー・ウィリアム・ヒグマンが言うには、ブラスウェイトは「クレオール社会」という用語を使った最初の人物ではないが、彼の『クレオール社会の発展』は、それを書名に初めて使った著作である。[*17] この本は、1968年にサセックス大学に受理された博士論文を基にしている。ちょうどその頃、彼はたて続けに詩集を出版しており、歴史学者だけでなく詩人としての才覚を早くから発揮していたことがわかる。

クレオールは、カリブ海において元々は、旧世界に由来し、新世界で生まれた人間を指す言葉として使われていた。ラテン語の「育てる、生み出す」という意味にあたるクレアーレ（creare）を語源とするスペイン語のクリオーリョ（criollo）に由来する。ブラスウェイトは、このクリオーリョの語源がスペイン語の「作り出す、育む」という意味にあたるクリアー（criar）と「植民者」という意味のコロン（colon）にあるとし、クリオーリョを「引く場のない入植者、つまり入植先の地域と同一視され、先祖代々その土地に住んでいるわけではないが、その土地に生まれたもの」と定義する。[*18] ブラスウェイトに従えば、クレオールという言葉を「植民者」、つまり植民地主義の人々への影響から切り離して考えることはできない。スペイン植民地においては、初期はスペイン人の祖先を持ちながら現地で生まれたクリオーリョと、スペインから現地に移住してきたペニンシュラーレス（peninsulares）を厳密に区別していた。しかし、その後その区別が緩くなっていき、白人黒人にかかわらず植民地に生まれた人々は総じてクリオーリョと呼ばれるようになった。17世紀にはイギリス領ではクリオール（creole）、フランス領ではクレオール（créole）という形で、同様に植民地生まれの人々の呼称として使われるようになった。やがてクレオールは、言語や人間だけでなく、土着的に発展した社会的慣習や文化も指すようになった。

『クレオール社会の発展』において、ブラスウェイトが膨大な歴史的資料に基づいて立証しようとするのは、ジャマイカの黒人奴隷たちが「奴隷主と同じぐらい有意義で確かな文化的生活」を営んでいたということだ。[*19] 「奴隷制下では2つの偉大な伝統があった。ひとつがヨーロッパの伝統、もうひとつがアフリカの伝統である」。[*20] カリブ海に由来しない2つの偉大な伝統的文化が、カリブ海という土地で互いに影響しあうことで、「正真正銘の地域的な慣習の発展」に寄与し、「奴隷の『民族』のあいだでアフロ・クレオールという小さい文化」という第3の文化を生み出した。[*21] この結果が、カリブ海の混合的（syncretic）な文化である。これがブラスウェイトによるカリブ海におけるクレオライゼーションという現象の理解である。彼のクレオール社会論は、カリブ海に運ばれてきた個別の文化が、それぞれ閉じられた社会単位のままではいるのではなく、変化の過程を経て、この地域における人種的混淆の歴史を反映した独特の文化を生み出すと仮定する。それはまた、奴隷船が通った「中間航路」が、アフリカから連れてこられた人々の文化を消し去ったという考え方も拒否する。というのも、アフリカの文化は奴隷として拉致された人々の間で生き残り、奴隷主であるヨーロッパ人との接触を通して再活性化したからだ。「中間航路」は、ブラスウェイトいわく、

「黒人をアフリカから切り離し、歴史と伝統の感覚を断ち切るような破壊的な経験ではなく、この伝統とカリブ海の新しい土地で進化しつつあるものとの間の通路、もしくは水路なのだ」[*22]。

ブラスウェイトによれば、カリブ海におけるクレオライゼーションは、「文化変容」(“acculturation”)と「文化相互作用」(“interculturation”)という2種類の変化の過程からなる。「文化変容」は、「ある文化と別の文化を(権力や名声に頼って手本を見せたり力に任せたりして)つなぎあわせること(この場合は奴隷、アフリカ人がヨーロッパ人につなぎあわされる)」を表す。つまり、支配的な文化が他の文化を飲み込み吸収するような文化間の一方的な力関係を意味する。一方で「文化相互作用」は、「このくびきでつなぎあわされた状態から発生する、無計画で組織だってもいないが浸透性のある関係性」、もしくは「相互的な活動、互いに交じりあって豊かにしあう過程」を示す[*23]。ブラスウェイトは、プランテーション社会論や多元社会論に見られる、ヨーロッパ植民者がアフリカ人の文化を根こそぎ奪い取り、ヨーロッパの支配的文化を押し付けたという仮定を拒否し、カリブ海特有の文化がヨーロッパ文化とアフリカ文化の相互作用から生まれると指摘する。この文化相互作用は、虐げられてきたアフリカ系の人々の主体性を擁護する。彼らの「文化的行動」は、彼らの生活の中で生き延びてきたアフリカの伝統が、支配階級のヨーロッパの人々の生活に大きな影響を与えることを可能にするのだ。

ここで、ファノンの「植民地化され文明化された社会においては一切の存在論の実現は不可能になってしまっている」という言葉を思い出してほしい。彼は他者に「文明化される」という言葉を使い、存在論を批判している。ここで示されているのは、西洋存在論は文化変容の手段として用いられているということである。つまり、西洋存在論は西洋の支配的文化として他文化を飲み込み、自身を「人間存在」の尺度としての世界のスタンダードと標榜する。この一方的な文化変容を、ブラスウェイトらカリブ海思想家たちは拒否する。ブラスウェイトが想定するカリブ海におけるクレオール社会では、「文化変容」から「文化相互作用」への移行によって文化が変化していく。そこでは支配と被支配の関係はなく、互いが影響しあい、豊かな文化的土壌を作り出すのだ。その文化は、西洋中心的な「人間」観を孕む存在論を解呪する力を備えているのである。

プランテーション社会論や多元社会論とは異なり、クレオール社会論はアフリカ系の人々の生活の中で生き残る文化のダイナミズムを認識し、彼らを文化的・主体的行為者であることを強調することで、カリブ海の社会の変化を明確に説明する。しかし、この理論も無欠というわけではなく、批判はいろいろな角度からなされてきた。最も大きな批判のひとつは、クレオール社会論の理論家たちは、カリブ海におけるヨーロッパとアフリカの文化相互作用にのみ注目し、それ以外の人種グループの貢献にほとんど注意を払っていないというものである。特にトリニダードやガイアナにはインド系の人々が多く、カリブ海の文化やアイデンティティを理解するには、ブラスウェイトが提出したようなクレオール社会論は不十分であるとして、強い異論を唱える思想家たちもいる。たとえばシャリニ・プリは、ブラスウェイトがクレオライゼーションの理論化を図る際に、「東インド人やその他移民の到着」という言葉を使っていたことに注意を喚起する。[*24] 彼女は、ブラスウェイトがイギリスによってカリブ海へ送られてきたインド人を、年季奉公労働者というよりむしろ単なる移民とみなしてしまっており、それゆえインド人がアフリカ人同様に虐げられてきたこと、インド系の文化が彼らの生活の中で生きていること、そしてカリブ海文化に相互作用することによって貢献してきたことを見落としていると批判する。言い換えれば、ブラスウェイトのクレオール社会論は、ヨーロッパとアフリカ間の奴隷制下で起きた文化相互作用ばかり取り扱い、インド系の人々がもたらした文化的影響には関心が薄いというのだ。プリはこう述べる。「カリブ海的雑種性の象徴としてクレオライゼーションを使うということは、したがって、他者の排除が複雑な形で引き継がれるということだ」。[*25]

確かに、ブラスウェイトのクレオール社会論は植民地時代の白人、混血、黒人でグラデーションされたジャマイカの社会をモデルとしており、インド系やその他の人種の人々によるカリブ海独自の文化への貢献を射程に収め切れていないかもしれない。しかしそれでも、ヨーロッパとアフリカ間の「衝突が生んだあつれきは残酷なものだったが、それはまた創造的でもあった」という彼のテーゼが、植民地主義を通して抑圧された人々の文化的主体性を擁護し、カリブ海における人種間の衝突の果てに生まれた特有の文化を称賛する、カリブ海の創造的思想の発展の礎となったのは確かだ。[*26] 彼のクレオール社会論は、「西インド諸島の社会形態、制度、そして姿勢」を究めるための理論の可能性を私たちに見せてくれている。[*27] この煌めく可能性を引き継ぐのは、私たちだ。

日本では、仏語圏のクレオールに関する議論がかなり進んでいる一方で、ブラスウェイトによる思想的貢献を理解する土壌は十分にはできあがっていない。たとえば遠藤泰生は「クレオール論の隆盛の発端の一つは1981年であった」と述べ、グリッサンら仏語圏の思想家たちを扱う一方で、英語圏のブラスウェイトたちには触れない。[*28] 鈴木慎一郎は、ブラスウェイトの有機的な全体としての社会という見解が、「フランス語圏アンティル発のクレオリテの主張とは際立って異なる」とするが、ブラスウェイトとグリッサンの近さ（と遠さ）には言及しない。[*29] ブラスウェイトもグリッサンも、言語圏の違いにかかわらず、カリブ海というひとつの同じ世界を見ていたはずだ。彼らはお互いの思想の連続性を認識しており、グリッサンは、名著『〈関係〉の詩学』のエピグラフとしてブラスウェイトを引用するほどだった。彼らの思想が交錯するところに、環カリブ海的なクレオールの概念を見出せるかもしれない。

*1 George L. Beckford, *Persistent Poverty: Underdevelopment in Plantation Economies of the Third World* (Oxford: Oxford University Press, 1972), 4.

*2 シドニー・W・ミンツ『甘さと権力　砂糖が語る近代史』、川北稔、和田光弘訳（東京：筑摩書房、２０２１年）、１０５。

*3 E・ウィリアムズ『コロンブスからカストロまで（II）　カリブ海域史、1492-1969』、川北稔訳（東京：岩波書店、２０１４年）、１５４。

*4 同書、１６０。

*5 同書、１６４。

*6 同書、１６９。

*7 同書、１５４。

*8 Beckford, *Persistent Poverty*, 4.

*9 Stuart Hall, quoted in Annie Paul, "The Ironies of History: An Interview with Stuart Hall," *HUM 736: Papeles de cultura contemporánea* 14 (2011): 27.

*10 M. G. Smith, *The Plural Society in the British West Indies* (Berkeley: University of California Press, 1974), 81.

*11 Ibid., 88.

*12 Ibid., 82.

*13 Ibid., 86.

*14 Ibid., 88.

*15 Ibid., xiii.

*16 Kamau Brathwaite, *The Development of Creole Society in Jamaica 1770-1820* (Kingston, JA: Ian Randle Publishers, 2005), 307.

*17 B. W. Higman, introduction to *The Development of Creole Society in Jamaica 1770-1820* (Kingston, JA: Ian Randle Publishers, 2005), xv.

*18 Edward Brathwaite, *Contradictory Omens: Cultural Diversity and Integration in the Caribbean* (Kingston, Jamaica: Savacou Publications, 1974), 10.

*19 Brathwaite, *Development*, 244.

*20 Ibid., 309.

*21 Ibid.

＊22 Edward Kamau Brathwaite, *Folk Culture of the Slaves in Jamaica* (London: New Beacon Books, 1970), 7.

＊23 Brathwaite, *Contradictory*, 6.

＊24 Ibid., 11.

＊25 Shalini Puri, *The Caribbean Postcolonial: Social Equality, Post-Nationalism, and Cultural Hybridity* (New York: Palgrave Macmillan, 2004), 65.

＊26 Brathwaite, *Development*, 307.

＊27 Ibid., xxv.

＊28 遠藤泰生「クレオールのかたちを求めて」、『クレオールのかたち　カリブ地域文化研究』、遠藤泰生・木村秀雄編（東京：東京大学出版会、２００２年）、８。

＊29 鈴木慎一郎「複数文化をめぐる言説の歴史化にむけて―ブラスウェイトのクレオール社会論に関する試論」、『〈複数文化〉のために　ポストコロニアリズムとクレオール性の現在』、複数文化研究会編（京都：人文書院、１９９８年）、２４１。

第7章

環カリブ海的経験のクレオライゼーション

この海の下で、我々は手を取り合う

類似性と類型的近似性

「カリブ海文学作品は、少なくとも20世紀初頭以来、多かれ少なかれ社会によって生きられた共通の経験から生まれた美的近似性によって結びつけてられている」[*1]。トレス＝セイランのような、カリブ海をひとつの世界として認識し、その独自の思想を体系化しようとするカリブ海思想家たちの挑戦にもかかわらず、クレオールという概念はカリブ海の言語圏における相違ばかりが強調され、その「美的近似性」が語られることは少ない。そればかりか、クレオールは今では色々な分野に導入・吸収され、ポストコロニアリズムにおける「雑種性」のように、カリブ海という地域性と特殊性が脱色された形で消費されてしまっている。このような思想的簒奪・搾取に抵抗するために、トレス＝セイランはカリブ海思想の全体的な「類似性と類型的近似性」（"parallelisms and typological affinities"）に着目することを提唱する。[*2] つまり、異なる言語圏で書かれた文学・思想作品に統一的な要素を見出すことが、カリブ海の抵抗的戦略となる。言語圏における違いよりもむしろ「類似性と類型的近似性」に光を当てることで、カリブ海思想家たちがどのようにクレオライゼーションをカリブ海の代表的な「共通の経験」のひとつとして描いてきたか眺めることができるのだ。

1992年、メリーランド大学において英語圏と仏語圏カリブ海それぞれを代表する知識人2人が対談を行った。『1770年－1820年のジャマイカにおけるクレオール社会の発展』やその他多くの革新的論考によってカリブ海思想史において大きな足跡を残したブラスウェイトと、『カリブ海序説』や『〈関係〉の詩学』など数々の思索的作品でカリブ海特有の詩学の可能性を描いたグリッサンである。彼らは言語圏の経験による違いを確認しつつも、互いの考えを披露し反応しあうことで、自分たちの思想的連続性を認識するのだった。

その対談でグリッサンが触れたのが、シャモワゾーやコンフィアン、ベルナベらクレオリテ派たちによる『クレオール礼賛』である。彼らがグリッサンの思想から着想を得て作り上げたこの宣言は、もはや世界的にも有名なカリブ海クレオール論である。「ヨーロッパ人でもなく、アフリカ人でもなく、アジア人でもなく、我々はクレオール人であると宣言する」[*3]。このクレオールであることの礼賛は、カリブ海の文化的・人種的混交性を積極的に肯定した画期的観点であるとして、世界中で受容されている。しかし、彼らの理論の源泉となったグリッサン自身はこう述べる。「その本が出た時、私は彼らにクレオリテ理論には賛同しないと伝えたのです。なぜなら、私にとっては、クレオライゼーションとは分散する過程だからです。私には西洋文化が私たちにやってきたような人間性の模範を提唱しようという意図はありません。私たちはクレオライゼーションという過程にいるのです。私たちはクレオールであるということの定義ではないのです。それが大きな違いを生むのです」[*4]。

グリッサンに呼応するように、トレス＝セイランは、クレオリテ派による『クレオール礼賛』を環カリブ海的視点から強烈に批判する。クレオリテ派は、「我々がマルチニック人になるのは『クレオール性』によってである。そしてマルチニック人になることによって、我々はカリブ人に、すなわち、我々なりにアメリカ人になるのだ。我々がアンティル文明の酵素『アンティル性』を結晶させるのは、『クレオール性』によってである」と宣言する。そしてクレオール芸術に関しては、「自らの整合性の内部で、意味の多様性を顕揚しつつ、人々がそれをどのように読もうと、人々がそれを知覚する文化場がどのようなものであろうと、それを根拠づける正当性のしるし、結局はそこにすべてが帰着される問題系を保存する作品はクレオールである」と述べる。[*5] クレオリテ派たちのこのような宣言に埋め込まれている未来表現の執拗な反復に着目し、トレス＝セイランは『クレオール礼賛』が先行するカリブ海思想家たちを無視していると批判する。「このクレオリスト宣言に関して最も明白に好ましくないのは、長らくアンティル文学の第2の天性であった特徴の数々を未来志向的な形で切望してしまっていることである。（……）この宣言が望ましいものとして説明する物事は、著者たちの故郷であるカリブ海の仏語圏側でも何十年も存在していたものだ」。[*6] クレオライゼーションの観点からカリブ海とは何かを追究し続けた英語圏のブラスウェイトやスペイン語圏のペドロ・ミルたち先行者の思想的足跡を無視し、すべてを仏語圏のみで決めてしまったこの宣言は、果たして十分に「群島的」なのだろうか。トレス＝セイランは、この宣言は「疑いをもって読まれるべきである」とまで述べる。[*7]

1992年の対談において、グリッサンは自身の詩学が、同郷のシャモワゾーたちのクレオリテ理論よりもむしろ英語圏出身のブラスウェイトの思想と共鳴していると認識している。たとえば国として独立したか、海外県として同化の道を選んだかなど言語圏による経験の違いこそあれども、グリッサンはブラスウェイトの意見を理解し、「概して、彼が言ったことに全面的に賛同します」と述べる。[*8] 一方のブラスウェイトも、「私にとって何が刺激的かと言えば、私たちがこの共通のベースを持っているということです」と述べ、グリッサンとの思想的な近似性を確信している。[*9] 言語によって分断されることを拒否した彼らの思想には、「類似性と類型的近似性」がある。それらはクレオライゼーションという概念を、現代思想が掲げる雑種性という輸入されたレンズを通してではなく、環カリブ海的な「共通の経験」のひとつとして、自分たちの「存在論的不純性」を肯定する支柱のひとつとして、直視することを可能にするのだ。

統一は海面下にある

奴隷制によるアフリカ文化の喪失を前提とするプランテーション社会論や、複数の文化間が独立して存在していると想定する多元社会論に対し、ブラスウェイトはクレオール社会論を提出し、カリブ海におけるクレオライゼーションが「文化変容」と「文化相互作用」という2種類の変化の過程からなると主張した。アフリカ文化は根こそぎ奪われたわけではなく、奴隷制によって虐げられてきたアフリカ系の人々の生活の中で生きている。この生き続けている文化が支配的なヨーロッパ文化と相互に作用することによって、一方的な力関係による「つなぎあわせ」が起こる「文化変容」から、互いに交じり合い豊かにしあう「文化相互作用」への移行が起き、カリブ海特有のクレオール文化が生まれる。

この「文化相互作用」の例証のひとつとしてブラスウェイトが紹介するのが、「民族言語」（"nation language"）である。1979年にハーヴァード大学で行われた講演が基になった論考『声の歴史　英語圏カリブ海詩における民族言語の発展』(*History of the Voice: The Development of Nation Language in Anglophone Caribbean Poetry*) において、ブラスウェイトはカリブ海における「『標準』とは異なった英語の使用過程」について語る。「我々には英語がある。それはこの諸島の多くに押し付けられた言語だ。フランス語、オランダ語、そしてスペイン語のように、それは帝国の言語である」。しかし一方で、「我々にはまた民族言語と呼ばれるものがある。それはカリブ海に連行された人々によって話されている種類の英語だ。それは公式の英語ではなく、征服者たちに連れてこられた奴隷や労働者、下僕たちの言語である」[*10]。先住民の絶滅後、アシャンティ、コンゴ、イボ、ヨルバといったアフリカの民族が奴隷船に区別なく押し込まれ、カリブ海のプランテーションに労働力として流し込まれていった。プランテーション社会論が想定するように、ヨーロッパの言語の押し付けによって、彼らが自身の言語を完全に失ったのであれば、それは「文化変容」である。

しかし、ブラスウェイトは彼らの言語は消滅したわけではなく、ある形で生き続けていると考える。「それは多くの言語から成るが、基本的には意味的にも形式的にも共通の形式を持つ。これらの言語がせざるを得なかったのは、自らを沈み込ませる（“submerge”）ことだった。というのもスペイン人、イギリス人、フランス人、そしてオランダ人という征服者たちは、公の談話や会話で使用する言語、服従や命令、そして考えるために使用する言語は英語、フランス語、スペイン語、もしくはオランダ語でなければならないと言い張ったからである」[*11]。奴隷制という肉体のみならず精神をも破壊させる非人道的で残酷な制度に抵抗し、アフリカ系の人々が自身の文化を生活に「沈み込ませ」生き延びさせていたことで、「文化相互作用」は可能になった。ヨーロッパの言語とアフリカの言語が互いに交じり合い、浸透しあうことで、表現豊かなカリブ海の言語、つまり「民族言語」となったのである。ブラスウェイトは民族言語をこう定義する。「カリブ海での経験にはアフリカ的な側面があり、民族言語はそれに一層結びついた方言が持つ、沈み込んだ（“submerged”）部分である」[*12]。

この論考で、ブラスウェイトはグリッサンが1976年に発表した「自由な、強いられた詩学」（“Free and Forced Poetics”）という論文に言及する。ブラスウェイトはこれを「非常に優れた」論文であるとし、「初めて私は、民族言語が実際に何を意味するか記述せんとする努力を感じた」と感想を述べる。ブラスウェイトが言うには、グリッサンにとって「民族言語は戦略なのだ。奴隷は自身を偽装するため、個性を隠すため、そして自分の文化を保つため、ある種の言語を使うことを強いられた。著者はその言語を「強いられた詩学」と定義した。もしそう呼びたければ、それは牢獄の言語だからだ」。ブラスウェイトの「民族言語」とグリッサンの「強いられた詩学」は、完全に同一のものを表現しているとは言えない。しかし、「自分の文化を保つため、ある種の言語を使う」とはつまり、自分の文化を「沈み込ませ」生き延びさせる奴隷たちの抵抗戦略なのである。[*13]

ブラスウェイトは、アフリカを「クレオールシステムの沈み込んだ母」("submerged mother of the creole system")と呼ぶ。[*14] 彼にとって、アフリカから拉致された奴隷たちが自らに沈み込ませることによって保ち続けた文化こそが、カリブ海における比類なき文化的・人種的混交性を支え、常に変化を肯定していく原動力なのである。それゆえ、この海面下での奴隷たちの抵抗戦略への理解なしに、「我々はクレオールである」と宣言することはできない。それを端的に表したのが、彼の有名な「統一は海面下にある」("The unity is submarine")という言葉だ。[*15] カリブ海でのクレオライゼーションは、アフリカという「沈み込んだ母」に支えられ、海面下で絶え間なく続いていくのである。

集中する海、分散する海

1930年代にパリに集結したセゼールやレオポール・セダール・サンゴール、レオン＝ゴントラン・ダマスたち仏語圏のアフリカ系知識人によって展開されたネグリチュードは、アフリカを神話化・理想化することでアフリカ系の人々の連帯を図る文化的・政治的運動であったが、その本質主義的な側面のため、他者の排除の新たな図式をその内部構造に孕んでいた。それを乗り越えるためにグリッサンが掲げたヴィジョンが、アンティル性、もしくはカリブ海性だった。彼はカリブ海の叡智として世界に誇ることのできる「詩学」の可能性を次々に描き、『〈関係〉の詩学』などの名著を送り出していった。彼は『カリブ海序説』のエピグラフのひとつとして、ブラスウェイトの「統一は海面下にある」を引用している。言語や地理、時には人種によって分断されたカリブ海の島々の連帯を思索するグリッサンは、「私がクレオライゼーションの詩学と呼ぶもの、つまり混成で、予測不可能で、多言語の詩学」の可能性を、英語圏のブラスウェイトとの思想的共鳴の中で見出している。[*16]

『カリブ海序説』において、グリッサンはブラスウェイトとセゼールの近さを認識するが、それでも、ブラスウェイトの思想がより環カリブ海的なイメージを描いていると考える。「ブラスウェイトはエメ・セゼールの言説を30年経って蘇らせたと思えるが、彼は実のところそれを新しい文脈に位置付けているのだ。つまり、『生きた経験』という具体的で多様な領域においてだ」。[*17]ブラスウェイトはアフリカをカリブ海のクレオライゼーションの「沈み込んだ母」と定めるが、それは他人種を排除しているのではなく、カリブ海の「生きた経験」を反映しているのだ。「統一は海面下にある」という言葉に触れ、グリッサンはこう主張する。「私の考えでは、この表現は、奴隷船が敵艦に追われるたびに、弾と鎖で重しをつけられ海に投げ出され、戦意喪失したアフリカ人たちを想起させるものでしかない。彼らは、見えない存在の種をその深みに蒔いたのだ。そうして、崇高なものの普遍的超越ではなく、横断性が顕れたのだ。我々はこれを学ぶのに長い時間を要した。我々は、異文化関係のルーツなのだ」。[*18] グリッサンにおいて、ブラスウェイトの「沈み込んだ母」は「深みに蒔かれた見えない存在の種」という表現に形を変える。海底下の存在が横断性を可能にし、カリブ海を異文化関係のルーツたらしめるのである。

1992年対談では、ブラスウェイトの英語圏の「民族言語」と自身の仏語圏の言語認識に相違があることを確認した後、グリッサンはこう述べる。「カリブ海と地中海を比べてみれば、古代地中海は集中する海（"a sea that concentrates"）、つまり人々を存在の統一へ押し込む海であるということがわかるでしょう。一神教の宗教のすべてが地中海あたりで誕生したことがわかるでしょう。『ひとつ』（"l'un"）、統一、つまり一という哲学が生まれたのはそこなのです。カリブ海を見れば、それが分散する海（"a sea that diffracts"）であることがわかります。それは集中するのではなく、分散するのです」。[*19] グリッサンは、ヨーロッパの海が人々を民族的・文化的単一性によって束ねる「集中する海」であることを、アイデンティティという概念によって説明する。「アイデンティティは、概念として、世界を征服するために西洋の国々で発展していきました。私たちがしなければならないのは、他者を戦争や征服、不寛容で排除するルーツという概念を退け、アイデンティティティのまた別の概念を定義することです」[20]。この「集中する海」は、古代地中海から西洋哲学・思想に「人間」や「同一性」という形で脈々と受け継がれ、ウィンターやグリッサンたちカリブ海知識人によって批判されている。

「分散する海」としてのカリブ海は、統一という概念に完全に反対するものではない。グリッサンは、アイデンティティに対して多様性という概念を持ち出す。「多様性という概念は統一という概念と正反対ではありません。私はこうも思うのです。多様性について考えるほど、統一を実現する機会は多くあると」[21]。もしカリブ海において「統一は海面下にある」のならば、その統一は単一性や血統、純粋性といった概念に依拠し集中することによって実現するものではない。むしろ、様々な人種や民族の多様性を肯定し、様々な文化の分散を総体と見なすことによって出来上がるのだ。言い換えれば、カリブ海における海面下的統一は、集中による一ではなく、分散による多なのである。グリッサンはこう述べる。「私たちはルーツによる分け隔てとしてではなく、網状な関係性として別の種類のアイデンティティを定義しようとしなければなりません」[22]。

『カリブ海序説』において、グリッサンは、自身が考える「網状な関係性」としてのカリブ海のアイデンティティに、明らかにブラスウェイトを意識した表現を与える。「海面下のルーツ(“Submarine roots”):それは自由に浮遊し、原初的な場所に固定されることなく、この世界のあらゆる方向に網状に、枝状に、伸びていく」[23]。海面下の見えない存在は、同一性や原初性という価値観へ固定されることを拒否し、様々な方向へ分散するように根を伸ばす。それは、実際にグリッサンがドゥルーズとガタリに倣っているように、地下茎の一種である根状茎、すなわちリゾームとも呼べるものである。カリブ海における海面下での統一は、決して普遍（不変）なるものに還元されるものではなく、人種的・文化的差異がもたらす変化の終わりなき連動の総体なのだ。

グリッサンによるクレオライゼーションの詩学は、様々な文化が接触し、時には衝突することで織りなしてゆく人種的・文化的多様性、言い換えれば存在論的不純性を抱える自分たちを肯定するカリブ海思想の大きなひとつの形であり、西洋的普遍性、等質性へのアンチテーゼともいえる「〈関係〉」に特徴づけられる。〈関係〉は、カリブ海の島々が持つ開放性が鍵となる。「通常、島嶼性は孤立の形、つまり場への神経的反応として扱われる。しかしカリブ海では、島々ひとつひとつが開放性を具現化している。内と外の弁証法が土地と海の関係に反映されているのである」[24]。カリブ海諸島は決して言語や文化、人種で孤立しあっているわけではなく、海へ開かれていることにより、その海面下で根をあらゆる方向へ伸ばし、あらゆる〈関係〉的接触を現実とする。それが、「分散する海」もしくは「回折させる海」としてのカリブ海というひとつの世界である。グリッサンはこう述べる。

カリブ海という地域は、つねに出会いと共謀の区域であり、同時にアメリカ大陸への通過点でもあった。私はそれを、周囲を陸地に囲まれ諸要素を集中させる地中海（ギリシャ・ユダヤ・ラテンの古代においても、また後にはイスラムの勃興期においても、〈一〉の思考を人々に強いることになった海）と対照させて、陸地を炸裂させ弓形にばらまいた海だと、考えてみたい。回折させる海。カリブ海でも太平洋でも、列島の実在は、別にそれらがかれらの状況にとって何らかのかたちで有利なのだと考える必要はないものの、〈関係〉の思考の天然の例となっている。[*25]

海の人々

ブラスウェイトによれば、カリブ海の「民族言語」にはアフリカ系の人々が奴隷制に抗い保ち続けてきた特有のリズムがあり、カリブ海の人々が詩を紡ぐとき、そのリズムが現れる。西欧の形式張った詩の韻律とは異なったそのリズムを、ブラスウェイトはカリブ海地域の自然になぞらえ、「ハリケーンは5歩格で唸らない」と述べる。[*26] これに対し、グリッサンはそのハリケーンのごときリズムが生み出す予測不可能性がカリブ海のクレオライゼーションという経験の要諦であり、自身のクレオライゼーションの詩学とブラスウェイトの思想における主題のひとつと考えている。このカリブ海のリズムは、キューバのベニーテス＝ローホーの思想においては、「白のリズム」（"white rhythms"）と「銅、黒、黄のリズム」（"copper, black, and yellow rhythms"）という表現で理論化されている。「白のリズム」は、西洋帝国主義のリズムであり、「基本的に二元論で表現される。これには行進や走行の足踏みのリズム、そして領土化のリズムがある」。一方で「銅、黒、黄のリズム」はカリブ海のクレオライゼーションのリズムであり、「それぞれ全く異なるものであっても、ある共通点を持っている。すなわち、それらは海の人々（"the Peoples of the Sea"）のものである。これらのリズムは、先に述べたものと比較すると、乱雑で不規則であり、あるいは、まだ形成中の元素の地層から生じるガスや溶岩の噴出物のようである」。[*27] スペイン語圏のベニーテス゠ローホーによる「海の人々」のリズムは、英語圏のブラスウェイトや仏語圏グリッサンの思想とともに、クレオライゼーションを環カリブ海的な経験のひとつとして描く。

ベニーテス゠ローホーはカリブ海という世界を「繰り返す島」（"The repeating island"）と表現する。カリブ海に存在する諸島は「メタ群島」であり、そこには「境界も中心も存在しない」のである。カリブ海諸島はただただ「銅、黒、黄のリズム」に則り、「繰り返し、再生し、崩壊し、展開し、流れ、回転し、振動し、滲み出てゆく」。[*28] 決まりきった韻律はカリブ海という世界にはなく、様々な人種と文化が紡ぎだす予測不可能なクレオライゼーションが終わることなく繰り広げられる。あらゆる世界が無計画に衝突し、融合することで生成される「超混合的文化」（"super-syncretic culture"）は、カリブ海という世界の象徴である。[*29]

その「超混合的文化」は、カリブ海だからこそ現実となる。「カリブ海の文化は、少なくともその最も特徴的な側面において、陸上ではなく水上である。（……）カリブ海は、海流、波、起伏に次ぐ起伏、そして流動性と湾曲によってできあがる、自然で不可欠な領域なのである」[*30]。カリブ海という世界は陸ではなく水のようなものなのだ。そこに住まう「海の人々」は、海に開かれた存在であり、すなわち流動的な存在である。海、もしくは水の流動性はカリブ海の人々の存在論的不純性の写し絵であり、クレオライゼーションというカリブ海特有の経験の適切な隠喩である。この海は、グリッサンに従えば、決して人々を民族的起源や文化的同一性のもとに「集中する海」ではなく、いつまでも「分散する海」である。つまり、ベニーテス＝ローホーの言うように、終わりを知らない変化としてのクレオライゼーションを、世界でも類を見ない形で「繰り返す島」なのだ。彼はスペイン語圏カリブ海でのクレオライゼーションに関する論考でこう述べる。「私にとって、これ（クレオライゼーション）は過程ではない。この言葉は前進を暗示してしまっている。クレオライゼーションは反復、発生のとぎれとぎれの連続なのだ。そしてその唯一の法則は変化である」[*31]。

母型隠喩としての海

英語圏のブラスウェイト、仏語圏のグリッサン、そしてスペイン語圏のベニーテス＝ローホーたちの思想は、環カリブ海的な「類似性と類型的近似性」を持つ。ジャマイカ人で詩人・文学批評家のエドワード・ボウが述べるように、彼らにとって「海は母型隠喩」である[*32]。彼らはカリブ海を見つめることによって、自分たちの世界の現実としてのクレオライゼーションという経験に表現を与え続けてきた。

ブラスウェイトが述べるように、「統一は海面下にある」のであれば、カリブ海諸島はそれぞれ独立していながらも、この海の下で文化的・思想的につながっている。言語圏によって生きられた経験は異なるかもしれないが、それが島々の分断の証左と扱われてはならない。カリブ海の人々とその世界を礼賛する環カリブ海思想に染み渡る海のイメージは、言語の壁を越えた「類似性と類型的近似性」のひとつであり、カリブ海におけるクレオライゼーションを理解するうえで欠かせないものである。「分散する海」に生きる「海の人々」であるカリブ海の人々とその世界を肯定するある言葉を、2021年に亡くなったジャマイカのダブ詩人ジーン・ビンタ・ブリーズの詩から引用して、この章を終了にしたいと思う。「私はここにいる／私は知っている／この海の下で／我々は手を取り合うと」[*33]。

＊1　Torres-Saillant, *Caribbean Poetics*, 11.
＊2　Ibid., 29.
＊3　ジャン・ベルナベ、パトリック・シャモワゾー、ラファエル・コンフィアン『クレオール礼賛』、恒川邦夫訳（東京：平凡社、

1997年)、13。

＊4 Kamau Brathwaite and Eduard Glissant, "A Dialogue: Nation Language and Poetics of Creolization," in *Presencia Criolla en el Caribe y América Latina/Creole Presence in the Caribbean and Latin America*, ed. Ineke Phaf (Frankfurt am Main: Verveurt, 1996), 24.

＊5 ベルナベ、シャモワゾー、コンフィアン『クレオール礼賛』、81－82(強調原著者)。

＊6 Torres-Saillant, *Caribbean Poetics*, 42.

＊7 Ibid.

＊8 Brathwaite and Glissant, "Dialogue," 25.

＊9 Ibid.

＊10 Edward Kamau Brathwaite, *History of the Voice : The Development of Nation Language in Anglophone Caribbean Poetry* (London: New Beacon, 1984), 5.

＊11 Ibid., 7.

＊12 Ibid., 13.

＊13 Ibid., 16.

＊14 Brathwaite, *Contradictory*, 6.

＊15 Edward Kamau Brathwaite, "Caribbean Man in Space and Time," *Savacou* 11/12 (September 1975): 11.

＊16 Brathwaite and Glissant, "Dialogue," 24.

＊17 Glissant, *Caribbean Discourse*, 109.

＊18 Ibid., 66-67.

＊19 Brathwaite and Glissant, "Dialogue," 24.

＊20 Ibid., 32-33.

＊21 Ibid., 33.

＊22 Ibid.

＊23 Glissant, *Caribbean Discourse*, 67.

＊24 Ibid., 139.

＊25 グリッサン『〈関係〉の詩学』、48－49。

＊26 Brathwaite, *History of the Voice*, 10.

* 27 Benítez-Rojo, *Repeating Island*, 2nd ed., 25-26.

* 28 Ibid., 3.

* 29 Ibid., 29.

* 30 Ibid., 11.

* 31 Antonio Benítez-Rojo, "Creolization and Nation-Building in the Hispanic Caribbean," in *A Pepper-Pot of Cultures: Aspects of Creolization in the Caribbean*, ed. Gordon Collier and Ulrich Fleischmann (Amsterdam: Rodopi, 1990), 19.

* 32 Edward Baugh, "Literary Theory and the Caribbean: Theory, Belief and Desire, or Designing Theory," *Journal of West Indian Literature* 15, nos. 1/2 (2006): 7.

* 33 Jean 'Binta' Breeze, *Spring Cleaning* (London: Virago, 1992), 77.

第8章

カリブ海によるクレオール的時政学　海が歴史である

西洋帝国主義と時政学

「人間にかんする問題はすべて、時間から出発して考察されることを必要とする」[*1]。『黒い皮膚・白い仮面』におけるファノンによる時間への言及は、一見カリブ海における植民地支配とその影響という現実問題、たとえば貧困や人種差別といった目に見える問題から浮いた議論のように思えるかもしれない。しかし彼の慧眼は、西洋による帝国主義が、被支配者の人間存在の支えである時間にまで影響を及ぼしているということを喝破したことである。植民地支配は単に土地という空間を支配し、人々を奴隷として酷使するだけではない。標的とする人間を他者に、非人間に変えるために時間という側面を破壊するのである。西洋帝国主義に奪われた時間を求めて、カリブ海思想は抵抗する。

人類学者ヨハネス・ファビアンは、名著『時間と他者』において、西洋による植民地政策が「地政学」だけでなく「時政学」("chronopolitics")にも基づいて行われていたと述べる。アフリカ、アジア、そしてカリブ海で行われた帝国主義的支配は、人々の空間のみならず、時間をも侵略の対象としていたのである。「さらに深刻で、より問題なのは、西洋列強が、歴史を進歩や発展、近代(およびその否定的な鏡像である停滞、低開発、伝統)という一方通行の図式で受け入れることを時間という概念に要求したことである」[*2]。歴史の一方通行の図式とは、つまり過去から未来への直線的な時間の流れである。特にカリブ海においては、この時政学が支配と搾取のために利用され、歴史に関する人々の認識を進歩や発展というクロノロジカルな図式に完全に挿げ替えてしまった。それが端的に表れているのが、ナイポールやパターソンらによる西洋史観に基づくカリブ海の定義である。『中間航路』におけるナイポールの「歴史は達成と創造を巡って築き上げられてゆく。西インド諸島では何も創造されることはなかった」という言葉は、あまりに有名であまりに不公平なカリブ海の表象である。[*3] ナイポールの歴史観は達成や創造の累積によって一方通行的に発展してゆくものであり、それに従えば、カリブ海は歴史の流れから零れ落ちた地域である。西洋植民地政策はカリブ海の原住民を絶滅に追い込み、アフリカから人々を奴隷として拉致し、アジアからは人々を年季奉公労働者として引きずり出し、彼らの祖先の地から切り離すことで過去との繋がりを絶ち、歴史という存在の拠り所を破壊した。ファノンが指摘するように、「一種の論理の逸脱頽廃によって、植民地主義は被抑圧民族の過去へと向かい、それをねじ曲げ、歪め、これを絶滅するのだ」。[*4]

植民地支配はカリブ海の人々の過去を破壊する。『中心の発見』に収録されている随筆「自伝への序章」において、ナイポールは自身の歴史感覚を2通りに分けて説明する。「私は2種類の歴史の観念をもって育った。それはほぼ2種類の時間の観念であった」。この2通りの歴史感覚は、西洋帝国主義がカリブ海での植民地政策のために採用した時政学による歴史観の押し付けの成果といってもよい。ひとつは「日付のある」歴史である。それは古代ローマから19世紀イングランドを通りインドの国家主義的運動まで流れ、「海外の人々と場所に影響を及ぼした」。もうひとつは「日付のない」歴史、もしくは「日付がつけられなかった時間、歴史的暗黒」である。[*5]「日付のある」歴史は、いわば我々が歴史の教科書で学ぶ、先史時代から人間が進化していき文明が発展していく、過去から未来に流れてゆく一方通行の実証主義的な歴史記述である。この歴史では、西暦という認識的枠組みの中で、大きな戦いや英雄の名前、発明者の登場などの事実が保存され、それ以外は歴史の枠組みから放り捨てられる。カリブ海では未来への歴史と遺産を作るはずであった原住民が絶滅し、プランテーション経営のためだけの空虚な土地となった。そこに奴隷や年季奉公労働者は、祖先の地であるアフリカやアジアから引きはがされ連行されていった。こうして、彼らは「日付のない」歴史を生きていかざるをえなくなった。『歴史とは何か』で有名なE・H・カーは、歴史を進歩として語る際に、「歴史とは、習得した技能を世代から世代へ伝承することによる進歩」なのであり、「進歩とは、すべての人にとって平等で同時的な進歩であるわけではないし、そんなことはありえません」と主張する。[*6]「進歩としての歴史」は、常に不平等なのだ。インド系のナイポールは、アフリカ系の人々が奴隷解放後プランテーションで働くことを拒否しなければ自分たちインド系がカリブ海に来ることはなかったという恨み、そしてカリブ海という「歴史的暗闇」に自分が吸い込まれて消えてしまうという恐怖から、「日付のある」歴史が流れるロンドンへ逃げ込むのだった。

カリブ海の人々を他者化する西洋帝国主義の時政学は、時間の直線性という認識に支えられている。『純粋理性批判』において、カントは「時間はそれ自体として知覚されえない」と述べ、「すなわちわれわれは、まったく外的な直観の対象でもない時間を、われわれが引いた一本の線のイメージでしか思い浮かべることができないということである。このような表現法なしには、われわれは時間を測定する単位をけっして認識できないであろう」と主張する。[*7] この時間の性格は、私たちの日常生活に染み込んでいる。私たちは時間というものを一本の線のような直線的なものとして想像する。そのおかげで、時間は時計やカレンダーといった形で分割され、それによって日数や分数、秒数といった単位で私たちは時間を認識することができる。この直線のようなものとしての時間の認識、もしくは時間の直線性は、普遍的な観念として私たちの日常生活に欠かせないものとなっているし、私たちもそれを当然のものとして受け入れている。歴史が過去から現在へ流れているという一方通行の図式も、当然私たちが時間をこのように認識している結果である。

しかし、カリブ海思想家たちがクレオライゼーションの経験から紡ぎだす時政学は、この直線的な歴史の認識に抵抗する。というのも、この時間が過去から未来へ流れる直線であるという思い込み、もしくは彼らがしばしば「直線先入観」(linear bias)と呼ぶイデオロギーこそが、歴史が進歩や発展の累積であるという歴史の一方通行の図式を生むからである。「白のリズム」と「銅、黒、黄のリズム」という概念を導入し、帝国主義のリズムとカリブ海のクレオライゼーションのリズムの理論家を試みたベニーテス＝ローホーは、カリブ海を「海の人々」が住まうメタ群島であり、そこで育まれた文化は陸のような固定化されたものではなく水のような流動的な文化であると語る。「白のリズム」である「行進や走行の足踏みのリズム、そして領土化のリズム」は、帝国主義による侵略や西洋文化の進歩主義の直線性を示す。「銅、黒、黄のリズム」は「海の人々」のリズムであり、「乱雑で不規則」である。そのリズムとともに生成される文化は「曲がりくねった文化であり、そこでは時間は不規則に展開し、時計やカレンダーの周期によって捉えられることに抵抗する」。[*8] まさに、歴史のクロノロジカルな図式に対するカウンターである。様々な人種や文化の混淆でクレオール化した時間は不規則であり、進歩や発展といった直線的な展開を拒絶するのだ。

私たちが普段歴史として認識するものは、過去から現在そして未来への一方通行の人類史であり、創造や進歩、発展がその流れの中での重要な一節、つまり歴史の教科書の1ページとなる。この一節一節があるかないかが、ナイポールの「日付のある」歴史と「日付のない」歴史の分水嶺だ。過去から未来へ流れの中で達成や創造を積み重ね、西暦という参照体系があることが歴史の条件であるなら、植民地支配を享受し文明を発展させた西洋世界が常に優位であることは自明である。原住民の遺産もなく、プランテーションで働くことしか許されなかったカリブ海の人々には、日付なき歴史を生きるしか選択肢がない。西洋の歴史的な帝国にとって、カリブ海に住まう人々は、「非歴史的」で救済が必要な劣った他者でしかない。そうであれば、西洋中心的な歴史観自体に抗うまでである。カリブ海思想は、西洋帝国主義の時政学によって押し付けられた歴史の図式に、その「不規則に展開」するクレオール的な時政学をもって抵抗する。

カリブ海作家の歴史との諍い

ガイアナの初代首相フォーブス・バーナム主導の「カリブ海芸術祭」（Caribbean Festival of Arts：通称「カリフェスタ」CARIFESTA）は、カリブ海出身の芸術家たちを称揚し互いの交流を促進することで、環カリブ海的な芸術を育てる場所を提供するという目的で1972年に開催された。その後カリフェスタは数年おきに開催され、現代まで続くカリブ海の貴重な伝統的芸術イベントとなった。1976年にジャマイカで開催された第2回カリフェスタは、カリブ海思想史における重要な転換点となった。というのも、ある思想家がカリブ海の抱える歴史という問題に輪郭を与えることに成功したからだ。『カリフェスタ・フォーラム』は、C・L・R・ジェイムズ、セゼール、ニコラス・ギジェンといったカリブ海各言語圏の名だたる思想家たちによる論考のアンソロジーである。その編集を務めたジャマイカ人作家ジョン・ハーンは、開催に先駆けて書かれた序文をこの言葉で始めている。「歴史は、祝福を望むのであれば、遅かれ早かれ我々カリブ海のヤコブ全員が格闘せねばならない天使（"the angel with whom all we Caribbean Jacobs have to wrestle"）である」[*9]。ジェイムズ・ジョイスの『若き芸術家の肖像』におけるアイルランド人の主人公スティーヴンにとって歴史は彼が目を覚ましたいと思っている悪夢なのであれば、カリブ海の人々にとって歴史は「格闘せねばならない天使」なのだ。

第2回カリフェスタにおいて、この「天使」である歴史とのカリブ海による決死の格闘に表現を与えたのが、ボウである。文学批評家で自身も詩人であるボウは、「西インド諸島作家と歴史との諍い」（"The West Indian Writer and His Quarrel with History"）と題した発表を行った。その発表は即座に論文化されトリニダードの『タピア』に収録され、2012年にはカリブ海研究ジャーナル『スモール・アックス』に特集として再録されるほど、非常に大きな影響力を持っている。この論文において、ボウはナイポールの恐怖が「非歴史性の感覚」（"the sense of historylessness"）によるものであると分析する。[*10] そしてブラスウェイト、ハリス、ラミング、ウォルコットらを挙げ、彼らの「歴史との諍い」について論じる。ローレンス・ブライナーが述べるように、ボウがあえて「諍い」という言葉を選んだのは、カリブ海作家の歴史との格闘が、単発的な「出来事」ではなく継続的な「状況」であることを示すためだ。[*11] カリブ海作家は、常に歴史というものと格闘しているのである。

「歴史との諍い」の思想的マッピングにおいて、我が師ナディが言うように、ボウは「ヘーゲル的な直線的目的論と西洋中心的な植民地的存在論を拒絶している」。[*12] すでに見たように、ヘーゲルは「世界史は東から西に向かって進む」とし、アフリカは「世界史に属する地域ではなく、運動も発展も見られない」と述べていた。それゆえ、アフリカは「歴史を欠いた閉鎖的な世界」であり、西洋こそが歴史の到達点、そして「人間」の存在する場所なのである。この創造や発展なき地域を「非歴史的」として切り捨てるヘーゲル的な「直線的目的論」は、ナイポールの歴史観に浸透している。ナイポールは『エルドラドの喪失』において、トリニダードがどのように「歴史に触れられ」（"touched by history"）、そしていかに「歴史から零れ落ちた」（"dropped out of history"）かを語る。「ポート・オブ・スペインは、出来事があっても何も現れない場所だった。人々だけが残り、彼らの過去はすべての歴史書から零れ落ちた。ピクトンは通りの名前で、それ以上のことは誰も知らない。歴史はコロンブスに関するおとぎ話であり、原住民であるカリブ族やアラワク族の奇妙な習慣に関するおとぎ話であった。（……）歴史はローリーがピッチ・レークを発見した様子のトリニダードの5セント切手だった」[*13]。あたかも東から西に向かって進むヘーゲル的な歴史の流れがカリブ海を撫ぜて去っていくように、カリブ海は西洋の帝国主義によって歴史に触れ、そして彼らが去ることによって歴史から零れ落ちた。つまり歴史は、トマス・ピクトンやウォルター・ローリーのような西洋帝国主義者たちの行いや権威がもたらすものであり、そこに住まう人々のものではない。ボウは、ナイポールによる歴史は「独立して自己完結した広大な川のようであり、人々がその流れに入り込めるかどうかは、運が良いか悪いか次第である。まるで人々が歴史ではないかのように」と述べる[*14]。

ボウは、このように歴史を不可逆的な川の流れのように受け入れること、つまり「決定論的な歴史認識」に疑いを持たないことは、「我々を、実に永久に、歴史の奴隷であり続けるように運命づけてしまう」と主張する。「もし歴史が『達成したこと』や目に見える記念碑の数々であるなら、我々は歴史を持たず、歴史の外側にいることになる」。[*15] 創造や発展の累積によって決定される歴史は、カリブ海の人々を永遠に西洋の奴隷にしてしまう。カリブ海作家の「歴史との諍い」は、このような西洋中心的歴史認識を拒否する。ナディの言葉を借りれば、彼らは「歴史への反ヘーゲル的アプローチ」で抵抗するのである。つまり、「勝者と敗者で成り立つ古い弁証法とは違う、新しい歴史を構築することによって」抗うのだ。[*16] たとえばラミングは、『流浪の歓び』において、「ヘーゲルにしてみれば、普遍性を共に追い求めていくにしても、アフリカ人はそれに加わっていないのだ」と皮肉を込めて批判する。[*17] ヘーゲルのような偉大な西洋哲学者がこう言っているからといって、非西洋人を歴史の外へ追い出す権威に私たちの歴史認識の根拠を容易く譲り渡してはならない。ボウが言うように、カリブ海作家たちは、「我々に自分たちの歴史認識の検討もしくは再検討、つまり何が歴史であるのかという問題を見直させるだけでなく、何が達成となるのかという我々の考え方も検討させる」のである。[*18]

大文字の歴史

ボウの革新的な発表によって、カリブ海が抱える歴史という問題が、「非歴史性」という言葉で可視化された。この「非歴史性」をより理論的に深めたのが、グリッサンである。グリッサンは

『カリフェスタ・フォーラム』の副編集を務め、カリフェスタ当日に登壇した際には、ボウの発表に対する応答を行った。その応答が種となり、文章として実を結んだのが、『カリブ海序説』に収められた「大文字の歴史－複数の歴史－複数の物語」（"HISTORY-Histories-Stories"）という論考である。実際にこの論考には「歴史との諍い」というセクションがあり、ボウへの言及が含まれている。ナディが言うように、英語圏のボウが「『カリブ海序説』におけるグリッサン自身の歴史随想の一助となった」のは間違いなく、それは「ボウの『諍い』への長い脚注のように読める」ほどである。[*19]

ボウと同様に、グリッサンはカリブ海の歴史意識が連続性によって描写できるものではないと主張する。というのも、全体主義的な歴史哲学を頻繁に生み出してきたヨーロッパ諸民族とは異なり、奴隷制と植民地支配がもたらした暴力的な「断絶」（"ruptures"）を経験したことで、カリブ海の人々は堆積物のように歴史意識を徐々に継続して累積していくことができなくなったからである。[*20]これに関して、ファノンも『黒い皮膚・白い仮面』において同様な指摘をしている。ドイツ人やロシア人と違い、カリブ海の人々は「文化を持たず、文明を、あの『歴史の長い過去』を持っていないのである」。[*21]西洋による奴隷制や植民地支配が被支配者の過去を「捻じ曲げ、歪め、破壊する」ことを、グリッサンは「集合的記憶の消去」と呼ぶ。カリブ海社会の共同体の集合的記憶は西洋帝国主義によって破壊され、歴史意識の連続性は西洋中心的な歴史的事実の累積に置き換えられる。

そして、「このように連続性から排除され、そして集合的意識がそれを吸収することができない状況が、私が非歴史と呼ぶものの特徴である」とグリッサンは説明する。[*22]

「非歴史性」は、理想的な人間存在としての西洋世界が愛用する、否定的鏡像としての「他者の刻印」である。もしハイデガーが言うように、「このような存在するものは、それが『歴史のなかに立つ』から『時間的』であるのではなく、逆に現存在が、その存在の根拠において時間的であるからこそ、歴史的に実存し、またそのかぎりで実存できる」のだとしたら、「断絶」を経験し、「集合的記憶」を喪失した「非歴史」的地域に生きるカリブ海の人々は、その存在の根拠を歴史性でもなく時間性でもなく、どこに頼ればいいのだろうか。[*23] ナイポールは存在消滅の恐怖からロンドンへ逃げ出した。パターソンは、小説『古跡の不在』(*An Absence of Ruins*)において、ジャマイカ人の主人公アレクサンダー・ブラックマンを、最終的に「時間の外、歴史の外、他の存在の意識の外にある粗雑な動物的なもの」という自己認識に到達させる。[*24] 実は、この小説のエピグラフにニーチェの『反時代的考察』からの引用がされている。「動物はかくして非歴史的に生きる」。[*25] 人間が世界に生まれ落ちた瞬間から、自分の存在を問い続ける「歴史的存在」であるのに対し、動物はそのような省察の重圧のない「非歴史的」な生き物で、現在に満足して生きているため、人間より幸福であるという。パターソンがブラックマンを「動物的なもの」と形容するのは、つまり彼が「非歴史的」な存在であるということを示唆するためだ。カーは、「進歩の仮説がなければ、歴史はありません。

人間が歴史に現れるのは、過去があることに気づいた時であり、過去の業績を未来の業績の出発点として意識的に利用する時であります。非歴史的民族とは、理想の無い民族であり、前方を見ないがゆえに過去を見ない民族なのです」と述べる。[*26] そうであれば、帝国主義時代に量産された、非文明的で動物的なカリブ海の人々という不公平な表象を振り返ってみればいい。いかに「非歴史性＝他者」という刻印が彼らに押されていたかを理解するために。どこの誰が彼らの過去を奪い取り、「非歴史的民族」たらしめたかを知るために。

ボウ、ベニーテス・ローホー、そしてグリッサンは、非西洋を他者化する「白のリズム」、つまり歴史が行進するという一方通行・進歩としての歴史の図式を拒絶する。グリッサンは、ヘーゲル批判においてこう述べる。

歴史は西洋が生んだ高度に機能的な幻想であり、まさに西洋だけの手で世界の歴史を「作った」時に生まれたものである。もしヘーゲルが歴史をヨーロッパのためだけに確保する目的で、アフリカの人々を非歴史的存在へ、アメリカ先住民を前史的存在へと追いやったとすれば、今日、「歴史の行進」というそのような階層的概念はもはや適切ではないと結論づけることができるのは、こうしたアフリカやアメリカの人々が「歴史に入った」からというわけではないように思われる。[*27]

ヘーゲルが想定する「歴史の行進」は、西洋思想が享受してきた「直線的で階層的な大文字の歴史（"History"）という概念」の最たる例であり、非西洋人を非歴史的存在、前史的存在へ追い込むために西洋帝国主義が利用する「他者の刻印」の思想的根拠でもありうる。[*28] グリッサンは、大文字の歴史が西洋中心に構築された歴史の枠組みに過ぎず、世界には複数の歴史が散らばっていると抗議するのだ。

カリブ海思想は、西洋に押し付けられた「非歴史性」に抗い、カリブ海の歴史概念の直線先入観を見直すことで、カリブ海の複数的な時間性・歴史性に光を当てようとする。グリッサンはこう主張する。「時間の次元に対する我々の探求は、それゆえ、調和的でも直線的でもないだろう」[*29]。彼らが大文字の歴史との諍いの中で試みるのは、ハイデガーやベルクソン、アルヴァックスやリクールなどに頼ることではない。西洋によって独占的に構築された歴史哲学を解呪し、西洋の目が歴史として目撃することのできなかった歴史を、カリブ海特有の「乱雑で不規則」なリズムから生成するクレオール的時政学で語ることだ。

記憶喪失とアダム的ヴィジョン

「西インド諸島作家と歴史との諍い」において、ボウはセントルシア島出身の詩人・劇作家ウォルコットを「歴史との諍いの極端な表出」として考察する。[*30] 極端ではあるものの、ナディが言うように、彼の思想は「地域的に共有された感受性」を表現している。[*31] ウォルコットは、1973年にマイアミ大学で開催されたイベントにおいて、「カリブ海　文化か模倣か?」(“The Caribbean: Culture or Mimicry?”)と題された発表を行った。それにおいて、ナイポールの『中間航路』における「西インド諸島の町においては、歴史は死んでしまい無関係なように思える」という言葉を批判する。[*32] そして、カリブ海と歴史の関係性に関する自身の見解を述べる。「カリブ海において、歴史は無関係である。それは歴史が創られないからでもなく、汚らわしいからでもない。歴史が重要ではないからだ。重要なのは、歴史の喪失、民族の記憶喪失であり、必要なのは想像力、必然としての想像力、発明としての想像力である」。[*33] カリブ海において、「非歴史性」の恐怖から逃げ出す人々、これから歴史を創っていく可能性を持つ人々にとって、「歴史が重要ではない」と主張することにどれだけの意義があるのだろうか。カーは「歴史に意味はない」という見方を冷笑主義の一例として挙げている。[*34] ということは、ウォルコットは冷笑主義者というレッテルを貼られるべきなのだろうか。そんなことはない。むしろここに、ウォルコットの歴史との諍いの「極端さ」と詩的な楽観主義が表れているのだ。ボウが述べるように、「『民族の記憶喪失』や『歴史の喪失』を、カリブ海の人間の創造的な条件として強調すること、そして歴史に対する想像力の優位性を強調すること、これがカリブ海の文化的アイデンティティと達成の可能性を論じる彼なりの方法なのだ」。[*35]

グリッサンの「集合的記憶の消去」を想起させるウォルコットの「民族の記憶喪失」という表現は、カリブ海の人々が過去を完全に失ったという認識に同意するものではない。むしろ彼は、カリブ海という世界でヨーロッパ、アフリカ、アジアの文化が生き長らえ混交を続けることで、カリブ海特有の文化が生成されてゆくと考えている。たとえば、ナイポールの「西インド諸島では何も創造されることはなかった」という言葉に対し、ウォルコットはあるインタビューで「西インド諸島ではイギリス人によって何も創造されることはなかった、と読むべきじゃないでしょうか」と応答する。[*36] ナイポールのように「歴史的暗黒」がただ広がっていると考えるのではなく、ウォルコットはカリブ海の人々が歴史というものとどのように向かい合っていくべきかを思索しているのだ。「歴史の女神」("The Muse of History") という随筆で、ウォルコットは「やがて奴隷は記憶喪失に陥った。その記憶喪失こそが新世界の真の歴史である」と述べる。[*37] このカリブ海の歴史としての「民族の記憶喪失」を、ポール・ブレスリンはこう説明する。「ウォルコットが想定する新世界の詩人は、自身を自然のままで歴史と無縁の世界のアダムであると感じている。というのも、中間航路によって作られた残酷な歴史が彼を強く打ち、何に打たれたのか思い出せなくなってしまったからである」。[*38] グリッサンが「断絶」と呼ぶ打撃で、カリブ海へ連れてこられた世界中の人々はある種の記憶喪失に陥ってしまった。これをウォルコットは「ラベンティル」という詩で「深い記憶喪失の打撃」("some deep, amnesiac blow") と表現する。[*39] この「記憶喪失」は文字通りの記憶喪失を経験することを意味していない。それはカリブ海の人々に与えられた奴隷制や植民地支配という打撃（グリッサンの「断絶」に近い）を意味し、その過去を乗り越えるための抵抗戦略なのである。

この「記憶喪失」が、どのように西洋帝国主義による時政学に対する抵抗となるのか。カリブ海は奴隷制や植民地支配による「打撃」で、確かに「非歴史性」を経験する。しかし、そのトラウマ的な経験をカリブ海特有の創造的条件へと、「傷を祝福へと」（"blessure to blessing"）、変えていかねばならない。[*40] ボウはウォルコットの詩を扱いながら、こう主張する。「一見歴史の不在と見えるものとでも言うべきだろうか。この詩が具現化しているのは、記念碑や偉大な建築物、世界を形作る出来事といった『目に見える』歴史でなくとも、ここには歴史があるという考えだ」。[*41] ヘーゲル的な歴史の流れの中で、カリブ海において目に見える歴史として残るのは、西洋の目によってとらえられたものしかない。そのように西洋によって実証されていった事実の累積としての歴史記述には、野蛮で非文明的、動物的であり劣等な他者としてのカリブ海の表象しか残されていないのだ。ウォルコットの「民族の記憶喪失」が抵抗するのは、この不公平な表象である。自分たちを劣等な他者とする実証的な歴史を「忘却」することで、一方通行の歴史から放り捨てられた、目に見えずに存在する自分たちの歴史を想像力で再構築するのだ。西洋に押し付けられた実証主義的な歴史を記憶喪失することで拒絶し、想像力でカリブ海の目に見えない歴史を掘り起こし、自分たちの歴史として生き直す。このカリブ海の思想的・詩的な歴史へのアプローチは、ウォルコットの「アダム的ヴィジョン」（Adamic vision）と呼ばれている。新世界のアダムたちは、西洋によって作られた歴史を忘却し、想像力で歴史を描き出す。「我々は歩むだろう、新しいアダムのように」[42]。

ウォルコットの「アダム的ヴィジョン」は、グリッサンの「過去の預言的ヴィジョン」（"the prophetic vision of the past"）やラミングの「後方への一瞥」（"backward glance"）と共鳴する[43]。グリッサンは、『多様なるものの詩学序説』において、「過去の預言的ヴィジョン」についてこう説明する。「過去は歴史家によって客観的に（主観的にさえも）再構成されるのみであってはならない。過去はまた、まさにその過去を隠蔽されてきた人々や共同体、そして文化のために、預言的に夢想されなければならないのだ」[44]。西洋帝国主義が利用した時政学では、歴史の行進が客観的な史実として汲み取ることのできなかった過去は葬られ、「隠蔽されてきた」。他者による歴史記述ではなく、自分たちのために過去を預言的に夢見て描き直す。こうして再構築される時間は、カイロス的時間だとか質的時間だとか、持続だとか内的時間だとかいうもので十分に語れるものではない。カリブ海が自分たちのために編み出したクレオール的時政学こそが、それを十分に認識することを可能にするのである。

ウォルコットは、西洋的な時政学が押し付ける直線的な歴史に対し、カリブ海のクレオール的時政学の歴史表象として海を持ち出す。あるインタビューで、彼はこう述べる。「海の上には何も置くことができません。その上に植物を植えることも、住むことも、歩くこともできない。したがって、海の強さとは、歴史が愚かなものに過ぎないという時間認識を与えてくれるものなのです」。ウォルコットがここで歴史と呼んでいるものは西洋によって構築されたクロノロジカルな歴史であり、それが愚かなものであるということは、海の上では直線的な時間の動きなど無意味であるということだ。彼はこう言う。「歴史というもので私が意味するのは、進歩主義的で直線的な方向性です」[*45]。一方で、海は調和的でも直線的でもない。そこではすべてが流動的であり多面的であり、なにより分散的なのだ。「海なら、水平線を縦横無尽に進むことができ、左から右へ、右から左へ行くことができます。AからBへ、そしてC、Dへと進んでいくわけではありません。それは理性的な線ではないのです。それは円環であり、海ではそう感じることができるのです」[*46]。カリブ海は、「海の人々」の開放的で流動的な存在を映し出す水鏡だ。それは誇り高き民族の起源から流れ続ける時間ではなく、クレオライゼーションというカリブ海特有の経験から生成される、波の動きのごとき複雑なリズムで展開される非直線的時間なのだ。

カーは進歩の仮説がなければ、歴史はないと語っていた。それに応答するかのように、ウォルコットはある詩の中で、「進歩というのは、歴史の汚い冗談だ」と表現する[*47]。カリブ海思想のクレオール的時政学は、歴史を海のように夢想し、過去へ未来へと縦横無尽に航海し続ける。ウォルコットは述べる、「海が歴史である」と[*48]。

＊1 ファノン『黒い皮膚』、36。

＊2 Johannes Fabian, *Time and the Other: How Anthropology Makes Its Object* (New York: Columbia University Press, 1983), 144.

＊3 Naipaul, *Middle Passage*, 29.

＊4 フランツ・ファノン『地に呪われたる者〔新装版〕』、鈴木道彦、浦野衣子訳（東京：みすず書房、２０１５年）、２０２。

＊5 V. S. Naipaul, *Finding the Center* (New York: Knopf, 1984), 46-47.

＊6 E・H・カー『歴史とは何か〔新版〕』、近藤和彦訳（東京：岩波書店、２０２２年）、１９２、１９７。

＊7 イマヌエル・カント『純粋理性批判（上）』、石川文康訳（東京：筑摩書房、２０１４年）、２６４、２０５。

＊8 Benítez-Rojo, *Repeating Island*, 2nd ed., 11.

＊9 John Hearne, introduction to *Carifesta Forum: An Anthology of 20 Caribbean Voices*, ed. John Hearne (Kingston, JA: Institute of Jamaica and Jamaica Journal, 1976), vii.

＊10 Edward Baugh, "The West Indian Writer and His Quarrel with History," *Small Axe* 16, no. 2 (July 2012): 64.

＊11 Laurence A. Breiner, "Too Much History, or Not Enough," *Small Axe* 16, No. 2 (July 2012): 87.

＊12 Nadi Edwards, "Contexts, Criticism, and Quarrels: A Reflection on Edward Baugh's 'The West Indian Writer and His Quarrel with History,'" *Small Axe* 16, no. 2 (July 2012): 103.

＊13 V. S. Naipaul, *The Loss of El Dorado* (New York: Vintage, 2003), 14, 105, 343.

＊14 Baugh, "West Indian Writer," 65.

＊15 Ibid., 64.

＊16 Edwards, "Contexts, Criticism, and Quarrels," 103-4.

＊17 Lamming, *Pleasures*, 32.

＊18 Baugh, "West Indian Writer," 64.

＊19 Edwards, "Contexts, Criticism, and Quarrels," 106-7.

＊20 Glissant, *Caribbean Discourse*, 61.

＊21 ファノン『黒い皮膚』、57。

＊22 Glissant, *Caribbean Discourse*, 62.

＊23 ハイデガー『存在と時間（下）』、桑木務訳（東京：岩波書店、１９６３年）、１３９（強調原著者）。

＊24 Orlando Patterson, *An Absence of Ruins* (Leeds: Peepal Tree Press, 2012), 38.

＊25 フリードリッヒ・ニーチェ『反時代的考察』、小倉志祥訳（東京：筑摩書房、１９９３年）、１２３（強調原著者）。

＊26 E・H・カー『新しい社会』、清水幾太郎訳（東京：岩波書店、１９６３年）、１７３。

＊27 Glissant, *Caribbean Discourse*, 64.

＊28 Ibid.

＊29 Ibid., 106.

＊30 Baugh, "West Indian Writer, "60.

＊31 Edwards, "Contexts, Criticism, and Quarrels, "106.

＊32 Naipaul, *Middle Passage*, 122.

＊33 Derek Walcott, "The Caribbean: Culture or Mimicry?" *Journal of Interamerican Studies and World Affairs* 16, no.1 (February 1974): 6.

＊34 カー『歴史とは何か』、１８３。

＊35 Baugh, "West Indian Writer,"61 (original emphasis).

＊36 Naipaul, *Middle Passage*, 29; Derek Walcott, quoted in Edward Hirsch, "The Art of Poetry XXXVIII: Derek Walcott," in *Conversations with Derek Walcott*, ed. William Baer (Jackson: University Press of Mississippi, 1996), 107 (original enphasis)

＊37 Walcott, *What the Twilight Says*, 39.

＊38 Paul Breslin, *Nobody's Nation: Reading Derek Walcott* (Chicago: University of Chicago Press, 2001), 6.

＊39 Derek Walcott, *Selected Poems*, ed. Edward Baugh (New York: Farrar, Straus and Giroux, 2007), 30.

＊40 Breslin, *Nobody's Nation*, 6.

＊41 Baugh, "West Indian Writer," 71.

＊42 Walcott, *What the Twilight Says*, 6.

＊43 Glissant, *Caribbean Discourse*, 64; Lamming, *Pleasures*, 32.

＊44 Glissant, *Introduction to a Poetics of Diversity*, 56.

＊45 Walcott, quoted in White, 158.

＊46 Ibid., 158-59.

＊47 Derek Walcott, *Collected Poems, 1948-1984* (New York: Farrar, Straus and Giroux, 1986), 247.

＊48 Ibid., 253.

第9章

ミサイルとカプセル　円環性の実践としての弁潮法

キャリバン学派

「プロスペローがキャリバンを閉じ込めるための牢獄を作ったのだとしたら、キャリバンの責任はそれを破り出ることです」。[*1] バルバドス出身のブラスウェイトは、ヨーロッパとカリブ海の関係の原風景をシェイクスピアの『テンペスト』におけるプロスペローとキャリバンの相克に見出し、プロスペローの支配に対するキャリバンの抵抗的想像力にカリブ海の思想的源泉を探る。彼がプロスペローとキャリバンの意識の違いに着目することで明確にするヨーロッパとカリブ海それぞれの文化的傾向は、カリブ海が非線形的な歴史認識に基づく「クレオール的時政学」によって脱植民地化を描くための、重要な理論である。

カリブ海思想が鼓動を始める以前、カリブ海地域はラテンアメリカの一地方でしかなく、1900年にウルグアイの作家ホセ・エンリケ・ロドーが出版した小説『エアリアル』(*Ariel*) が示すように、そのアイコンはエアリアルだった。この小説では、キャリバンが当時のアメリカによるラテンアメリカ侵略を象徴する残虐な人物として描かれる一方で、エアリアルはラテンアメリカのナショナリズムや文化を象徴するクレオール的知識人として登場する。このエリート的なエアリアル像との同一視に疑問を持ち、むしろ奴隷にされつつも反逆する精神を途絶えさせなかったキャリバンをカリブ海のアイコンと捉え直す見方は、ホセ・デイヴィッド・サルディヴァルが「キャリバン学派」(“The School of Caliban”) と呼ぶラミング、セゼール、そしてロベルト・フェルナンデス・レタマールなどのカリブ海思想家たちによって形成されていった。[*2]

1960年に出版された『流浪の歓び』において、ラミングがキャリバンをカリブ海の人々の象徴であると主張したのは、カリブ海思想史における重要な瞬間のひとつである。とりわけキャリバンにかけられたミランダの強姦未遂容疑をプロスペローの「嘘」("the Lie")だと言い切り、キャリバンの主体性を擁護したことは、西洋によるカリブ海の不公平な表象への思想的抵抗戦略としてカリブ海知識人の間で共有され、後続する世代の手本になった。[*3]ラミングは、この「嘘」の出どころが、理想の人間という自己認識のために他者を奴隷化し利用するためのプロスペローの欲望であると看破する。仏語圏のセゼールも、『もうひとつのテンペスト』でラミングに同意するように、キャリバンに「おい、老いぼれヤギめ、自分の助平心を俺になすりつけているのはあんたの方だ。いいか、だいたい俺はあんたの娘にもあんたの洞穴にも何の関心もない」とプロスペローに対し述べさせ、「嘘はあんたにはお手のものだ」と責め立てさせる。[*4]スペイン語圏のレタマールは、「もしキャリバンの歴史と文化なのでなければ、我々の歴史とは、我々の文化とは、何なのか?」と述べ、「我々の象徴は、ロドーが考えたようにエアリアルというわけではない。むしろキャリバンだ」と断言する。[*5]共作などを行ったわけではないが、彼らキャリバン学派は言語圏の壁を越え、エアリアリズムではなくキャリバニズムを環カリブ海的思想の原動力として共有するのである。

ブラスウェイトも、カリブ海思想の源泉をキャリバンに見出すキャリバン学派のひとりだと言える。歴史学者でありながら詩人でもあるブラスウェイトは、どちらの思潮も枯らすことなく包摂的に綜合することによって、西洋による歴史記述が蔑ろにし続けてきたカリブ海の歴史を、様々なオリジナルの概念を用いつつ次々に前景化していった。カリブ海の風土と経験から生成される特有のクレオール的文化形態を理論化するべく、彼はキャリバンの主体性をカリブ海の視点から論じる。ナサニエル・マッケイによるインタビューにおいて、彼はこう発言する。「カリブ海的経験を探求していくとですね（……）、詩や散文的な構想や物事［を使うの］です。たとえば『ミサイルとカプセル』という本がありますが、これはカリブ海の歴史をこのふたつのアイコンという観点から考察しようとするものです。イギリスの人々はそのような構想に興味がない、と私は言われました。なぜかはわかりませんが、その構想がキャリバンからきているからではないでしょうか」[*6]。彼の「ミサイル」と「カプセル」というふたつの対立項を用いた思想の結晶は、西洋には思い描くことができないものだった。それは、奴隷制に晒されながらも主体性を保ち続けたアフリカ人奴隷の人々が、カリブ海に染み込ませた円環性の文化である。西洋の直線的な歴史観では、この円環性を肯定的に捉えることができないのだ。

ウォルコットやグリッサン、ラミングらと共にカリブ海思想に貢献し、後世に引き継がれる理論的概念の数々を編み出したブラスウェイトは、彼らと同様に直線的な歴史記述に抗い、海をカリブ海が持つ存在論的不純性の母型隠喩として愛する。カリブ海という世界に散らばるヨーロッパ、アフリカ、アジアの文化的断片が手を取り合う場としての海における潮の満ち引きの動きは、ブラスウェイトにキャリバンの叡智を授けるのである。

ミサイル文化とミサイル的意識

西洋哲学が思い付きもしなかったキャリバン由来のカリブ海思想の具体的な概念としてブラスウェイトが挙げている「ミサイル」と「カプセル」は、『ミサイルとカプセル』(*Missile and Capsule*)という本で披露された。この本は、彼のキャリバニズム溢れる思索的な論考のひとつ「カリブ海文化　ふたつのパラダイム」("Caribbean Culture: Two Paradigms") を収録している。現在ではこの本自体の入手はほぼ不可能だが、ミサイルとカプセルというふたつのパラダイムは、他の作品においてもブラスウェイトの思想を支え続け、カリブ海思想全体に多大な影響を与えている。

ブラスウェイトは、「低開発の隠喩　エルナン・コルテスへの序文」("Metaphors of Underdevelopment: A Proem for Hernan Cortez") と題された難解な論考において、ヨーロッパに関する文学が、探検家のように常に到達点へ向かっていくような、ある種の定められた動作性・方向性を再現していると語る。つまり、西洋文学が直線的な動きによって支配されているということだ。そして、彼はこのような文化的傾向をミサイルにたとえる。「私はその特定の文化を『ミサイル文化』と特徴づけよう。

その象徴は、城、槍、矢、ゴシック様式の大聖堂の尖塔、超高層ビル、そして今やミサイルそのものだ」。この文化は直線的で、いつも攻撃的であり続け、ある形で絶えず何かを「必要とする」。というのも、「自身の中で力が集中しすぎてしまっているため、その周囲を消費する必要がある」からだ。ミサイル文化は、常に標的となる他者を必要とする。そしてこの他者に向かって直線的に飛び続け、着弾し、破壊するのだ。西洋の煌びやかな文明の繁栄は、他者であれば標的として破壊して搾取することを是認するその文化的傾向の裏返しである。ブラスウェイトはこう述べる。「ロケットが打ちあがると、周辺がその爆風によっていつも破壊されるだろう。同様に、ヨーロッパが拡張し、強大に、帝国主義的になると、（……）燃やし尽くす／消費する地域はますます広がっていく。まずはその近辺（ヨーロッパ内での戦争のことだ）、それからさらにますます遠くへ。追い求めてゆく、植民地主義へ。そして、我々の黒い領域へ」[*7]。

西洋のミサイル文化が世界規模で究極の形で現れたのが、奴隷制を支柱とした大英帝国の重商主義である。『MR　マジカル・リアリズム』（*MR: Magical Realism*）というなんとも晦渋な挑戦的著作で、ブラスウェイトは「ミサイル的ヨーロッパ＋もうひとつのルネッサンス＝重商主義」（"Missilic Europe + the alterRenaissance = Mercantilism"）という等式を提供する。大英帝国の重商主義は、アフリカの人々を標的にし、奴隷としてカリブ海へ連行しプランテーションで労働力として搾取することで国富を増産することを美徳とした、西洋の典型的なミサイル的経済思想である。ブラスウェイトは、この思想が、ヨーロッパに再びルネッサンスをもたらしたと皮肉を込めて表現しているのである。彼に言わせれば、重商主義というミサイル的経済思想には、ヨーロッパ特有の「燃料消費型の様式」が備わっている。コロンブスの「発見」に始まり、それに続くカリブ海での奴隷制によるプランテーション経営を通して、イギリスは国民国家として「資本主義的・産業主義的・帝国主義的」に発展していった。その「もうひとつのルネッサンス」によって形成された西洋中心的な「イデオロギー・哲学・実践」こそが、非西洋をひたすら標的とし、人々を燃料のように消費していくミサイル文化なのである。[*8]

このミサイル文化は、『テンペスト』においてはプロスペローの人物像に象徴されている。プロスペローというミサイルは、キャリバンが住む島のすべてを標的、つまり我が物にしようとする。ブラスウェイトによる『テンペスト』読解を解説するジョージ・ヤンシーによれば、プロスペローは「ミサイルというものの価値観を体現している。彼もまた、なじみのないものを征服し、先住の人々を、邪悪な魔女や獣のような怪物といった存在論的に固定化された役割に押し込んでいくのだから」[*9]。劇中でも、キャリバンは「まだらの化け物」、「悪魔が鬼ばばあに産ませた奴隷」、「悪魔の化け物」（直訳では「暗黒の物」）と表象される。[*10] ヤンシーが言うように、プロスペローの目を通して評されるキャリバンは、「仕えるために飼われているのろまな物である。彼は悪の根源とみなされる。彼は悪人である。彼は生まれつき邪悪で、野蛮人であり、意味も言葉も持っておらず、下劣な人種の生まれである」[*11]。プロスペローは、西洋人としてのアイデンティティを人間の理想的存在の根拠と認識する。だからこそ、理想的な人間の自分が島の所有者に相応しく、この理想的な人間の枠組みに入らない先住のキャリバンは劣った他者であり、奴隷であることが当然なのだ。この論理は、ヤンシーが指摘するように、「植民地主義者の言説である。それは、『非文明的な野蛮人』、つまり獣じみた暴力や原始的なコミュニケーション、それに性的放縦に走りがちなやつら、解剖学的に未発達（あるいは過発達）で、『本当の』人間にふさわしい複雑な思考過程を持たない人々の土地に『啓蒙』（……）をもたらさんとするものだ。ヨーロッパの社会的想像の中では、非ヨーロッパ人は衛星、もしくはヨーロッパの重力制御によって軌道を維持する月でしかなかったのである」[*12]。

プロスペローのようなミサイル文化を享受する人々、またそれを実践する人々を、ブラスウェイトは「ミサイル的意識」（"missilic consciousness"）の保持者と見なす[*13]。「カリブ海、新大陸、帝国の海外領におけるヨーロッパに関すること。西洋（"Occidental"）（偶然（"accidental"）とは程遠い）文化がミサイルに形を変えた理由。それは、クリストファー・コロンブスが大西洋横断に成功した瞬間から意識の変化が起こったからである」[*14]。コロンブスの「発見」の瞬間から、西洋の意識はミサイル的意識へと変化した。この意識を持つ人々は、他者を標的としか思えないようになる。これはサルトルやセゼールによっても指摘されている。サルトルはファノンの『地に呪われたる者』の序文でこう述べている。「この傲慢不遜なヨーロッパ人は、自分の偉大な権力と、この権力を失いはしまいかという恐れに逆上して、自分が以前に人間であったこともうろ覚えになっているのである。彼は自分を一本の鞭、一丁の銃と見なしている」[*15]。同様に、セゼールは『植民地主義論』においてこう主張する。「いかなる人間的接触もなく、あるのは支配と従属の関係だけであり、その関係は植民地化する側の人間を一兵卒、曹長、看守、鞭に変え、原住民側の人間を生産のための道具に変える。今度は私がひとつの方程式を提案する番だ。植民地化=物象化と」[*16]。常に標的を必要とする西洋のミサイル文化は、それを実践する人々から「人間的接触」の機会を奪い、ミサイル的意識を持つ人々に彼らを変えてしまうのである。セゼールはマルクス主義の「物象化」という概念を利用しているが、物どころか「武器」と「標的」という残酷な関係に人々を変形してしまうのが、ブラスウェイトがとらえたミサイル文化の性質である。

ブラスウェイトに従って、ヤンシーはこう述べる。「弾丸、大砲、ロケット、核爆弾、複数弾頭兵器、これらはミサイル的意識の産物であり、権力と自分中心の世界を欲求するプロスペローの手によるものである」[*17]。つまり、そこにいる存在が人間であろうと躊躇なく直線的にその他者(標的)に向かっていく武器は、ミサイル的意識の象徴である。プロスペローとキャリバンの関係に見られるように、西洋と非西洋が出会う瞬間は、すでにこのミサイル的意識によって決定されていたのだ。西洋にとっては、他者である非西洋はすでに標的だった。非西洋は自分たち人間が住むことのできない領域であり、そこにもし存在するものがいるとしたら、それらは文明から見放された劣等な存在である。それゆえ自分たちがミサイルのようにその地域に着弾し、支配し、教育することで、文明をもたらすことができる。このような一方的な思い込みが、ミサイル的意識である。この意識に支配されているからこそ、他者との遭遇において西洋人は武器を用いることを躊躇わず、虐げることに何の迷いもなかったのだ。ブラスウェイトによる西洋文化のミサイル的傾向の暴露は、なぜ西洋と非西洋がラヴレイスの言う「相互歓待」を、あの遭遇の瞬間にし損ねてしまったかを私たちに想像させてくれるのである。

カプセル文化

「低開発の隠喩」において、ブラスウェイトは西洋のミサイル文化について語る一方で、アフリカの伝統がベースとなったカリブ海文化を「カプセル文化」として説明し、ミサイル文化に対置させる。「その生活の象徴は円である。アフリカがその主な生活の源であり、モデルである。太鼓は丸く、踊り手は輪を描いて踊る。村とその家も丸い。この形は(表面的に?)変わるものだし、白人の屋敷も残ってはいるが。老人たちは輪になって農場に座る。村々は車輪のような性質で取り囲む。そして時間は車輪である。祖先、精霊、子(……)」。カプセル文化の傾向は、その形に象徴されるように、直線ではなく円環である。他者を標的として直線的に侵略する西洋のミサイル文化と、アフリカをクレオール化の「沈み込んだ母」として持ち、円環的に人々を包み込むカリブ海のカプセル文化の対置は、ヤンシーが言うように、「人間の関係性」に対するプロスペローとキャリバンの意識の違いを示している。[*18]

キャリバンはカプセル文化の実践者である。彼を島に残していったのは、シコラックスという名前の母親であり、魔女と称される人物である。彼女はアルジェリアから追放され、島へと連行され遺棄された。その時彼女はすでに妊娠しており、その後キャリバンが生まれた。彼らが最初の住民となったその島は、ゴンザーローが言うように、「大自然はひとりでに豊かにかぎりなく五穀を実らせ、幼子のように無心に遊ぶ人々を養ってくれる」環境を保っていた。[*19] シコラックスが死んだ後、ひとりこの島で暮らしていたキャリバンは、プロスペローと娘のミランダがやってきた際、ふたりを敵視することなく、むしろ歓迎したのである。島中を案内し、「清水の湧くとこ、塩水のたまるとこ、穀物の実るとこ」へ連れていき、自然からの恵みのありかを教え、彼らを歓迎した。[*20] ミサイル文化のように自分とは異なった外見をしている存在を決して標的とせず、その場で迎え入れたキャリバンは、直線的ではなく円環的な関係性を築くカプセル文化を実践しているのである。

しかし皮肉なことに、ラミングが言うように、「この生まれつき備わっていた歓迎する傾向が、キャリバンを難事に陥らせる」。[*21] 島の所有者であると標榜するプロスペローに対し、キャリバンは彼を歓迎した当初を思い出しながら、こう発言する。「だいたいこの島は俺のもんだ、おふくろのシコラクスが残してくれたのに、おめえが横から奪いやがったんだ。おめえははじめてここにきたとき、おれをかわいがり、大事にし、木の実の入った飲み物をくれた、昼間の大きな光はなんと言い、夜の小さな光はなんと言うかも教えてくれた、だからおれもおめえが好きになり、島のことはなんでも教えてやった（……）ばかな話さ！」[*22]キャリバンが望んだ人間の円環的関係性は、プロスペローの直線的な意識によって破壊される。西洋のミサイル文化は、ヤンシーが主張するように、「受け入れようとする円環の可能性を妨げ、代わりにミサイル型侵略、領土の簒奪、爆発して四散するような破壊、散乱、そして植民地支配に導くのである」[*23]。それゆえ、キャリバンに出会った段階で、プロスペローは「すでに、相互に尊重する可能性を損なってしまっていた。彼はすでに、彼とこの島の先住民との間に相互の（肯定的な）構成性を生み出すことに関する可能性を思い描く空間を制限してしまっていたのだ。彼は植民者としてこの島におり、自らを主権者とみなしている。彼は生物学的にも存在論的にも最適な存在なのだ」[*24]。この「相互に尊重する可能性」や「相互の（肯定的な）構成性」は、ラヴレイスが呼ぶ「相互歓待」と繋げて考えてもいいだろう。カプセル文化の実践者であるキャリバンは、来訪者を「相互歓待」で迎え入れようとしたのだ。しかし、プロスペローは「人間である西洋人」の自分こそがこの島の主人に相応しいとし、その円環性の可能性を破壊したのである。

プロスペローとキャリバンの遭遇と相克は、このようにカリブ海におけるミサイル文化とカプセル文化の衝突を象徴している。キャリバンのように円環の中に迎え入れようとしても、ブラスウエイトが「コロンブスの長年のいとこども」と呼んで表現するミサイル的意識の持ち主たち、つまり西洋の侵略者たち、植民地主義者たち、そして帝国主義者たちは、ミサイルのように標的である他者に着弾し、現地の生活や文化をすべて破壊する。[*25] プロスペローとキャリバン以来、ミサイル文化の直線的傾向性は、勢いが衰えるどころか、重商主義、自由主義、帝国主義という資本主義の発展の中で成長し、世界中に蔓延している。それでも円環の可能性、すなわち「相互に尊重する可能性」を信じて人間の関係性を築いてゆくには、「相互歓待」を実現するには、どうすべきなのか。どこから始めるべきなのか。カリブ海思想家としてのブラスウェイトの審美眼は、カリブ海の文化の総体としての海に向く。

弁証法と弁潮法

ブラスウェイトにしてみれば、ミサイルとカプセルというキャリバンの叡智に西洋が興味を持てないのは、西洋思想が伝統的に直線性という美学に支配されているからである。「カリブ海文化ふたつのパラダイム」において、ブラスウェイトはヘーゲル的な弁証法に直線性のイデオロギーを見出し、それを西洋の典型的なミサイル的意識の産物であると批判する。「弁証法の『成功』、それは統合命題である。というのも、弁証法はまたひとつの、ひとつのミサイル、つまり進化を遂げるひとつの方法なのだ。遠く・前へと（"farward"）。しかし、円環の文化における『成功』とは、中心から外周へと動き、また戻ってくることだ。つまり干満のある弁証法である（……）」[*26]。ヘーゲルにおいては、世界史は東から西に向かって進み、西の終わりつまり西欧でその頂点に達するという直線的な進歩史観によって、その解釈が示されている。このような唯物史観的思考方法、簡単に言えばあらゆる物事の本質や真理、統合命題に最終的に到達することを目的とした思考方法を、ブラスウェイトはミサイル的だとするのだ。物事に真理が必ずあると想定すること、そしてその真理へ到達するための進歩を遂げるのを希求することはつまり、常に標的がそこにあると思い込むということだ。キャリバンからカリブ海思想家たちが受け継いだ叡智は、このような直線的進歩主義を拒否する。どこかに到達するのではなく、波に身を任せ、潮の満ち引きのように進んでは戻る。そこには偶然による出会いがあるのみで、真理のような到達点はない。また潮の満ち引きのように、円環のイメージを描きながら海をたゆたう。ブラスウェイトはこのようなカリブ海的な円環性の実践方法を、「弁証法」(dialectics)と「潮の干満」(tide)を掛け合わせて、「弁潮法」(タイダレクティクス:"tidalectics")と呼ぶ。[*27] クレオライゼーションの経験を糧にしたカリブ海は、直線的に真理を目指す動きを拒否し、その稀有な混淆性を永遠の過程とし、その中で変化し続けるのである。

プロスペローの直線的な意識を形成した西洋のミサイル文化が弁証法的なのだとしたら、他者を迎え入れたキャリバンの円環的な意識を育んだカプセル文化は弁潮法的である。ローナ・バーンズは、カリブ海が育んだこの円環的な思考方法、すなわち永遠に円を描きながら変化を受け入れ続ける意識を拒絶してしまうような理論は、たとえポストコロニアルを標榜していようとも、西洋中心主義的な価値観に縛られてしまっていると批判する。「ヘーゲル的哲学が存在に対して生成を強調したところで、それは依然として統合命題、つまり単一や統一の実現への進歩を象徴する生成なのだ。（……）ポストコロニアル理論は、対立あるいは存在論的欠如を通して否定的に差異を構築し続けることによって、現代思想の支配的な様式としてヘーゲル的弁証法を保存するだけではなく、強調的に帝国主義的世界観に縛られ続けているのだ」[*28]。バーンズは、ヘーゲル的な弁証法による思考方法がカリブ海という世界においては失敗する理由をふたつ挙げる。ひとつは、帝国主義的イデオロギーが機能する対立構造（命題と反対命題）をそれが維持してしまっていることだ。そしてもうひとつは、それが差異を乗り越えるべき対象として扱ってしまっていることである（統合命題）。最終的に到達する真理に向かう動きはミサイルのように直線的であり、クレオライゼーションという変化を永遠に続く過程として経験することができないのだ。つまり、弁証法に基づいた意識では、結局カリブ海における多様性を、「真理へ到達するための直線的動き」によってまとめあげ、「一」にしてしまいかねない、ということだ。

ウォルコットは、カリブ海の人々にとって海が歴史であるのは、海での動きが「円環であり、海ではそう感じることができる」からだと述べた。この円環的な世界認識は、カリブ海に住まう「海の人々」が、植民地支配に耐えながら海を見続けることで育んだ、非直線的な潮の満ち引きを反映した意識である。この弁潮法的な意識は、何かを標的にすることなく、円環的な関係性へと自己と他者の互いを歓迎する。ブラスウェイトに従えば、プロスペローとキャリバンが、あの遭遇の瞬間に「相互歓待」を行うには、つまり「相互に尊重する可能性」を実現するには、プロスペローがミサイル的意識を捨て去り、弁潮法的な意識をもってすべてを包み込み、変化を許容する円環的な人間関係へと身を任せることが必要だったのだ。ヤンシーはこう述べる。「プロスペローは、キャリバンの目に映る自分を他者として見ることができなかったのだ。このふたりの関係は、相互認識、おそらくは認識の弁潮法（前後に進む、繰り返しの動き）が必要なのだ。恐らくそれが、プロスペローと彼／彼らが植民地化した人々の間に、根本的に異なる形の社会性と相互主観性の力学を可能にするだろうから」[*29]。

ブラスウェイトをはじめとしたカリブ海思想家たちは、奴隷制、年季奉公制、植民地支配を経験してきたカリブ海という世界では、直線性ではなく円環性こそが、その時間的・空間的な特殊性を表現できると主張する。ブラスウェイトのミサイル、カプセル、そして弁潮法といったカリブ海思想から私たちが学ぶべきことは、私たちの意識が常に標的を探してはいないか、ミサイル的意識に支配されてはいないかと、自省的に自分たちの思想を何度でも問い直すことの重要性である。私たちは他者と遭遇する時、接する時、抱きしめる時でさえ、その他者を標的としてはいないだろうか。誰かを蹴落としながらどこかへ到達しようとするのではなく、真理を証明しようとするのでもなく、ただ潮の満ち引きに合わせて海をたゆたいながら、互いに手を取り合えないだろうか。

＊1 Kamau Brathwaite, quoted in Nathaniel Mackey, "An Interview with Kamau Brathwaite," in *The Art of Kamau Brathwaite*, ed. Stewart Brown (Glamorgan, Wales: Seren, 1995), 16.

＊2 José David Saldívar, *The Dialectics of Our America: Genealogy, Cultural Critique, and Literary History* (Durham: Duke University Press, 1991), 123.

＊3 Lamming, *Pleasures*, 102.

＊4 エメ・セゼール「もうひとつのテンペスト　シェイクスピア『テンペスト』に基づく黒人演劇のための翻案」、『テンペスト』、本橋哲也編訳、砂野幸稔、小沢自然、高森暁子訳（東京：インスクリプト、２００７年）、21、81。

＊5 Roberto Fernández Retamar, *Caliban and Other Essays*, trans. Edward Baker (Minneapolis: University of Minnesota Press, 1989), 14.

＊6 Brathwaite, quoted in Mackey, "Interview with Kamau Brathwaite," 30-31.

＊7 Kamau Brathwaite, "Metaphors of Underdevelopment: A Proem for Hernan Cortez," in *The Art of Kamau Brathwaite*, ed. Stewart Brown (Glamorgan, Wales: Seren, 1995), 250.

＊8 Kamau Brathwaite, *MR: Magical Realism*, vol.1 (New York: Savacou North, 2002), 193, 196.

＊9 George Yancy, *Look, a White!: Philosophical Essays on Whiteness* (Philadelphia: Temple University Press, 2012), 92.

＊10 ウィリアム・シェイクスピア『テンペスト』、小田島雄志訳（東京：白水社、１９８３年）、34、37、１５３。

＊11 Yancy, *Look, a White!*, 95.

＊12 Ibid.

＊13 Ibid., 84

＊14 Edward Kamau brathwaite, "Caribbean Culture: Two Paradigms," in *Missile and Capsule*, ed. Jürgen Martini (Bremen: University of Bremen Press, 1983), 33.

＊15 ジャン＝ポール・サルトル「序」、『地に呪われたる者［新装版］』、鈴木道彦、浦野衣子訳（東京：みすず書房、２０１５年）、16。

＊16 エメ・セゼール『帰郷ノート／植民地主義論［第二版］』、砂野幸稔訳（東京：平凡社、２０２２年）、１４７（強調原著者）。

＊17 Yancy, *Look, a White!*, 88.
＊18 Ibid., 89.
＊19 シェイクスピア『テンペスト』、62。
＊20 同書、38。
＊21 Lamming, *Pleasures*, 114.
＊22 シェイクスピア『テンペスト』、38。
＊23 Yancy, *Look, a White!*, 92 (original emphasis).
＊24 Ibid., 93 (my emphasis).
＊25 Brathwaite, "Caribbean Culture," 23.
＊26 Ibid., 42.
＊27 Ibid.
＊28 Lorna Burns, *Contemporary Caribbean Writing and Deleuze: Literature between Postcolonialism and Post-Continental Philosophy* (London: Bloomsbury, 2012), 35-36.
＊29 Yancy, *Look, a White!*, 92.

第10章

ニヒリズムに抗うクロス・カルチュラルな想像力

カリブ海的身体と幻肢

他者の抹殺とニヒリズム

「独特な存在が持つ価値は、(……)ニヒリズム的想像力の中で闕乏してゆく」。[*1] ガイアナ出身のウィルソン・ハリスは、カリブ海作家の中でも非常に多産な作家であり、数多くのアイディア豊富なエッセイや挑戦的な小説を世に送り出した。彼の作品を貫いているのは、カリブ海のクレオライゼーションの経験から生まれるクロス・カルチュラルな想像力がニヒリズムを凌駕する、という信念である。彼の作風はマジック・リアリズムと呼ばれ、彼の難解な作品が見せる不可能なことが次々と起こる非現実的な世界観は、押し付けられた現実に創造/想像で抗うカリブ海の思想を映し出す。

ニーチェは『権力への意志』の序文において、19世紀の段階でこう述べている。「私の物語るのは、次の2世紀の歴史である。私は、来たるべきものを、もはや別様には来たりえないものを、すなわちニヒリズムの到来を書きしるす」。[*2] 彼が予告するように、大恐慌、ファシズムの台頭、ふたつの世界大戦、冷戦、そして感染症の蔓延などを経て、私たち人間は次第に世界に肯定的価値を見出す能力を失い、人生を生きる意味を見失うようになってしまった。ハリスは、カリブ海がヨーロッパの植民地支配から次々と独立していったにもかかわらず、「西洋といわゆる第三世界におけるニヒリズムの進展」という世界的潮流から逃れることができなかったと述べる。[*3] ニヒリズムは政治的な問題であるばかりでなく、人間存在の根幹に深く関わる哲学的な問題でもある。ハイデガーは、『形而上学入門』において、ニヒリズムが現存在の中心を蝕むことを認識し、「本来のニヒリスムス」が働くのは存在においてだと主張する。「それは人々が普通の存在者に執着して、存在者はとにかく存在しているのだから、従来どおり存在者を存在者と考えればそれで十分だと思っているような所においてである」[*4]。そして、彼はニーチェに応答する形でこのように述べている。「だがこのことによって存在についての問いは退けられ、存在は無（nihil）のごとくに扱われる。もっともこの無も実は、それが現成するかぎりではやはり或る仕方で『ある』のだが。存在を忘却してただ存在者だけを扱うこと――これがニヒリスムスである。この意味でのニヒリスムスこそ、ニーチェが『力への意志』の第一書で明示したあのニヒリスムスの根拠である」[*5]。ニヒリズムは政治的態度を意味するだけでなく、存在の可能性に対する不信、否定、忘却を餌食にして育つ。言い換えれば、自分の人生に価値や意味はないという諦念から、存在の可能性を忘却の中に消し込み、存在への問いをやめ、彼らの日常生活に没頭できるようにするのである。ニヒリズムの時代に、私たちは自分自身の存在の価値や意味、あるいは可能性に対して、まさに不信を抱いている。

ハリスは、カリブ海においてもニヒリズムが実存的なレベルで広がっていることを指摘する。彼は、ジーン・リースに関する論考「精神のカーニヴァル　ジーン・リースの『サルガッソーの広い海』」において、こう述べる。「ニヒリズムは（……）存在の核心にある根強い偏見を糧にしている」[*6]。彼はこの偏見に、『空間の母胎　クロス・カルチュラルな想像』（*The Womb of Space: The Cross-Cultural Imagination*）という著書で、「純粋性の偏見、他者の抹殺による純粋性」という表現を与えている。[7] 植民地主義は、カリブ海をヨーロッパ、アフリカ、アジアから様々な社会的、文化的、宗教的、人種的背景を持つ集団が衝突、接触する舞台に変えた。そこで発生したクレオライゼーションという永遠に続く変化の過程に参加する人々は、前例のない言語、民族、文化の混淆を経験している。いわば、自分という主体の中に、数えきれない他者が存在しているのである。そこで生まれる「純粋性の偏見」であるニヒリズムとは、つまりは自分の中の「他者の抹殺」によって、自らの存在論的不純性を浄化することを望む精神である。それが叶わなければ、ナイポールの『ものまね人間』(*The Mimic Men*) におけるラルフ・シンのように、自分の存在がいかに無意味かと絶望するのである。

ハリスは、カリブ海思想が私たちの存在の核心にあるこの純粋性の偏見を克服し、ニヒリズムに対抗する可能性を信じている。彼がクロス・カルチュラリズムと呼ぶものは、ニヒリズムに抗う想像力を育む空間を提供する。ニヒリズム的想像力と異なり、クロス・カルチュラルな想像力は、カリブ海の存在論的不純性の肯定的価値と意味を反映する。これにおいて、ハリスはウォルコットやブラスウェイト、グリッサンたちと軌を一にしていると言えるだろう。ハリスの思想は、カリブ海における異文化・異文化間の衝突、交流、そして混淆によって生成される特別な想像的ヴィジョンを、「ニヒリズムを破る」ことのできる抵抗的手段として描くのである。[8]

死者とリアリズム

ハリスの思想において特筆すべき点は、「他者の抹殺」というニヒリズムに抵抗する手段を生者と死者との想像的な交流に見出したことだ。ヘナ・マース＝イェリネクのインタビューにおいて、彼は「生者は現実逃避やニヒリズムという方法で活気のない状態に陥るのですが、死者がいわば生者に帰ってくることによって、それに対処するための鋭い洞察がもたらされるのです」と述べている。[*9] 彼のマジック・リアリズム的作品においては、たびたび死者が想像力を通じて生者のもとに戻ってくる。たとえば「カーニヴァル三部作」の最終作である『空間の河の四つの岸』（*The Four Banks of the River of Space*）では、主人公のアンセルムが夢を見ていると、その夢の中で突如亡き兄カナイマが彼を訪れる。そしてアンセルムはこう問いかける。「なぜ生ける屍が、平和な夢を乱すために戻ってこなければならないのか？」[*10]。

ハリスにとって、カリブ海のニヒリズムの問題の核心は、生者の死者への態度にある。ハイデガーによる存在論は、「死去したもの（死者）」と「たんに死んだもの（死体）」の間に洞察に満ちた区別を提供している。[*11] この存在論において、死は生者から死者への変容の瞬間、すなわち滅びる瞬間を示す。「生きものが終ることを、わたしたちは、死留めと名づけました」[*12]。死者は生物学的には身体や臓器が機能しなくなった時点で滅びることになる。しかしハイデガーは、死者である現存在、あるいは死者としての現存在は、心臓が止まったところで「決して死留められない」と主張する。つまり、死んだ者は生物学的な意味で世界を去ることになるが、存在論的には死んだ現存在として生者とともに世界に残るということだ。「死者とのそのような共同存在において、死去したもの自身は、もはや事実的に〈現〉に在りません。とはいっても共同存在は、つねに同じ世界のうちでの相互存在を意味しています。死去したものは、私たちの『世界』を捨て、また後に残したのです。その『世界』からして、留まっているものたちは、なおかれとともに在ることができるのです」[*13]。死者が生者に残す世界は、彼らがかつて存在していた場所である。死者が滅んだ後も、世界には死者にまつわる場所や建物、墓などが存在し、それらの遺物や遺跡を媒介として、死者は生者のもとに留まるというわけだ。このように、死者、つまり現存在としての死者は、私たちとの相互存在を構成しているのだ。つまり、私たちは「死者との共同存在」として存在しているのである。

しかし、奴隷制や年季奉公制を通して、被支配者たちの祖先の地や文化との連続性を断ち、彼らに生きた痕跡を留めさせることもしなかった自分たち植民地支配者側の所業を何ひとつ顧みることなく、遺物や遺跡などの存在を当たり前のように語り、死者との繋がりを論じる言説には、西洋中心主義的な驕りがあるのではないか。西洋の身勝手な欲望に虐げられ続けたカリブ海では、人々は非人道的な環境下で苦役を強制され、自由な文化的活動も難しく、何かを世界に留めることも許されなかった。そのような地域での生者と死者の繋がりを、西洋社会の人間を普遍的な「人間」として語る存在論をもって何の反省もなく論じてしまっては、帝国主義的価値観の再生産、そしてカリブ海の更なる他者化に加担してしまうことになるのではないだろうか。マルドナード＝トレスが言うように、現代では存在が植民地的側面を持つ。ならば、死者との共同存在をめぐる存在論は、その西洋中心主義的な言説をカリブ海思想によって解呪される必要がある。

カリブ海において死者は、ハリスが「他者の抹殺」と呼ぶニヒリスト的想像力の犠牲となっている。カリブ海の知識人の中には、死者に対しニヒリズム的な態度を示す者もいる。西洋帝国主義と植民地主義は生まれた土地や文化から人々を引きはがし、彼らを奴隷や年季奉公者としてカリブ海に流し込み、ひたすら働くことを要求した。それゆえナイポールやパターソンといった知識人は、カリブ海には文化的遺産や歴史的遺跡がなく、残された人々は祖先を失ったと考えるのである。ナイポールは、インドの年季奉公労働者の子孫として生まれ、祖先の伝統を見いだせない状況に自身の存在の消滅の恐怖を経験する。『インド・闇の領域』(*An Area of Darkness*)では、祖先の国であるインドを訪問し、自分の存在が伝統や歴史の上に成り立っていることを確認できるインドとのつながりを掘り起こそうとした。しかし、そこで彼が見たものは、子供時代のインドに対する幻想とは裏腹に、汚さと貧困と混沌だけだった。この幻滅的な体験から、彼は自らを「インドとは切り離された存在であり、過去もなく祖先ももたない英領植民地人」と定義するようになる。[*14]

インド系のナイポールと同様に、アフリカ系のパターソンもカリブ海には祖先がいないと考える。

『古跡の不在』において、パターソンは主人公のブラックマンに物語の結末でこう自覚させる。「私には、特筆すべきものは何もない。私には過去がない（……）。私の祖先は、もし存在していたとしても、何の記録も残していないのだ」。[*15] つまりブラックマンは、自分の存在を故郷、文化、そして死んだ祖先からも切り離された根無し草でしかないと認識するのである。パターソンは、「西インド人であることは、まったく過去のない状態で生きることである」と述べるほど、ニヒリズム的価値観を内面化している。[*16]『世界の奴隷制の歴史』（*Slavery and Social Death*）では、カリブ海に送り込まれた奴隷はただ死に去り、子孫に何も残さなかった。それゆえカリブ海では古跡が不在なのだと論じる。カリブ海の奴隷たちは、彼に言わせれば「系図の上で（……）まったくのひとり」（“a truly genealogical isolate”）なのである。[*17] そしてそうであるからこそ、カリブ海に産み落とされた奴隷の子孫たちは、「まったく過去のない状態」にある孤児であるというのだ。

奴隷は雇用はされるが、社会的に死んだ人間として定義されるのである。あらゆる生得的「権利」をはく奪される奴隷はまぎれもなく正当な社会的身分に所属しなくなったのである。すべての奴隷が、少なくとも世俗の破門を経験したのである。

奴隷は彼の両親や血縁関係に対するあらゆる権利と義務を否定されるだけでなく、さらに、何世代も前の祖先や子孫に対する権利や義務も否定された。（……）。生存している人びととの社会的関係のなかで公式に孤立していた彼は、文化的には祖先の社会的遺産からも孤立していた。確かに、彼には過去があった。しかし、過去は遺産ではない。棒きれや石ころを含めすべてのものには歴史がある。奴隷は自分の祖先の経験を自分の生に自由に統合できない、社会的現実についての理解を自然の祖先から継承した意味で満たすことができない、生きている現実を意識的な記憶の共同体に定着させることができない、という点で、他の人間とは異なっていた。[*18]

死者に対するこのようなニヒリスト的姿勢は、ハリスにとっては、ダリル・カンバー・ダンスによるインタビューにおいて、彼が「リアリスト的誤謬」（"realist fallacy"）と呼んだ態度そのものである。[*19] ナイポールやパターソンに代表されるニヒリズム＝リアリズムは、まさにボウが言うカリブ海の「目に見えない歴史」に飛び込んでいくこと、つまり遺産や遺跡など目に見えるものではない死者とのつながりを想像して経験することを拒否した態度である。西洋の直線的記述によって押し付けられた実証主義的な歴史に抗い、想像力で死者と共に存在していることを感じることが、ハリスは必要だと信じている。アレホ・カルペンティエール、ガブリエル・ガルシア・マルケス、ホルヘ・ルイス・ボルヘス、カルロス・フエンテスといったラテンアメリカ作家のマジック・リアリズム的作品のように、ハリスの難解な作品は、想像性豊かなカリブ海の物語を描き出している。ハリスは「クレオール性　ある文明の岐路?」（"Creoleness: the Crossroads of a Civilization?"）という非常に重要な論考で、こう述べている。「私たちが必要とするのは、物語である。それは私たちに直線的な進行というものがいかに偏ったものであるかを感じ取らせ、私たちを（純粋に知的な実験よりもむしろ）創造性の真の段階へ連れていき、私たちに想像力の未完の起源において過去、現在、未来の同時性を見せてくれる物語だ」[*20]。

文化的四肢切断と幻肢

カリブ海文学研究者でグリッサンの翻訳者でもあるJ・マイケル・ダッシュは、カリブ海文学の「核心は身体である」と論じている[*21]。様々なカリブ海の芸術家がジャンルを問わずカリブ海的身体論に貢献する作品を世に送り出してきたが、その中にあるひとつの共通のテーマが見られる。それは、ベルナベ、シャモワゾー、コンフィアンらクリオリテ派が、『クレオール礼賛』において、「文化的な四肢切断」という言葉で表現したものである[*22]。カリブ海を身体としてとらえ、ヨーロッパ、アフリカ、アジアという祖先の国から奴隷制や年季奉公制によって強制的に引きはがされ、繋がりを断たれること、すなわち祖先を失うことを四肢切断にたとえる視点が、カリブ海思想においては共有されている。つまりカリブ海にとって四肢切断とは、奴隷制時代の身体的な罰を示すだけでなく、人々のルーツの切断も意味するのである。たとえばセゼールは、「彷徨の詩」（“Lay of Errantry”）において、植民地主義がアフリカ人を暴力的に母なる大地アフリカから根こそぎ引き抜いたことに対する悲痛を詩的に具現化している。「引き裂かれたものすべてが／私の中で引き裂かれた。切断されたものすべてが／私の中で切断された」[*23]。セゼールは、“mutiler”（英語ではmutilate）という「四肢を切断する」を意味する言葉を選択しているが、この言葉には何か重要なものや本質的な部分を奪う、破損するという含みもある。アフリカという本質的な部分を引き裂かれた身体という像に対し、詩人は失われた四肢の回復を求めて嘆くのである。

ラミングは、小説『木の実の入った飲み物』（*Water with Berries*）において、ナイポールをイメージしたインド系のロジャー・カピルデオを登場させる。ロジャーはカリブ海の架空の島サンクリストバルで有名な音楽家として成功していたが、ロンドンに移住してからは貧しく生活している。それでも、彼は自分が生まれた島に愛着を感じず、帰りたいとも思っていない。「ロジャーは自分とサンクリストバルとの間にどんなつながりも認識できなかった。歴史が彼の根を他の人間の土壌から切断し（"amputated"）、偶然にも島と呼ばれる時間の領域に彼を置いていったように思えたのだ」[*24]。ロジャーが感じる切断という身体的イメージは、ナイポールのニヒリズム＝リアリズムの反映である。ラミングは、「名誉会員」と題された演説で、西洋の価値観を内面化した中流階級の人々や批評家たちを批判し、こう述べる。「あの怠惰な批評家たちにとって、過去は切断された手足のようであり、彼らはそれを埋葬され忘れ去られるべきものとして扱います。そしてそれを復元するべきだという私の主張に文句を言う。自分たちの題材となる社会に対して彼らは真剣に、批判的に関心を払ってはいないのです」[*25]。ラミングはカリブ海の切断された四肢、つまり祖先の土地との繋がりを回復する可能性を芸術において表現するが、ナイポールのような西洋中心的な価値観に浸った知識人たちは、その切断を当然のものと受け止め、その状況を変えようとはしない。カリブ海のニヒリズムは、このように切断された四肢、祖先の土地、死んでいった人々に対する思想に現れる。

四肢切断は、モーリス・メルロ＝ポンティが存在論的身体論によって紐解いた幻肢の問題に繋がる。ハイデガーが世界内存在と呼ぶ私たちの存在は、世界に対する私たちの身体的な経験を前提としている。身体なしには、私たちは世界と関わることができず、そこに存在するものに触れることも、取ることも、食べることも、聞くことも、感じることも、解釈することも、見ることさえもできない。「身体とは世界内存在の媒質であり、身体をもつとは、或る生物体にとって、一定環境に適合し、幾つかの企てと一体となり、そこに絶えず自己を参加させてゆくことである」[*26]。身体を通して世界に向かって存在する私たちのエネルギーを、メルロ＝ポンティは「実存衝動の或る種のエネルギー」と呼ぶ[*27]。四肢を失った人々が幻肢痛を経験するのは、身体を流れていた実存のエネルギーが消え去ることを拒否するからである。それゆえ幻肢は、「抑圧された経験とおなじく、まだ過去になりきってしまわない旧い現在」として現れる[*28]。身体を通して世界を認識した記憶は、幻肢として私たちの中に湧き上がるのである。「どんな記憶も失われた時をふたたび開き、それが喚起する状況を再現するよう、われわれに呼びかけるからである」[*29]。

メルロ＝ポンティが提供する理論だけでは、カリブ海における文化的四肢切断に対する幻肢経験の意味の核心には手が届かない。ハリスは、創作を通して「切断／再接続」（"dis-memberment/re-memberment"）という身体的な表現を打ち出す。[*30]この表現が意味するのは、植民地支配によって切断（dis-member）された四肢を再接続（re-member）する想像力は、現実的な記録を越え創造的な記憶を呼び覚ます（remember）、ということだ。小説『カーニヴァル』においても、ハリスは「切断しながらも、再接続する機会を与える断片、切除、打撃」について触れている。[*31]彼の「切断／再接続」のヴィジョンが描くのは、カリブ海には歴史がなく、人々は先祖との繋がりも失ったというニヒリスト＝リアリスト的態度に抵抗し、切断された四肢を幻肢として再接続するカリブ海によるクロス・カルチュラルな想像力だ。

「カリブ海とガイアナにおける歴史、寓話、そして神話」（"History, Fable and Myth in the Caribbean and Guianas"）というカリブ海思想において大きな価値を持つ論考において、ハリスは四肢切断と幻肢という経験を、リンボーダンスとカリブ海の身体性に接続する。リンボーダンスとは、身体を反らせて四肢を広げながら、水平に渡された棒の下をすり抜けてゆく踊りである。棒は次第に低くなり、踊り手はさらに四肢を広げて、限られたわずかな空間をくぐり抜けようとする。今ではカリブ海の民俗的な踊りとして受容されており、カリプソなどの音楽のリズムにのりながら踊り手は棒の下をすり抜ける。リンボー（limbo）は英語の「身体をしなやかにする」（limber）という単語がクレオール化した形であるという説があり、この文化自体はトリニダード発祥であるとする説がある。しかしハリスが頼るのは、リンボーダンスは奴隷船内の黒人たちの動きが由来であるとする説である。船底に呼吸をするほどの余地しか許されないほど詰め込まれた黒人たちは、そのわずかしかない空間でジタバタと四肢を動かす。その動きは西アフリカから伝わりカリブ海で語り継がれる民話におけるトリックスターの蜘蛛、アナンシーの姿のようだった。彼らはトリックスターの姿を模倣し、中間航路を生き延びたのである。

ハリスは、奴隷たちによるこの擬態の動きをリンボーダンスの起源とし、リンボーダンスは新世界への入り口であり、ある種の脱臼（“dislocation”）を反映していると語る。「それ

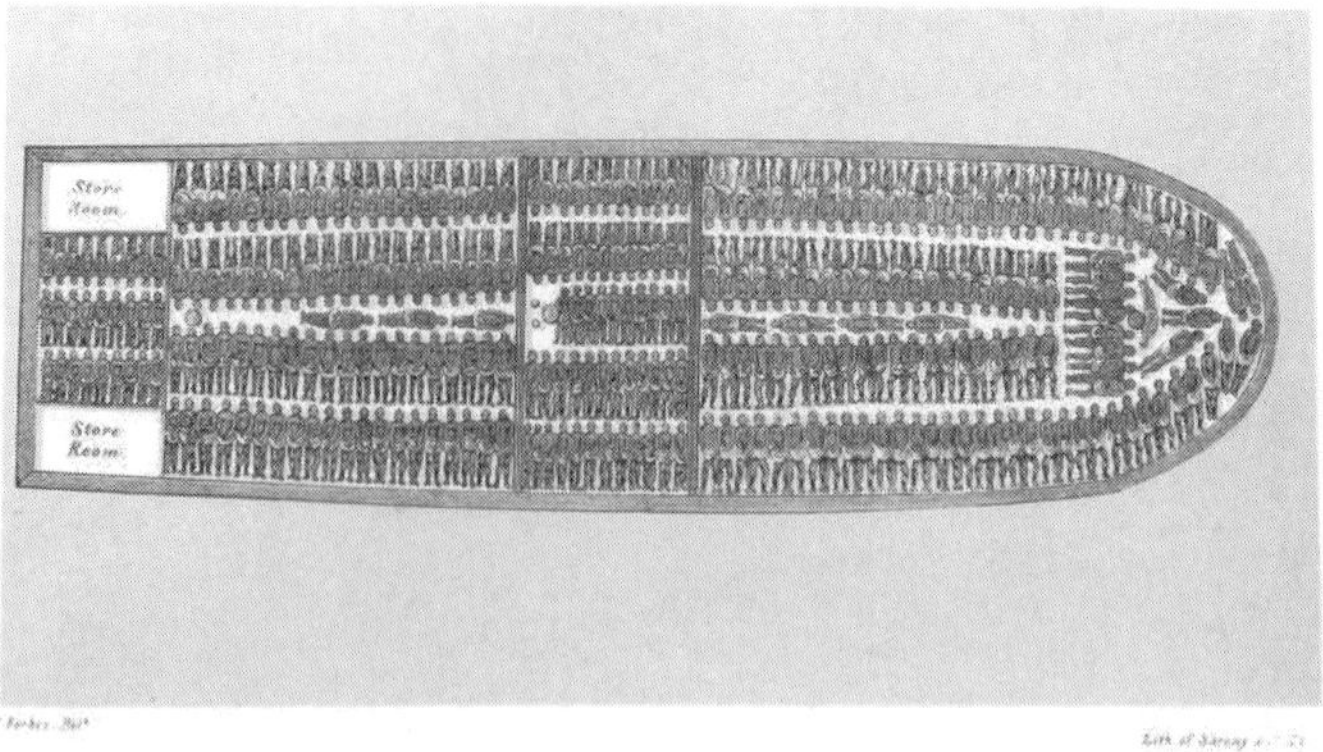

奴隷船内の様子

は、ある意味で、旧世界からの典型的な大変容（"sea-change"）であり、（……）一種の共有された幻肢（"limb"）とリンボー（"limbo"）を掛け合わせるのは正当であると私は感じる」[*32]。中間航路を経た奴隷たちは、アナンシーの擬態をして新世界へ入ることにより、元々のアフリカ的身体にある意味で脱臼を生じさせる。つまり、彼らはカリブ海的身体へと変容を遂げたというわけである。これをハリスは「蜘蛛的変容」（"spider metamorphosis"）と呼ぶ[*33]。この経験から、ハリスはリンボーダンスが決してアフリカ由来というわけではないとする。それは彼にとっては、奴隷船に民族の違いにかかわらず詰め込まれた奴隷たちが、祖先の土地との繫がりを断たれながら、狭い空間でアナンシーのようにもがきつつ身体によって作り出した、特殊な文化的創造物なのである。

この経験に、ハリスは「切断／再接続」の可能性を見る。カリブ海の人々の「蜘蛛的変容」を遂げた身体は、奴隷制や年季奉公制によって切断された歴史、祖先、文化をどこかに痛みとして常に感じている。カリブ海的身体性は、この失われた四肢を幻肢として想像し、再接続するための思想的挑戦の舞台なのだ。ハリス的な幻肢によって再統合される新しいカリブ海の身体は、様々な他者の祖先的繫がりや歴史的、文化的記憶を抹殺することなく受け入れる、クレオール的でクロス・カルチュラルな身体なのである。奴隷たちが生み出したリンボーダンスは、今を生きるカリブ海の人々の幻肢の象徴なのだ。

我々がそれを始めるまでに何世代か必要とした。まさにそれが始まろうとしている。（……）四肢切断された奴隷と神の幻肢の中に、潜在意識的に眠ったままの資源をいかに活性化させるか理解し始めるのだ。その活性化は、世界に轟く新たな詩的総合体へと繋がる大きな将来性の核心を握っているのだ。

というのも、リンボーというのは（強調しすぎても足りないぐらいだ）、アフリカ的過去を完全に記憶回復することではないからだ。部族それぞれの独立という観点から見たアフリカ的過去は、中間航路とそれにつづく何世代もの変化によって改変され、トラウマのように隠されてしまった。リンボーは、むしろ新しい感受性を持つ身体の再生であり、それは様々な文化の集まった新しい構造の中で、アフリカや他の遺産を翻訳しながら順応させていく。たとえば、幻肢というテーマ、つまり四肢切断された人間と神というのは、エジプトのオシリス、復活したキリスト、インドの多腕の神などと原型的な共鳴がある。[*34]

カリブ海思想家たちは、直線的に進む大文字の歴史には残らず死んでいった人々を想像で回帰させ、彼らを一部とした身体を創造することに価値を見出す。言い換えれば、彼らは植民地支配によって切断された様々な人種、文化、歴史を幻肢という形で想像し、クロス・カルチュラル的に内包するクレオール的な身体性を持つカリブ海の身体を描くのである。ハリスと同じようなマジック・リアリズムの名手であるジャマイカ人作家のナロ・ホプキンソンは、カリブ海の歴史が、祖先の地の言語や習慣、信仰を「切り落とす」（"chop away"）ことを余儀なくされた人々の歴史であると主張する。[*35] そして、ハリスを思わせる言葉を選びながら、こう述べる。「しかし、言語、習慣、信仰は成長するものである。切り落とそうが、山芋のようにまったく新しい芽を出すだけだ。再接続するということ（"To re-member"）は、物語の手足（"the limbs of a story"）を組み立て直し、再び全体を作り上げることである。（……）その手足は、何世紀にもわたって切断されてきた（"dis-membered"）行為をとらえ、紡ぐための枝の数々となる」。[*36]

植民地支配によって切断されてもなおカリブ海的な、ハイブリッドな身体を「再接続」する想像力の必要性は、環カリブ海的に共有されている。そしてその身体論の価値は、現代に蔓延るニヒリズムに抵抗する。現実というあまりにも重く耐え難い世界を目の前にし、自分たちの存在に肯定的意味や希望を見出せなくなった現代に、カリブ海思想は眩い詩学を解き放つのだ。ハリスはこう述べる。「世界を苦しませているものを経済的に解決することはできないだろう。独創性ある芸術の手が、凝り固まった不公平や偏見を切り開き、私たちの数々の先入観のまさに核なるものに届くまでは」。[*37]

＊1 Wilson Harris, *Selected Essays of Wilson Harris: The Unfinished Genesis of the Imagination*, ed. A. J. M. Bundy (New York: Routledge, 1999), 216.

＊2 フリードリッヒ・ニーチェ『権力への意志（上）』、原佑訳（東京：筑摩書房、１９９３年）、13（強調原著者）。

＊3 Wilson Harris, "Carnival of Psyche: Jean Rhys's *Wide Sargasso Sea*," *Kunapipi* 2, no. 2 (1980): 149.

＊4 マルティン・ハイデッガー『形而上学入門』、川原栄峰訳（東京：平凡社、１９９４年）、３２９。

＊5 同書（強調原著者）。

＊6 Harris, "Carnival of Psyche," 149.

＊7 Wilson Harris, *The Womb of Space: The Cross-Cultural Imagination* (Westport, CT: Greenwood, 1983), 93.

＊8 Wilson Harris, "The Fabric of the Imagination," *Third World Quarterly* 12, no.1 (January 1990): 186.

＊9 Wilson Harris, quoted in Hena-Maes Jelinek, "An Interview with Wilson Harris," *Caribana* 3 (1992): 28.

＊10 Wilson Harris, *The Carnival Trilogy* (London: Faber and Faber, 1993), 270.

＊11 マルティン・ハイデガー『存在と時間（中）』、桑木務訳（東京：岩波書店、１９９１年）、２１０。

＊12 同書、２２６（強調原著者）。

＊13 同書、２１１（強調原著者）。

＊14 V・S・ナイポール『インド・闇の領域』、安引宏、大工原彌太郎訳（京都：人文書院、１９８５年）、１７９－80。

＊15 Patterson, *Absence*, 146.

＊16 Orlando Patterson, "Recent Studies on Caribbean Slavery and The Atlantic Slave Trade," *Latin American Research Review* 17, no. 3 (1982): 258.

＊17 オルランド・パターソン『世界の奴隷制の歴史』、奥田暁子訳（東京：明石書店、２００１年）、32。

＊18 同書。

＊19 Wilson Harris, quoted in Daryl Cumber Dance, *New World Adams: Conversations with West Indian Writers*, 2nd ed. (Leeds: Peepal Tree Press, 2008), 87.

＊20 Harris, *Selected Essays*, 244.

＊21 Michael J. Dash, "In Search of the Lost Body: Redefining the Subject in Caribbean Literature," *Kunapipi* 11, no.1 (1989): 20.

＊22 ベルナベ、シャモワゾー、コンフィアン『クレオール礼賛』、67。

＊23　Aimé Césaire, "Lay of Errantry," in *The Collected Poetry of Aimé Césaire*, trans. Clayton Eshleman and Annette Smith (Berkeley: University of California Press, 1983), 255.

＊24　Geroge Lamming, *Water with Berries* (London: Longman Caribbean, 1971), 70.

＊25　George Lamming, "The Honourable Member," in *The George Lamming Reader: The Aesthetics of Decolonization*, ed. Anthony Bogues (Kingston, JA: Ian Randle Publishers, 2011), 104.

＊26　M・メルロー＝ポンティ『知覚の現象学（1）』、竹内芳郎、小木貞孝訳（東京：みすず書房、1967年）、147-48。

＊27　同書、144。

＊28　同書、154。

＊29　同書。

＊30　Wilson Harris, *Resurrection at Sorrow Hill* (London: Faber and Faber, 1993), 134.

＊31　Wilson Harris, *Carnival Trilogy*, 270.

＊32　Harris, *Selected Essays*, 157.

＊33　Ibid.

＊34　Ibid., 158（original emphasis）.

＊35　Nalo Hopkinson, *Whispers from the Cotton Tree Root: Caribbean Fabulist Fiction* (Montpelier, Vermont: Invisible Cities, 2000), 1.

＊36　Ibid.

＊37　Harris, *Selected Essays*, 251.

第11章

カリブ海のポストモダンの地平　カリビアン・カオス（前編）

カオス理論を用いてカリブ海を謳え

カリブ海思想家たちは、クレオライゼーションの経験をカリブ海共通の美学として確立することに関心を寄せてきた。特にスペイン語圏のベニーテス＝ローホー、仏語圏のグリッサン、そして英語圏のハリスは、ポストモダンな理論的枠組みを応用して、それぞれカリブ海の独自性の表現を試みてきた。ベニーテス＝ローホーは『繰り返す島』で、ドゥルーズの「反復」と「機械」という概念を用いて、カリブ海諸島全体で繰り返される、隠れた歴史的、文化的パターンを見出している。グリッサンは、ドゥルーズとガタリが「始まりも終わりもない、いつも中間、もののあいだ、存在のあいだ、間奏曲」と説明する「リゾーム」という概念に着目する。[*1] ドゥルーズとガタリは、アイデンティティを本質主義的に固定化するような起源やルーツという考え方を否定する哲学的な思考を提唱している。グリッサンは『〈関係〉の詩学』において、ドゥルーズとガタリを意識しつつリゾームを用いて、本質主義や還元主義を退け、カリブ海の人種的、民族的、そして言語的な特有さ、繋がりや連鎖を強調する。そしてハリスは、カリブ海のクレオライゼーションについて、「かすかな繋がりの感覚、自身の中に潜在する一連のかすかで不明瞭な繋がりの連鎖」を知覚できるかどうかが鍵であると指摘する。[*2]

環カリブ海思想のポストモダンの地平を探究するベニーテス＝ローホー、グリッサン、そしてハリスが、言語圏の壁を越えて、カオス理論というひとつの戦略を共有していることは注目に値する。

カオス理論とは、もともと科学や機械の分野で生まれた理論で、些細な偶然や初期条件の変化が予測できない結果を生むこと、つまり、あらゆるシステムの目に見えないほどの微細な誤差がカオス的な結果を生むことを説明しようとするものである。この理論の先駆者としては、フランスの数学者アンリ・ポアンカレがよく挙げられる。彼は三体問題と呼ばれる問題を扱った際、軌道が不安定で予期せぬ周期運動を示し、推定の初期条件のわずかな違いを伴うと必ずしも定点に到達しない、というカオスの典型的な例を観測している。しかしカオス理論が実際に形を取り始めるのは、ポアンカレによるカオス現象への接近から70年ほど後のことだった。1961年にアメリカの気象学者エドワード・ローレンツが、気象学のコンピューター・モデリングにおける初期条件のわずかな違いによって引き起こされるカオス現象を発見し、1963年に「決定論的非周期的な流れ」という論文を投稿する。そしてこの論文がアメリカの物理学者ジェイムズ・A・ヨークの手に渡る。彼は大学院生のリー・ティエンイエンと共同でローレンツの発見の一般化を試み、1975年に「周期三はカオスを意味する」という論文を発表する。これを機に新しいパラダイムとしてカオス理論は脚光を浴びるようになり、メディアでも取り上げられるようになった。*3

ベニーテス＝ローホー、グリッサン、ハリスたちは、それぞれカオス理論に触れた瞬間、自分たちが紡いでいるカリブ海思想にその科学的言説がどれほど適切なものであるかに衝撃を受けたという。ベニーテス＝ローホーは、あるインタビューでこう述べている。

１９８６年、吹雪の中時速15マイルで車を走らせていた夜、私はラジオをつけました。NPR放送局では、ジェイムズ・グリックという人物がインタビューされていました。彼は「カオス」という新しい科学について話していたのです。私は数学が得意で、彼がブノワ・マンデルブロとフラクタル数学について話していたので、そのテーマに大いに興味を持ちました。そのインタビューは、私にとって啓蒙のようなものでした。今まで学んできたことが、今やカオスの理論の中で語られているのだと即座に思ったのです。そして、『繰り返す島』が誕生したのです。[*4]

ここで理解すべきなのは、カリブ海思想家たちがカオス理論の雑な真似事をしているというわけではないということだ。カオス理論が彼らにとって重要なのは、彼らが「今まで学んできた」こと、つまり自分たちがカリブ海という世界での経験を通してすでに得た知識を記述するための「モデル」を、それがもたらしたからだ。カオスという概念は、カリブ海という世界の不安定で非線形なダイナミクスの背後にあるパターン、つまり無秩序の中の秩序をどう表現するかを探る手段あるいはメタファーとなる。それを用いて、カリブ海のポストモダン思想は、ベニーテス＝ローホーが言うように、「カリブ海を（……）その無秩序のもとに自身を繰り返す規則性が存在する乱流系として」語るのだ。[*5] この章では、ベニーテス＝ローホーとグリッサンによるカオス理論の詩学的応用を解説する。

カリブ海の「差異と反復」

ベニーテス＝ローホーとグリッサンは、西洋によるカリブ海を劣った他者と表象する「人間」に関する言説に亀裂を入れるために、カオス理論を取り入れる。その中でも、「差異」や「反復」というポストモダン的概念は、最も重要である。ベニーテス＝ローホーは、カオス理論のカリブ海研究への適用可能性に言及する際、こう述べている。

私はこう考えている。このような科学分野の最近の関心は、数学的推測やホログラフィーに負うところが大きいが、それに伴って、ある哲学的態度（偶然性と必然性、特殊性と普遍性という概念の新しい読み方）をもたらすものであると。それは少しずつ他の知識分野にも浸透していくに違いない。

（……）カオスは、繰り返し、再生し、崩壊し、展開し、流れ、回転し、振動し、滲み出てゆくものすべてに関心を払う。太陽系の進化にも株式市場の暴落にも同じように関心を寄せ、心臓の不整脈にも小説や神話にも同じように関わってゆく。このようにカオスは、純粋科学が社会科学とつながり、その両方が芸術や文化的伝統とつながってゆく空間を提供するのである。[*6]

ベニーテス＝ローホーによれば、カオス理論は「繰り返し、再生し、崩壊し、展開し、流れ、回転し、振動し、滲み出てゆく」すべてのものに同じように関心を払い、同じように扱う。[*7] ここで彼が言う「繰り返す」とは、ドゥルーズが「同一的なものから解放され、否定的なものから独立するようになった純粋な諸差異」を常に伴う反復のことである。[*8] つまり、繰り返し現れるものを同一のもの、もしくは類似のものとする「再現＝表象」のシステムの中で否定性として思考される差異の反復ではなく、新しいものを要求することを止めない「反復の本来の力」を持った反復だ。[*9] ベニーテス＝ローホーは、自身のカオスの言説において、「あらゆる反復は、必然的に差異、そして無への一歩を伴う実践である」と主張している。[*10] カリブ海は、この「繰り返し」が実践される世界なのだ。グリッサンも、「反復とは、ここでもよそでも、認識の形式として広く認められている」と述べ、カリブ海における反復の概念の妥当性に同意している。[*11] 繰り返すことは、グリッサンいわく、「ずっと以前からあなたが語ってきたことを、休みなく反復すること。無限小の跳躍に、おそらくは気づかれないままあなたの知のうちで執拗におこなわれる付加に、同意すること」である。[*12] カリブ海思想にとってカオス理論は、反復という現象が単なる同一のものの繰り返しではなく、常に差異と変化の産出であることを主張するための手段なのだ。

カリブ海にとって、同一性に基づく言説はいかなるものでも、変化や差異の可能性を排除する限りにおいて否定的な意味合いを持つ。カリブ海を含んだ全世界を覆う西洋思想のヘゲモニーは、そのような不確実性の否定と排除の政治学によって発展してきた。グリッサンが言うように、「西欧では、神話でも叙事詩でも、隠された動機（結果）は血統であり、血統の働きが単線的時間の上で展開し、つねに一つの投射を、企図を、引き起こす」。[*13] 西洋思想は「〈一〉の諸哲学」を優劣の物差しとし、正しいひとつの血統を持つ者を理想的人間と定め、雑種性を持つ者を否定する。[*14] この西洋中心的言説は、存在論的不純性を備えるカリブ海を劣った他者、啓蒙が必要な野蛮人、搾取の対象という存在否定の場に固定し、西洋列強の帝国主義的拡大の政治的な拠り所となった。ベニーテス＝ローホーとグリッサンは、西洋の〈一〉の諸哲学に見られる同一性への希求に対して、カリブ海思想の核に差異を伴う反復を据える。それは、「事実上西洋によって押し付けられた文化的同一性がすべてを覆う世界から、断片化された多様性のあるパターンへの通路」だとグリッサンは考えている。[*15] カオス理論は、カリブ海思想にとって新たな希望である。というのも、カオスという現象が見せる反復が、カリブ海という世界におけるクレオライゼーション、つまり永遠に続く変化の過程を肯定的に経験してゆく道を開くことができるからである。

ベニーテス＝ローホーとグリッサンは、アイデンティティが固定的なものでも静的なものでもないと主張する。彼らにとっては、それは流動的に永遠と繰り返していくものなのだ。カリブ海は、決して何物にも固定されず、クレオライゼーションという差異と変化を伴う永遠の反復の過程にある。この点を強調するために、グリッサンはドゥルーズとガタリからリゾームという概念を借りる。

グリッサンにとって、リゾームは彼が「〈関係〉の詩学」と呼ぶものの基礎を確立するものである。「リゾームという概念は、根をもつという事実は変わらないものの、全体主義的な単一の根は拒否する。このリゾームという考え方こそ、私が〈関係〉の詩学と呼ぶもの――それによってすべての同一性は〈他〉との関係に開かれてゆく――の原則なのだ」[*16]。したがってグリッサンの〈関係〉の詩学は、血統ではなくリゾーム的な「同盟」に由来している。ドゥルーズとガタリいわく、「樹木は血統であるが、リゾームは同盟であり、もっぱら同盟に属する」[*17]。カリブ海は、グリッサンの言う「〈世界というカオス〉」であり、誰もが他者と同盟を結ぶことでアイデンティティを流動的に変容していく地域なのである。

カリビアン・カオスの初期条件と偶然性

グリッサンによれば、「〈世界というカオス〉の諸形態（共通の尺度を生みえない諸文化の攪拌）は、予測不可能でもあり、また察知しうるものでもある」[*18]。この矛盾こそ、カオスの基本的な性質である。グリッサンは、カオスの予測不可能性と察知可能性の矛盾を説明するために、コンピュータ・ウイルスをメタファーとして選ぶ。コンピュータ・ウイルスはあらゆるシステムに埋め込まれた事故を生み出すコードだが、その事故はシステム自体にすでに埋め込まれている可能性があり、したがって予測は不可能であると主張する。

（……）すべての「ウイルス」（すべての事故）は、一つのコンピュータ・システムに、外部から注入されるものだ。けれどもまた、それがシステムそのものによって分泌されている可能性もあるらしい。この場合、それはシステムが「思考している」ということ、事故とは結局その本質に組み込まれたものなのだということの証拠になる。（……）それは〈カオス〉の侵入の徴、すなわちシステムの非同期的な性格の、決定的な指標ともなる。[*19]

コンピュータ・システムにおけるウイルスのように、事故はすでに最初からどんなシステムにも組み込まれている。しかし、それはプログラムという目に見える表面の下に潜んでおり、それゆえに、カオスの形態、あるいはグリッサンの意味での〈世界というカオス〉の矛盾した性質がある。

グリッサンによるコンピュータとウイルスのメタファーは、カリブ海におけるカオス理論の応用の核心を突いている。カリブ海が経験するクレオライゼーションという永遠に続く変化の過程は、偶然性がプログラムの下に潜んだシステムなのだ。ベニーテス＝ローホーは、『繰り返す島』の初版のエピローグで、科学者たちが「バタフライ効果」と呼ぶものに触れている（第2版ではこの言及はなくなっている）。この効果は、1972年にローレンツが「予測可能性　ブラジルの一匹の蝶の羽ばたきが、テキサスに竜巻を起こすだろうか」と題して行った講演で知られるようになった。蝶の羽ばたきのようなどんなに小さく些細な現象であっても、大きな変化や差異に発展し、結果としてカオスを引き起こすという仮説である。ベニーテス＝ローホーいわく、バタフライ効果という観点は、カリブ海の多様な文化を引き起こしたアフリカの影響を語る際に、アフリカ人奴隷の総数など目に見えるものばかりでなく、その世界にあった微細な要因の数々にも批判的に注意を向けることの重要性を認識させてくれる。

「バタフライ効果」と呼ばれる現象は、かつて奴隷制が営まれていた植民地だった社会の現在の文化におけるアフリカ的要素の程度の差が、かつてそこに住んでいた奴隷の総数に依存するのではなく、むしろプランテーションがつくられた日付や、植民地に住んでいた奴隷解放民、逃亡奴隷、または私役奴隷の割合など、細かい変数によって決まることを立証するのに、私にとって有益であった。[*20]

人間の科学的思考は古典力学、特にニュートン力学の影響を受けてきた。イアン・スチュアートが述べるように、ニュートン以降、「2世紀以上にわたり、ニュートンの法則は自然の根本を記述する究極の法則として君臨した」。[*21]この力学では偶発性の可能性は排除され、「初期条件」が現実とその未来をすべて決定する。つまり、この世界を理解する上で、私たちは部分と全体が同一であるのが自然の摂理であるという前提に立ってきた。それは、スチュアートの言葉を使えば、「カオスが秩序に屈したことを意味していた」。[*22]しかしカオス理論は、いわゆる「初期条件への鋭敏な依存性」、すなわち初期条件に些細な事故が加わるだけで大きな変化をもたらすことに対する洞察力の重要性を強調する。ベニーテス＝ローホーによれば、現代のカリブ海でアフリカの影響を示す多様な文化の初期条件はアフリカ人奴隷の総数であるが、その初期条件に「プランテーションがつくられた日付や、植民地に住んでいた奴隷解放民、逃亡奴隷、または私役奴隷の割合」など、目に見えないコンピュータ・ウイルスのように微細な偶発性が潜むことで、アマゾンの蝶の羽ばたきが嵐を引き起こすように、後にカリブ海文化のカオス的な多様性と創造性へと発展したのである。

カリブ海に強制連行されたアフリカの人々の生活という初期条件に、そのような小さな偶然の数々が重なることで、カリブ海の文化の多様性が生み出された。ベニーテス＝ローホーとグリッサンは、その文化の稀有な力学が切り拓く全世界の未来像を夢想する。

そのときわれわれが部厚い循環性のうちに想像するのは、ある〈カオス〉を開示してくれる美学であり、それはいかなる規範の単純さにも還元不可能であり、そのもっともささやかな細部すら総体に劣らぬ複雑さをもっている。その各部分の一つ一つは、他のすべての部分に関わりのある運動を描きだす。さまざまな人々の、それぞれの歴史が、この力学にゆきついたのだ。それぞれの歴史は、この全体の動きに参加するために、みずからの運動を止めなくてはならないわけではない。なぜならそれらの歴史は、すでにそこに登記されているのだから。けれどもそれらがそこで「共与する」ことができるようになるのは、みずからの単線的欲動のみにしたがうという態度を捨てて、地球全体の力学に同意したときだ――自己断絶と新たな接続の、実践によって。[*23]

グリッサンは、カリブ海の文化的力学が「地球全体の力学」に突き進むことを期待している。つまり、カリブに住まう「海の人々」が世界に対して誇示するクレオール的な思想は、すでに白だろうが黒だろうが黄だろうが世界中の人々の心の中に潜んでおり、そのリゾームとしての文化的根は、ベニーテス＝ローホーの言葉で示せば、世界で「繰り返し、再生し、崩壊し、展開し、流れ、回転し、振動し、滲み出てゆく」。ベニーテス＝ローホーとグリッサンは、互いにグローバルな視点を共有しているのである。ベニーテス＝ローホーはまた、カオス理論を用いて得られたカリブ海の分析が、世界的な文脈にも適用可能であることを確信している。「私たちがすでに自然として認識しているものに群がる（無）秩序の中で、世界的に繰り返される動的な状態や規則性を観察することは可能である。（……）実のところ、カオスが観察される領域は極めて広大である」[*24]。ベニーテス＝ローホーとグリッサンが提出したカオス理論によるカリブ海詩学の実践は、カリブ海の多様性の力学を明示するだけでなく、地球規模の相互接続と文化的相互作用という未来像をも描き出しているのだ。

カリブ海のストレンジ・アトラクタ

ベニーテス＝ローホーとグリッサンは、差異と反復、もしくはクレオライゼーションという変化の過程のメタファーとしてカオスを扱うことで、カリブ海思想におけるポストモダンの地平を似たような形で展望する。しかしながら、カリブ海思想の知の巨人であるふたりの間には、違いもある。グリッサンがよりグローバルな相互依存性という文脈でカリブ海詩学を語る一方で、ベニーテス＝ローホーはカリブ海全体に共通するパターンを見出すことでその世界の文化的特異性を強調する。ベニーテス＝ローホーは、カリブ海の分析によって「世界的に繰り返される動的な状態や規則性を観察することは可能である」と考えているが、同時にカリブ海と他の地域との区別化を図っている。彼の究極の目的は、カリブ海性とは何かを把握し、カリブ海を謳うことである。この試みにおいて、カオスという視点ほど有益なものは彼にはない。

ある地域を他の地域と区別するような文化的特異性を見いだそうとする文学批評家にとって、カオスの視点は大きな利点をもたらす。ノイズと乱流を直視して共通の力学を見出すその方法は、ある特定地域の文字記号の一続きが完全に無秩序だったり絶対的に予測不可能だったりするわけでもないことを理解させてくれる地理的モデルを示してくれるのだ。それはむしろ、「ストレンジ・アトラクタ」の流入に反応するものである。そのコード内では、力学が決まった動きをする傾向があり、それゆえ規則的に繰り返される、自己言及的な形象を描く。カリブ海の場合、最も重要な「ストレンジ・アトラクタ」はプランテーションである。それは文学や音楽、芸術の継続性を予測することを可能にする。[*25]

カオス理論は、システム内に「ストレンジ・アトラクタ」として機能する点があるとする。ベルギー系フランス人の物理学者であるダヴィッド・ピエール・ルエールは、オランダの数学者フロリス・ターケンスと共同で流体の乱流の性質について研究し、乱流がカオス的で不規則な振る舞いをする一方で、ある点でその形状を維持することができることを明らかにした。つまり、乱流が発生すると、必ずその引き合う点を通過して発達するのである。ルエールとターケンスはその点を「ストレンジ・アトラクタ」（もしくは「ローレンツ・アトラクタ」）と名付けた。ルエールはこう述べている。「今日われわれがカオスと呼んでいるのは、初期条件に強く依存するような時間発展のことだ。その意味でストレンジ・アトラクタ上の運動はたしかにカオスである」。[*26] ベニーテス＝ローホーは、このストレンジ・アトラクタがあるからこそ、つまり無秩序の中に秩序があるからこそ、カリブ海においてカオスが観察できると考えている。カリブ海のカオスには、多様な文化の中にあっても、ある種の連続性やパターンを形成する点が存在する。

ベニーテス＝ローホーにとって、カリブ海性を探究する上で最も重要なのは、ストレンジ・アトラクタとしてのプランテーションである。多くの歴史家がプランテーションについて多数の文献を残している現在では、プランテーションに着目するのはありきたりに思える。しかし、ベニーテス=ローホーのプランテーションのモデルは、ドゥルーズとガタリが展開した「機械」という概念に由来している。プランテーションは、コロンブスがアメリカに到着して以来、この諸島全体で稼働してきた機械なのである。「この機械、この並外れた機械は今日も存在する。つまり、絶えず繰り返されているのだ。それは『プランテーション』と呼ばれるものだ」。[*27] この機械は、「プランテーションそのものの存在だけでなく、その使用と乱用から生じる社会のタイプをも示す」ことを意味する大文字のPで始まる「プランテーション」（"Plantation"）を作り出す。[*28] プランテーションは、カリブ海の多様な文化の乱流の中ヨーロッパ系、アフリカ系、アジア系すべてのカリブ海の人々の共通の植民地体験を組織化する焦点なのだ。

カリブ海文化のポリリズム

「ヨーロッパ、アフリカ、そしてアジアの要素がプランテーション内で衝突して生じた」カリブ海文化には、ベニーテス=ローホーがカリブ海の歴史を通して繰り返していると考える連続性やパターンが存在する。[*29] つまり、文化的混合に由来する連続性、あるいはベニーテス・ローホーが「超混合的文化」と呼ぶものが、カリブ海の多様な文化形態を貫いているのである。[*30] 彼によれば、パフォーマンスとリズムはカリブ海文化の中核をなすものであり、それらに注意深く目を向けることで、カリブ海文化の「繰り返し」がどのようなパターンであるかを垣間見ることができる。

彼らの文化のある種の力学もまた、どこにも到達することなく繰り返しながら、時の海を航海する。これを2つの言葉で言い表すなら、「パフォーマンス」と「リズム」であろう。それにもかかわらず、私はさらに何かを付け加えなければならないだろう。それは、私たちが「ある種の方法で」(“in a certain kind of way”)と呼んでいる概念である。それはそれ自体を再生産し、終末やら暴力やらを昇華させる欲望を持ち運ぶ遠い何かである。そしてそれはパフォーマンスから生まれ、非常に特別な方法で自分のものにする不明瞭な何かである。[*31]

ベニーテス=ローホーが示すパターンは、カリブ海の人々の「終末やら暴力やらを昇華させる欲望」である。「カリブ海のパフォーマンスは(……)暴力が過剰する状態から方向を変える提案をする、カーニヴァル的なカタルシスを求める大衆に向かっている」。[*32] したがって、プランテーションにおけるヨーロッパ、アフリカ、そしてアジアの要素の衝突によって発展したカリブ海の文化は、カリブ海の人々の「社会的暴力を昇華させる欲求」として機能し、それによって植民地主義がもたらした人種間・文化間の緊張を緩和させるのである。[*33]

そしてそのような暴力を消化させるカーニヴァル的パフォーマンスには、カリブ海のリズムが不可欠である。これを、ベニーテス=ローホーは「ポリリズム」と捉える。

いずれにせよ、ポリリズム（リズムが他のリズムによって横断され、さらにそれも他のリズムによって横断される）という概念は、カリブ海文化の機械を特徴づけるパフォーマンスの種類をしっかり定義することができるかもしれない――もしそれが中心的なリズムが他のリズムによって変位されもはや中心にはならず、流動的な状態へと超越するところまで私たちを誘ってくれるならば。[*34]

ある中心的なリズムが他のリズムに浸食され、そうしてできあがった複雑なリズムも、また他のリズムに浸食される。そうして重層的に構成されるポリリズムは、カリブ海のプランテーションでヨーロッパ系、アフリカ系、アジア系の人々のリズムが衝突することで混合した複数性のリズムに相応しい概念である。英語圏、仏語圏、スペイン語圏という言語圏によって経験や歴史は違えども、パフォーマンスとリズムはカリブ海文化における環カリブ海的なパターンとして共有されているのだ。

グリッサンにとっては、カリブ海のカオスにストレンジ・アトラクタがあるかどうかは問題ではなく、むしろ、〈世界というカオス〉すなわち〈関係〉の全体性がカリブ海に現れていることが重要である。「私としては、カリブ海のことを、世界でも関係がもっとも明らかに目に見える場所の一つとして、関係がみずからを強化するように見えるエクラの地帯の一つとして、あげることにしよう。エクラという単語は、ここでは『閃光』と『炸裂』の、二重の意味で考えてほしい」[*35]。グリッサンはカオスをカリブ海の多様性のメタファーとして使うことを意図しているが、乱流たるカリブ海の多様な文化をひとつの定点に引きつけるストレンジ・アトラクタに関する明確な理論展開はしていない。これは、グリッサンがカオス理論に不誠実であるということではなく、ベニーテス・ローホーとの理論的差異のひとつに過ぎない。

しかし、ベニーテス＝ローホーがカリブ海文化のパターンと見定めたポリリズムという概念は、グリッサンのカリブ海詩学にも含まれている。グリッサンは、ベニーテス・ローホーが十分に考察しきれなかったプランテーションにおける文化的衝突の結果のひとつ、すなわちクレオール語について重要な視点を残している。ベニーテス＝ローホーは、カリブ海の言語的カオスには、グリッサンほど注意を払ってないように見える。グリッサンにとって、プランテーションシステム外でカリブ海のクレオール語が発展することは不可能だった。というのもクレオール語は、西洋によって押し付けられた言語をアフリカ系の人々が自身のリズムによって変異させることにより形成されていったものであり、そして、プランテーションの奴隷の間で、主人に彼らの言うことを理解されないようにカモフラージュする言語として発展したからである。

話すことが禁じられていたので、奴隷たちは叫び声が含む挑発的な強さの下に言葉をカモフラージュしていた。ただの叫び声にしか見えないその言葉の意味を、誰も翻訳することはできなかった。それは野生動物の鳴き声に過ぎないと受け取られたのだ。こうして、すべてを奪われた人間は、一見無意味に見える極端な騒音が持つ質感の中に言葉を織り込んで、自分の言葉を紡いでいったのである。

（……）クレオール語はもともと、開けっ広げな表現によって自らを隠す一種の謀略である。たとえば、クレオール語が囁かれることがあっても（というのも囁きとは、暗闇に適合するように叫びを繕い直したものだから）、呟かれることはほとんどない。その囁きは外部の環境によって決定される。そしてその呟きは話し手による決断なのだ。呟きは秘密の意味にアクセスすることを可能にする（……）。[*36]

グリッサンは、カオスの中のパターンを組織化するストレンジ・アトラクタには明確に言及しないが、プランテーションで起こったひとつの重要な文化的融合に光を当てている。クレオール語についての彼の考察は、それがカリブ海のポリリズムの一部であることを示している。クレオール語においては、「音の高さが意味を持つ。考えは括弧で隠される。ある者は音を微妙に関連させることによって自分を理解させることができる。他の場面で『基本的なクレオール』を操ることができる主人にとっても、その音は絶望的に理解ができない」[*37]。奴隷たちが西洋に押し付けられた言語を自らの物とし、策略として生み出したクレオール語では、音の高さやリズムが意味を運んでいる。そしてその言語も、さらにアジア系の人々のリズムによって浸食される。そうして、カリブ海の言語はポリリズムを帯びるのだ。

ベニーテス＝ローホーは、初期条件とストレンジ・アトラクタへの関心から、カリブ海をグリッサンよりも理論的、歴史的、そして通時的に解釈している。一方グリッサンは、より共時的な観点からカリブ海性を扱っていると言えるだろう。カリブ海のふたりの思想的巨人の間には、カオス理論の適用において類似点と同時に相違点もあるが、互いに補完的であることは明らかだ。ベニーテス＝ローホーとグリッサンは、カリブ海思想をカリビアン・カオスというポストモダニティの観点で結晶化する上で不可欠な存在である。英語圏のハリスは、カオスという現象に対してより詩学的なアプローチを試みている。次章では、ハリスによるカリビアン・カオスの思索的探究を解説する。

＊1　ジル・ドゥルーズ、フェリックス・ガタリ『千のプラトー　資本主義と分裂症（上）』、宇野邦一、小沢秋広、田中敏彦、豊崎光一、宮林寛、守中高明訳（東京：河出書房新社、２０１０年）、60。
＊2　Harris, *Selected Essays*, 140.
＊3　カオス理論の背景に関しては、吉永良正『「複雑系」とは何か』（東京：講談社、１９９６年）を参照。
＊4　Antonio Benítez-Rojo, quoted in Robert Antoni, "Antonio Benítez-Rojo by Robert Antoni," *Bomb* 82, January 1, 2003, bombmagazine.

org/articles/antonio-ben%C3%ADtez-rojo/.

＊5 Benítez-Rojo, *Repeating Island*, 2nd ed., 296.

＊6 Ibid., 2-3.

＊7 Ibid., 3.

＊8 G・ドゥルーズ『差異と反復（上）』、財津理訳（東京：河出書房新社、2010年）、14。

＊9 同書、12。

＊10 Benítez-Rojo, *Repeating Island*, 2nd ed., 3.

＊11 グリッサン『〈関係〉の詩学』、62。

＊12 同書。

＊13 同書、63。

＊14 同書。

＊15 Glissant, *Caribbean Discourse*, 97.

＊16 グリッサン『〈関係〉の詩学』、18。

＊17 ドゥルーズ、ガタリ『千のプラトー（上）』、60。

＊18 グリッサン『〈関係〉の詩学』、174。

＊19 同書、175。

＊20 Antonio Benítez-Rojo, *The Repeating Island: the Caribbean and the Postmodern Perspective*, 1st ed., trans. James E. Maraniss (Durham: Duke University Press, 1992), 266-67.

＊21 イアン・スチュアート『カオス的世界像　神はサイコロ遊びをするか?』、須田不二夫、三村和男訳（東京：白揚社、1992年）、15。

＊22 同書。

＊23 グリッサン『〈関係〉の詩学』、47-48。

＊24 Benítez-Rojo, *Repeating Island*, 2nd ed., 3.

＊25 Ibid., 313.

＊26 D・ルエール『偶然とカオス』、青木薫訳（東京：岩波書店、1993年）、90。

＊27 Benítez-Rojo, *Repeating Island*, 2nd ed., 8.

＊28　Ibid., 9.
＊29　Ibid., 12.
＊30　Ibid., 29.
＊31　Ibid., 16.
＊32　Ibid., 22.
＊33　Ibid., 17.
＊34　Ibid., 18.
＊35　グリッサン『〈関係〉の詩学』、48。
＊36　Glissant, *Caribbean Discourse*, 123-25.
＊37　Ibid., 123.

第12章

カリブ海のポストモダンの地平　カリビアン・カオス（後編）

回復をもたらすカオス

ベニーテス＝ローホーとグリッサンがカオスという現象をカリブ海に援用する一方で、英語圏のハリスもまたカオス理論を自身の詩学に適用している。ハリスは、「開いた扉」という随筆において、アメリカの物理学者ニック・ハーバートの著作『量子と実在　不確定性原理からベルの定理へ』における量子理論の定義を参考にしつつ、こう述べる。「量子的な現実は、同時に存在する可能性の数々で構成され、私たちの一方通行の思考とは相容れない多史的なものだ。もし、このような代替（並行）世界が本当に存在しながらも、私たちが生物学的な偶然のせいでそれを体験できないのであれば、私たちは量子顕微鏡のようなものの中で感覚を拡張できるのかもしれない」[*1]。数々の可能性の集合体として現実を想定する量子力学は、目に見えるだけの現実をニヒリズムの反映とし、想像の力でそれを凌駕する可能性を思索するハリスにとって、自身の詩学を表現するためのこれ以上ないレトリックを与えてくれる理論なのである。

ハリスにとって「感覚を拡張」することのできる「量子顕微鏡」とは、想像力そのものだろう。「想像の生地」と題されたエッセイの中で、彼はバタフライ効果がいかに微細なもの、あるいは彼が「極小の諸極」（“diminutive poles”）と呼ぶものを認識可能にするかを、彼特有の難解な言い回しで語る。

量子物理学とカオスの新しい科学は、私たちの時代において、私たちの目と耳を封じてしまう儀式的な習慣、儀式的な規範を突破する可能性にある程度対応している。

つい数週間前に、蝶の羽ばたきが生む微かなリズムが、地球の変動してゆく気候における嵐の出現の前兆となるかもしれないという、新しいカオスの科学について学んだ。私はこれを聞いて感銘を受けた。というのも、アリス・バートルビーに関連した「踊るバラの影」や「ユリの衰え」、メルヴィルのバートルビーに関連した「草の葉」、オーストラリアのブラインに関連した「塵もしくは光の粒」といったような、私が長い間直感的に持っていた極小の諸極というものを立証してくれるものだったからだ。

フィクションの文章にあるそのような脆さや極小さに目を通すことは、——私の言いたいことはこうだ——存在の密な織物や経済（密度は経済を意味する）の織り糸をほぐすことであり、そうやって織り糸をほぐすことで、私たちが恐ろしいと思ってしまう底の知れない他者性というものに対処するための支えとなる。それと同時に、想像の生地を、回復をもたらすような（"therapeutic"）絶え間ない未完の創世の方向へと変えるための源を与えてくれるかもしれないのだ。*2

ベニーテス＝ローホーやグリッサンと同様、ハリスがカオス理論に関心を抱くのは、些細な事故や偶然が発展し、後にカオスが生み出されるほどの破壊的な影響を及ぼすという、「今まで学んできた」考えを表現するためのモデルをその科学に見出したからだ。その「脆さや極小さに目を通すこと」は、彼が言うように、不規則で不可能に見えるものの中にある「織り糸」をほぐし、私たち自身の中にある他者性に向かい合うことを可能にする。

しかし、ハリスの思想における、「想像の生地」を変えるカオスが持つ「回復をもたらすような」効果は、ベニーテス＝ローホーやグリッサンの理論にはない特徴的な視点である。アラン・ライアックによるインタビューで、ハリスは自身が創作を始めた頃の作風について語る際に、示唆的にも蝶にふれている。「トーマス・マンを模倣して書いていたのを覚えています。トーマス・マンを読み、とても憧れていたからです。彼の作品には非常に多くのディテールがあります。蝶について書けば、彼は蝶の羽の詳細まで書くのです。わかりますかね。その後、私はトーマス・マンに惹かれた理由を知ることになるのです。彼が追求するのは、病気というテーマなのです。『魔の山』でも『フォースタス博士』でもそれがわかりますよね。それはそこにあるのです。しかし、私は、彼が描くような形で病気を受け入れることはできませんでした。なぜなら、私には回復をもたらすような導線もしくは織り糸（"the therapeutic signal or thread"）が重要だと思えたからです[*3]」。ハリスが描くカオスは、植民地主義的・西洋中心的な言説に亀裂を入れるだけでなく、カリブ海に刻まれた目に見えない病やトラウマを消し去る回復効果を与える。民族的同一性や同質性ではなくカオスを回復手段とする理論化は、ベニーテス＝ローホーのパフォーマンスが社会にある暴力的緊張を昇華するカリブ海の文化パターンであるとする議論にある程度近いかもしれない。しかし、ハリスのカオス表象は、そのような現実的な目に見える光景ではなく、より想像的な次元での回復を想定している。

カリブ海のトラウマ

1996年に出版された小説『ジョーンズタウン』(*Jonestown*)において、ハリスはガイアナで起きたある歴史的事件が原因となったトラウマを抱える主人公のフランシスコ・ボーン(偽名)の精神が、カオスによって癒されていく様子を描いている。ボーンは作者(ハリス)に宛てた手紙の中で、トラウマが解消されるにつれて、古代マヤ文明と現代科学理論の親和性に徐々に気づいていったことを説明している。「トラウマの苦しさが徐々に瓦解し始めると、マヤの過去と未来の双性関係とカオス数学の不気味な対応が、その間を航海する私に迫ってくるようだった」[*4]。ボーンは現実を越え、時間の直線性というリアリズム的偏見では認識することのできない非線形のカオスを経験する。この小説の設定は、事件から唯一生還したボーンが、過去と未来を旅する間に書き続けた「夢の本」(“the Dream-book”)を作者が受け取り、それを出版したというものだ[*5]。ハリスはこう説明している。「ボーンは『夢の本』を書くにあたって、過去と未来を混在させるという古代マヤに伝わる概念を採用している。それは、カオス数学によって描かれた『開かれた』世界において蘇ったテーマと言ってもよい」[*6]。ここでハリスは、カオス理論が想定する量子的現実が、古代マヤ文明が描いていたカオス的世界観のリバイバルであるということを示唆している。

手紙の中で、ボーンはこの本について作者にこう説明している。「埋もれた過去と未知の未来との間にあるマヤ的な双生関係は——それは西洋の思考からすると不可解なものとみなされているが——独自性や生きている時間という要因との関係において、私には非常に貴重なものに思えたのだ」[*7]。過去と未来が同時に存在しているという多史的現実は、一方通行の歴史という時政学に支えられた西洋の思考には不可解に見えるのだとボーンは考える。そして、晦渋な表現でこう続ける。「過去の恐ろしい数々の遺産における伝統への予測不可能な鍵の数々を掬い取ろうとした以外、私の『夢の本』の基礎となる絶対的なモデルが私にはなかった」[*8]。ここで「予測不可能」という言葉を用いて、ボーンは自身の「夢の本」がカオス的性質を備えていることを示唆している。この予測不可能性は、「過去の恐ろしい数々の遺産」、すなわちカリブ海のトラウマを無効化することができる、回復をもたらすカオスの側面なのだ。

手紙の冒頭で、ボーンは作者にこう告げる。「フランシスコ・ボーンは、私が使っている仮の名前だ。私は『死者の日』に最も苦しく痛ましいトラウマを負った（11月18日に広場やジョーンズタウンの町の中心部にあった数々の遺体を、今でも心の目で見続けている）。その衝撃はあまりにも大きかったため——あのホロコーストを回避するために危険を冒さなかった自分を責めた——私は傷を負ったにもかかわらず、感覚を喪失し、しばらくの間受けた身体の傷が認識できなかった」。[*9] この「死者の日」が意味するものは、1978年11月18日に起きた集団自殺である。人民寺院という宗教団体が、1955年にアメリカ人ジム・ジョーンズを教祖としてインディアナポリスに設立された。その教義はジョーンズいわく「使徒社会主義」（Apostolic Socialism）というキリスト教の信仰とマルクス主義を彼なりの解釈で融合させたものだった。彼らは本部サンフランシスコで政治家とも結びつきを持つようになっていったが、内部の事情がジャーナリストの取材や元信者の告発によって明らかになるにつれて弾圧が強まった。そこで1977年にガイアナ北部の土地を開拓し、1000人近い集団でのアメリカからの移住を決行した。ジョーンズのユートピア幻想を体現したコミューン、通称ジョーンズタウンでの生活は、しかしながら理想とは遠く、困窮したものだったという。さらに内部の事情が漏れ出、1978年11月、カリフォルニア選出の下院議員レオ・ライアンが教団視察のため来訪する。視察後、帰国用のセスナに搭乗したライアン一行は、脱退希望を装った教団の数名によって銃殺される。しかし関係者全員の抹殺に失敗した教団では、同日の夕刻に集団自殺が行われる。900名を越える信者たちがシアン化合物を飲むか注射をして、命を落とした。[*10]

この事件の壮絶さはメディアによって世界中で報じられた。半世紀近くたった今でも、人民寺院を題材にした文化的作品が出続けている。小説においては、2022年に出版された白井智之による『名探偵のいけにえ――人民教会殺人事件――』が、楽園ジョーデンタウンを舞台にしている。ゲームにおいては、2017年リリースのホラーゲーム『アウトラスト2』が人民寺院事件にインスパイアされている。最近ではジェフ・グインによる伝記『ジョーンズタウンへの道』の映画版で、レオナルド・ディカプリオがジョーンズを演じる予定であるとのニュースもある（ところで、時には芸術作品で、またある時にはバラエティ番組でといったように、様々な方向からこの事件を消費しているにもかかわらず、なぜ私たちはトラウマを抱える張本人であるカリブ海からの直接の声に耳を傾けようとはしないのだろうか。ハリスだけでなく、フレッド・デガールが小説『楽園の子どもたち』（*Children of Paradise*）で、マイケル・ギルケスが詩集『ジョウンズタウン』（*Joanstown and Other Poems*）で、カリブ海の地に染み込んだ人民寺院事件のトラウマを文学的に昇華させている。それを私たちの大半は知ってもいないし、知ろうともせず、カリブ海を文化的にも経済的にも好き勝手に消費して満足している）。

人民寺院で起きた集団自殺はボーンのトラウマの原風景となる。しかし、彼はこう述べる。「ジョーンズタウンで受けたトラウマが、私を運命の筋書きの中に絶対的に閉じ込めてしまったのかもしれない。だが、神に感謝せねばならない。それはかえって私に言語体の中に隠された数学について考えさせてくれたのだから」[*11]。ジョーンズ（小説内ではジョナ・ジョーンズとなっている）は、彼の右腕であったディーコンという者に撃たれる。深い傷を負いながらも、ジョーンズはディーコンを見つけ出し復讐するために、銃を手に徘徊する。ボーンは、ジョーンズが生きている自分を見つけることを恐れ、群葉の中で死んだふりを試みる。「彼は銃を向け、嵐のごとく震える群葉の中心を狙った。彼は茂みからはみ出ている衣服の痕跡をディーコンのマントと見間違えた。実際、それは間違いではなかった。私がそれを彼から借りていたのだったから。（……）私の手足を震わせた小さなカオスの瞬間、私はマヤ文明の虎の騎士や虎の僧の絵や彫刻が持つ原初的な記憶の中に飛んでいくか走っていくかのように思えた」[*12]。カオスはボーンを包み込み、彼の心の中に内在する一方通行の時間の流れという観念を破壊し、彼を子供時代への旅に誘う。

過去と未来への旅で、ボーンは先祖や死んだ母親、少年時代の教師など、自分のトラウマを癒す存在や声に出会う。「廃墟と化した学校、家、寺院、病院、劇場の壁には、一見何もなく空のように見えるが、存在と声が満ち溢れている。それがカオスの謎だ。カオスの重さは、あるときは幻のようで、あるときは具体的なのだ」[*13]。ボーンにとって、現実的な知覚を越えたカオスの神秘には、彼のトラウマを癒す効果がある。カリブ海にカオス理論を適用した思想家は彼だけではないが、ハリスはカオスに治癒効果を見出した唯一の思想家だろう。ハリスにとってカオスは、時間や空間さえも含めてすべてを解体し、「独創性の割合、『真に新しいもの』の割合」を生み出すのである。[*14] カオスは、ベニーテス＝ローホーやグリッサンが反復の概念を用いて解釈するように、常に「真に新しいもの」を要求する。カリブ海においてカオスは、植民地支配という欲望に虐げられることによって生じた傷を癒し、人々を希望に満ちた未来、新しい世界へと導くのである。

それでも文学はカオスを夢見る

ベニーテス＝ローホー、グリッサン、そしてハリスによるカオス理論の応用を知ることは、カリブ海思想にポストモダニティという追求すべき地平があることを認識することである。最後に、カリブ海という世界をカオスという現象で謳うことのできる可能性を、彼らが文学に託していることを解説する。カオス理論のような科学的言説の文学領域への応用可能性について、アメリカ人文学研究者でカオス理論を文学研究に応用するキャサリン・ヘイルズは、このように述べている。「文学と科学のつながりを理解する方法のひとつは、文学的テキストに光明を投ずるのに使用することができる修辞の貯蔵庫として科学を見ることだ。量子力学と相対性理論は、しばしばこのような形で用いられてきた。カオス理論も同様であろうことは疑いもない」[*15]。

ベニーテス＝ローホーは、カリブ海の多様な文化の乱流を貫くパターンとして、パフォーマンスとリズムを挙げる。彼は、カリブ海のリズムはモノリズムというよりもポリリズム、すなわち複数性のリズムであると主張する。プランテーションというストレンジ・アトラクタで起こったヨーロッパ、アフリカ、そしてアジアの複数のリズムの衝突と融合が、カリブ海のポリリズムという文化の発展をもたらした。したがって、カリブ海のリズムは、ひとつの人種のモノリズムではなく、クロス・カルチュラルなリズムからなるポリリズムとして観察されるべきである。ベニーテス＝ローホーがカリブ海のポリリズムと呼ぶものは、音楽や打楽器にのみに関連するものではない。むしろ、「カリブ海のリズムは実際には、それがダンス、音楽、言語、文章、ボディーランゲージなど何であれ、あらゆる記号のシステムを通じて到達しうるメタリズムである」[*16]。ポリリズムは、それが音楽だろうが演奏だろうが、そして文章だろうが、「あらゆる記号のシステム」の中に現れる「メタリズム」なのだ。この点において、文学のジャンルに関する彼の議論は価値を持つ。

文学のジャンルとなると、この「他者」の言説というのは、今ではマジックリアリズム、ネオバロック、そしてレアルマラビジョソ（“real maravilloso”）として知られる表現様式に活気を与えるのに役立つ。底の部分では同じであるこれらの表現様式は、カリブ海の場合では、同じ社会文化空間に言及し、その起源に帯びる暴力性を自らの過剰さによって脱中心化しようとし、自らの不合理性に合理性を見いだそうとしているのである。[*17]

ベニーテス＝ローホーは、カリブ海のポリリズムの文学的表現様式として、マジックリアリズム、ネオバロック、そしてレアルマラビジョソ（英語ではマーベラスリアリズム）を挙げている。これらは、植民地主義、奴隷制、年季奉公制によってカリブ海社会に内面化されたトラウマに立ち向かうカオス的な表現様式である。この特定の文学ジャンルで表現されるカリブ海のポリリズムは、

「征服、植民地化、そして奴隷制が生み出した人種的、社会的、文化的差異が暴力性なしに共存することのできる、実質的平等の領域」につながっている。[*18]

マジックリアリズムやネオバロックといった文学ジャンルが、西洋の言説が解明できず、むしろ他者の領域として抑圧し続けてきたカリブ海という世界を詩的に表現しているという点に、グリッサンも同意するだろう。カリブ海史に照らして、グリッサンはリアリズムがカリブ海の領域で採用された場合に生じうる欠陥をこう指摘している。

今やリアリズムは、文字通りのあるいは「全体的な」表象をするための理論と技法であるが、アフリカやアメリカの人々の文化的思考に刻まれてはいないのだ。（……）西洋のリアリズムは「平板」で浅薄な技法ではないものの、我々の作家たちが無批判に採用するとそうなってしまう。私たちの土地に刻まれた悲惨さは、存在し、明白であるばかりではない。それは、リアリズムだけでは説明できない歴史的な次元（明白ではない歴史の次元）を含んでいるのだ。[*19]

西洋のリアリズムは、不可能なものをその「全体的な」表象から排除しており、したがってカリブ海のポリリズム、あるいはカオス的リズムを捉えることはできない。ベニーテス＝ローホーは、「最もカリブ海的であると自認する文学は、その不可能な社会文化的統一に向かって自らを抱きかかえんとする」と論じている。[20]グリッサンは、カリブ海文学におけるマジックリアリズムが、リアリズムでは認識不可能なものへの「不安で混沌とした探求」に乗り出すカリブ海の人々の物語形式であるとしている。[21]つまり、ベニーテス＝ローホーとグリッサンは、カリブ海文化の表象に相応しい文学ジャンルについて、リアリズムではなく、マジックリアリズムこそがカリブ海のカオスを見せるという点で同じ意見を持っている。

ここでハリスがこのふたりの思想家に加わる。ハリスは、政府が派遣した調査団の測量技師としてガイアナ奥地を探検し、そこで生活していた経験を持っている。その生活の中で、彼は自然が解釈され記述されるべきメッセージの担い手であり、文章として自分の前に現れたのだと語る。ダンスによるインタビューにおいて、彼は「リアリスト的誤謬」と呼ぶものを説明する。彼は創作を始めて以来、リアリズムに陥るのを決して自身に許さなかった。リアリズムという様式で書く作家は、自分の目で見えるものだけを描写し、自然が発するメッセージには目もくれない。ハリスによれば、リアリズムの欠点は、西洋が文明の根源であるとした「理性」によってその世界の認識の枠組みが得られるため、理不尽なもの、理解できないもの、不可能なものを排除せざるを得ないことである。したがって、カリブ海のカオス的予測不可能性にリアリストたちの目は耐えることができない。むしろ、経験に基づく理性は、それ自体が自然に対する一種の暴力となりうる。ハリスは、ダンスにこう語る。「理性は、それが思い上がってしまうまでは驚くべきものなのです。傲慢となったその時、それは一種の暴力となります。(……)私たちは理性を使って、強制したり所有したりすることを正当化し、気に入らないものすべてを地面に叩きつけることさえしてしまうのです」[*22]。自然を暴力的に全体性にまとめあげてしまうリアリズムは、理性を越えたところにある不可能なものを排除することを前提としている。しかしカリブ海では、ハリスいわく、「自然は見かけよりもずっと深いのです」[*23]。そこで彼は、カリブ海のカオスを表現するためには、カリブ海作家はリアリスト的誤謬に陥ることを避け、他の表現様式を実践すべきだと主張するのだ。

ベニーテス＝ローホー、グリッサン、そしてハリスが、カオス理論をカリブ海に応用する際に共通しているのは、リアリズムの牢獄を破り出て、現実では不可能なものに突き進む文学様式の必要性である。カリブ海のカオスの詩学を形成するためには、カリブ海を貫くポリリズムを表現する様式が不可欠である。リアリスト的誤謬を回避しながらその様式で書く者だけが、カリブ海のカオスを記述することができるのだ、と彼らは考えているのである。

本章では、ベニーテス＝ローホー、グリッサン、ハリスがどのような方法でカリブ海のカオスの詩学を形成しているのかを検討した。重要なのは、この3人の思想家たちが異なる国、異なる言語圏の出身であることだ。ベニーテス＝ローホーはスペイン語圏キューバ出身、グリッサンはフランスの海外領土のひとつのマルティニーク出身、ハリスはイギリスの植民地であったガイアナ出身である。それぞれの母語には多くの違いがあり、したがってそれぞれの文化的な思考パターンも異なるだろう。しかし、カリブ海がそのカオス的詩学を形成していく道のりで、彼らは環カリブ海的に出会う。彼ら3人以外にも、カリブ海をカオスの視点から表象する試みを行っている作家たちがいる。たとえばキューバ出身の作家レイナルド・アレナスの作品をカオスの観点から読み解く研究はされているし、ブラスウェイトのコンピュータへの関心をカオス理論へと接続する研究もされている。ジャマイカ人作家のアーナ・ブロッドバーは小説『ナッシングのマット』(*Nothing's Mat*)でフラクタルのイメージを用いてカリブ海の家系図を描いているし、ハイチ人作家フランケチエンヌは螺旋主義という芸術の可能性を見せてくれている。彼らのカオス理論の応用には異なる部分もあるが、カオスという概念の重要性が環カリブ海的に共有されているということは間違いない。彼らが紡いできたカリブ海詩学は互いに補完的である。言語圏を越えて、環カリブ海思想は、諸島をひとつの世界として描き、西洋中心的な「人間」の言説を解呪するのだ。

＊1　Wilson Harris, "The Open Door," *Journal of Modern Literature* 20, no.1 (Summer 1996) : 9.

＊2　Wilson Harris, "The Fabric of Imagination," *Third World Quarterly* 12, no.1 (1990): 182.

＊3　Wilson Harris, quoted in Alan Riach, "Wilson Harris interviewed by Alan Riach," in *The Radical Imagination: Lectures and Talks by Wilson Harris*, ed. Alan Riach and Mark Williams (Liège, L3: Language and Literature, 1992): 60.

＊4　Wilson Harris, *Jonestown* (London: Faber and Faber, 1996), 5.

＊5　Ibid., 3.

＊6　Wilson Harris, "Jonestown," *CARIBANA* 5 (1996): 7-18.

＊7　Harris, *Jonestown*, 6.

＊8　Ibid.

＊9　Ibid., 3.

＊10　人民寺院の背景はティム・レイターマン、ジョン・ジェーコブズ『人民寺院　ジム・ジョーンズとガイアナの大虐殺』、越智道雄訳（東京：ジャプラン出版、１９９１年）を参照。

＊11　Harris, *Jonestown*, 6.

＊12　Ibid., 22.

＊13　Ibid., 6.

＊14　Ibid.

＊15　N. Katherine Hayles, *Chaos and Order: Complex Dynamics in Literature and Science* (Chicago: University of Chicago Press, 1991), 20.

＊16　Benítez-Rojo, *Repeating Island*, 2nd ed., 18.

＊17　Ibid., 212-13.

＊18　Ibid., 52.

＊19　Glissant, *Caribbean Discourse*, 105.

＊20　Benítez-Rojo, *Repeating Island*, 2nd ed., 125.

＊21　Glissant, *Caribbean Discourse*, 107.

＊22　Harris, quoted in Dance, *New World Adams*, 87.

＊23　Ibid., 88.

第13章

押し付けられた言語は誰の存在の家か

私-像を描く言語

言語という牢獄

「植民地社会における言語とその役割を理解して初めて、そのような社会における書く行為と作家の役割を理解することができる」[*1]。言語は、カリブ海の思想家たちが言語圏の壁を越えて取り組んできた共通の問題のひとつである。トリニダード・トバゴ出身のカナダ人作家マーリーン・ノービス・フィリップ（Marlene Nourbese Philip）による上記の主張は、植民地支配を経験した社会において言語が抱える問題と、そこで作家が担う重要な役割を示している。

言語はカリブ海において、植民地支配、奴隷制、年季奉公制という歴史を通して長らく支配の道具であり続けた。西洋の帝国は、アフリカやアジアからカリブ海へ強制連行した人々から言語を奪い、自分たちの言語を押し付けることにより支配を容易にしてきた。プランテーションでは、反乱の計画を防止するため奴隷たちは喋ることを禁じられ、奴隷主とのコミュニケーションも労働の指示を受けることに限られていた。労働以外の生活においてでさえも、部族間の違いから同じ言語を共有していなかった他の奴隷たちとコミュニケーションを取ることが難しく、それゆえ彼らは生存のためにも奴隷主の言語を受け入れるしかなかった。奴隷制が廃止され年季奉公制が導入された後のジャマイカやトリニダード、バルバドスといったカリブ海の島々を旅したアンソニー・トロロープは、紀行書『西インド諸島とスパニッシュ・メイン』でこう書き残している。

しかし、クレオールの黒人、つまりアフリカから生まれた黒人という人種は、なんと奇妙なことか！　彼らには自身の国というものがないし、これまで自分のものと選べる国もなかった。キューバの奴隷だろうがブリテン諸島の自由労働者だろうが、彼らはいずれにしても異国の地で隷属する者たちなのだ。彼らには自身の言語というものがないし、自分のものと選べる言語もなかった。というのも、教育を受けていない外国人が外国語を話すように、彼らは下手な英語を話すからだ。彼らには国という概念がなく、民族の誇りもない。[*2]

ここに表れているのは、自分たちが被支配者たちの言語を奪い、自分たちの言語を押し付けたにもかかわらず、彼らを「自身の言語というものがない」、「下手な英語を話す」人々と表現する、あまりにも驕慢な西洋人による思考である。そしてそのような西洋人の目を通して表象される、模範的人間としての西洋に対して「民族の誇りもない」劣等な他者としてのカリブ海の人々である。

カリブ海の島々が政治的な独立を迎えてもなお、言語は人々に疎外という経験をもたらしてきた。カリブ海では、英語、フランス語、スペイン語、そしてオランダ語といった奴隷主が植え付けた言語が第一言語である。ハイデガーは、『「ヒューマニズム」について』において、言語に関してこのように述べている。「言葉は、存在の家である。言葉による住まいのうちに、人間は住むのである」[*3]。ノービス・フィリップは、そのように語るハイデガーを横目に見ながらこう述べる。「存在の家としての言語（ハイデガー）。正常な英語、クイーンズ・イングリッシュ、容認発音――私はそれをキングズ・イングリッシュと呼びたい――その血統をより誠実に表す言葉だから。これらのうち、私の存在の家となるものはない――私はいつもよそ者だ」[*4]。もしハイデガーが言うように言語は存在の家なのだとしたら、カリブ海の人々にとって、自分たちが使用している言語は植民地主義者たちに押し付けられた言語であり、自分たちの存在の家ではない。西洋存在論は、言語を奪われるというこの植民地的経験をどれほど想像できていただろうか。言語は存在の家であると疑いもなく言えるのも、そのような経験とは無縁で、母国語が「血統」を持ち第一言語と一致している世界にいるという特権と無関係ではないのではないか。植民地支配という経験は、カリブ海の人々を存在の根幹となる言語のレベルから疎外する。それゆえノービス・フィリップは、トリニダード・トバゴ出身の自分が「いつもよそ者」であると表現するのだ。

奴隷主の言語には、カリブ海の人々にとっては自分たちを劣った他者として表象する言葉が含まれている。それにもかかわらず、自分たちにはそれ以外の言語はもはや残されていない。自分たちの言語でありながら、自分たちの言語ではない。植民地支配から生まれたこの袋小路、ラミング的に言えば牢獄から解放されるためには、西洋中心的な価値観を孕む言語を解呪し、自分たちの存在の家とする必要がある。クレオール社会論でブラスウェイトが主張していたように、奴隷化されたアフリカ系の人々の文化は植民地支配によって完全に消滅されたわけではなかった。彼らは主体的に文化的な活動を営んでいくことで、自分たちの文化や言語を保持していた。カリブ海においてそれらは西洋の文化や言語と衝突し、その混淆からクレオール文化や言語が生成されていった。ノービス・フィリップは、「正常な」英語からは逸脱した、アフリカの言語の名残がある訛りや言い回しに特徴づけられるカリブ海のクレオール語こそが、「私の家、私の居場所であるはずだ」と述べる。[*5] 強制的にプランテーションへと流し込まれ、奴隷制や年季奉公制という残酷なシステムに晒されながらも、カリブ海で生きてきた人々が受け継いできた記憶と経験をのせたクレオール語は、劣った言語であるどころか、存在論的不純性に特徴づけられた自分たちのユニークな主体性を表現するための新しい言語なのである。ガイアナ人詩人のグレイス・ニコルズは、新しいカリブ海的な言語の生成をある詩でこう表現している。「私は海を渡った／私は言葉をなくした／古い言葉の根本から／新しいものが生まれてきた」。[*6] 世界でも稀に見る人種的、文化的混交から生成されてゆくこの新しい言語こそが、自分たちの雑種的な存在の家なのだ。

しかしながら、コミュニケーション手段として共同体内で使用される以上、言語には存在論的な側面だけでなく、当然社会的な側面もある。カリブ海の社会は、政治的に独立を迎えてもなお、宗主国の経済に従属する植民地的な構造、すなわちプランテーション経済の残滓を引き継いだ構造となっている。その社会構造の中では、「正常な」英語とクレオール語の階級的な差が現実的な問題となる。それゆえ、クレオール語を自分たちの存在の家と主張するには困難な現状が広がっている。

植民地的ダイグロシア

ジャマイカ人詩人の「ミス・ルー」ことルイーズ・ベネットは、「ノー・リックル・トゥワン」（"No Lickle Twang"）という詩で、ある母親が息子に失望する様子を描いている。

帰ってきたのは嬉しいけどさ
でもあんたがっかりだよ
恥ずかしくてしょうがないわ
あたしの誇りってのが地に落ちちまったよ

アメリカに行ったたって言うじゃない
まるまる6か月そこで過ごしてさ
これっぽっちも良くなってないじゃないか
ここを出る前よりもさ？

あんた恥ずかしくないの？　それでいいのかい？
そんなに長くいたっつうのに！

少しもあっちの言葉はないのかい?
少しのアクセントもないのかい?[*7]

ジャマイカン・クレオールの特徴的な表現のひとつである「トゥワン」とは、主にアメリカやイギリスで数か月過ごして帰国した後、アメリカやイギリスのアクセントで話そうとするが、不自然な響きになってしまうことを皮肉る言葉である。この詩が示しているのは、カリブ海社会における言語が抱える問題の核に鎮座している、ある典型的な否定的感情――ファノンの言葉を使えば、「劣等コンプレックス」だ。[*8] カリブ海の人々は、植民地支配の経験を通して、自分たちの文化が宗主国の文化より劣ったものであるという西洋中心的価値観を刷り込まれてきた。その劣等コンプレックスから、白い肌になること、つまり「乳白化」を望む兆候が被植民者にはあるとファノンは指摘している。[*9] その劣等コンプレックスは、ベネットの詩が表現しているように、カリブ海の言語状況にも見受けられる。アメリカで話されている英語のアクセントを息子が少しも身に着けてこなかったことに対する母親の失望は、「正常な」英語と訛りのあるクレオール語に明確な優劣をつける価値観がカリブ海の日常に埋め込まれていることを示している。宗主国の人々のアクセントで話せれば自分たちも西洋人に近づく、つまり「正常な」英語を話せば白くなるという乳白化願望が表現されているのである。このように、カリブ海社会における言語状況には、肌の色の差異と結びついた植民地由来の格差がある。

このようなカリブ海の言語状況は、「ダイグロシア」という概念で説明することができる。ダイグロシアとは、チャールズ・ファーガソンが提唱し、ジョシュア・フィッシュマンがさらに改良した概念で、同じ言語の2つの変種が、社会の中で別々の機能を持つ言語状況を示す。ファーガソンは、「ダイグロシアの最も重要な特徴のひとつは、HとLの機能の特化である」と論じている。[*10] 行政、教育、法律、演説、ビジネス、ニュース放送など、支配階級やエリートが管理する公的な領域では、High の変種（高変種）が使われる。日常会話などのインフォーマルな領域や個人的な領域では、Low の変種（低変種）が使われる。ファーガソンは、社会的には高品種が格調高いものとして受容されると説明する。「話者はHをLよりも多くの点で優れていると考えている。時にはその思いが強すぎて、Hだけが実在すると見なされ、Lは『存在しない』と伝えられることもある」[*11]。ダイグロシア的状況において、社会の上層で使用される高品種は、純粋で正しく、優れていると見なされ、下層で使用される低品種は不純で粗悪、かつ劣っていると見なされる傾向がある。

カリブ海の言語学者はこのダイグロシアという視座をカリブ海の言語状況に適用してきた。この点で英語圏カリブ海における代表的な言語学者は、ヒュバート・デヴォニッシュである。彼は植民地支配を経験した社会、特に英語圏のカリブ海社会においては、同一の言語が使用されているにもかかわらず、公的な領域と日常生活の間には言語機能的な溝が存在するとし、その状況を「植民地的ダイグロシア」であるとした。[*12] この植民地的ダイグロシアの言語状況では、支配階級やエリート階級が公的な領域や機関で使用する英語が高変種であり、大衆が日常生活で使用するクレオール言語が低変種である。独立後もカリブ海の国々の政府が、大衆が用いるクレオール語ではなく「正常な」英語を公用語として教育し続ける理由は、デヴォニッシュいわく、「近代科学や技術、そして情報に迅速かつ効率的にアクセスするためだ」[*13]。国際語として権威を保ち続けている英語の運用能力がなければ、世界システムを動かしている科学や情報のような高度な知にアクセスすることができない。そのため、国は「正常な」英語を公用語として教育する必要がある。しかしこの言語教育は、「国家機構の支配権を新たな現地のエリートの手中に収めてしまう」[*14]。このエリートたちは、「概して国家というシステムを運営するための公用語を使うことのできる社会的集団に過ぎない」[*15]。しかし彼らは、「正常な」英語を使用する能力を使って、植民地支配者たちが奴隷制や年季奉公制を通した搾取によって享受していた特権に独占的にアクセスし、再生産し、享受するようになってしまう。言い換えれば、「正常な」英語によって国際レベルの政治の場や裁判所といった国家機構にアクセスすることのできる現地のエリートたちは、植民地主義を乗り越えるのではなく、それどころか植民地主義者がかつて座っていた特権的立場に滑り込もうとするのだ。これがネオコロニアリズム、すなわち新植民地主義に蝕まれるカリブ海の国家の形である。

植民地的ダイグロシアの状況に関するカリブ海思想家たちの議論は長い間色々な形で行われてき

たが、特に知られているのが、モリス・カーギルとキャロリン・クーパーによる論争である。この論争はカーギルが2000年に亡くなるまで続いた。カーギルはクレオール語を軽蔑し、クーパーのようにそれを文化遺産として擁護する人々を「ひどい英語を使うことに倒錯した誇りを抱いている」と糾弾している。*16 クレオール語に対する彼の攻撃は、ジャマイカが独立後に国家として直面する困難なグローバリズムの潮流に対する現実的な視点に基づいている。彼は、「嘆かわしい結果」というエッセイで、ジャマイカの学校で提供されている教育がむしろ国の発展の可能性を潰していると指摘する。そして、Caribbean Examinations Council 試験、通称CXCという英語圏カリブ海における二次教育修了程度の者を対象にした共通試験で、数学と英語のジャマイカの受験者の合格率がカリブ海で最悪の22％であることに触れている。彼は、「よく構成された言語」ではなく「野蛮な言語」で話すことを推奨する社会環境がこの教育の失敗を引き起こしており、「子どもたちの心をダメにする」と主張している。*17 彼は、世界を舞台にした取引やコミュニケーションが英語で行われている以上、クレオール語の使用は発展の妨げになるという人々の声を代弁している。また、カーギルは「言葉」と題したエッセイでも、クレオール語は教育だけでなく文化芸術活動においても障害になると主張している。「パトワ語は英語の学習に困難をもたらすだけでなく、他のあらゆるものの学習、さらには思考のプロセスそのものに困難をもたらす」。*18

「正常な」英語の使用を説くカーギルに対し、論争相手のクーパーはジャマイカで話されている言語を「ジャマイカン」と呼び、それを公用語へと地位を向上させるべきだと提唱する人々を代表する知識人である。

ジャマイカの言語はジャマイカではいくつかの呼び方がされている。一般的にはパトワと方言が交互に使われるが、(学術界では)ジャマイカン・クレオール、より一般的には(環カリブ海的な)クレオールに取って代わられた——それは言語学上の理由によるものだ。より最近の用語としては、単純に、ジャマイカンというものがある。これを私が好むのは、これが民族のエートスを正当に表現するものとしての言語の地位という問題を解決する方向に向かうものだからである。私は、特にジャマイカンを名詞か形容詞として使用する際に曖昧さが生じるかもしれないときには、ジャマイカン、ジャマイカン・クレオール、クレオールを互換的に使用している。[*19]

クレオール語はカリブ海の人々の先祖が西洋による非人道的な植民地支配に耐えながらヨーロッパとアフリカの言語を混淆させてゆくことによって生成させていった結晶であり、カリブ海特有の文化的伝統である。それゆえクーパーたちは、今を生きるジャマイカの人々の存在を支える言語はクレオール語であると主張するのだ。

この論争に見られるように、カリブ海の文化人たちは、「正常な」西洋の言語に文化的な（そして人種的な）優位性を与え、クレオール言語を劣等な雑種言語と蔑む西洋中心的な価値観に抗う必要性を説いている。しかしながら、植民地的ダイグロシアの言語状況の中、「正常な」言語を交渉ツールとする国際的な政治の場や国家レベルでの舞台においては、クレオール語は社会的に劣った言語と見なされてしまう。プロスペローがキャリバンをその内に閉じ込めた言語の牢獄は、いまだにカリブ海の人々を他者化の論理によって苦しめている。この点において、カリブ海思想家たちは、言語に新しい角度からアプローチすることのできる作家という存在を重要視する。この牢獄から人々を解放するため、そして彼らを他者ではなく存在論的主権を持った主体的な人間として描くため、作家たちは言語という問題と向かい合う。

誰がために作家はいる

ラミングは、「言語は本質的に極めて政治的な道具である」と述べ、カリブ海におけるネオコロニアル的な状況の核なる部分に言語の問題があるとしている。[*20] 彼は「西インド諸島の文筆について」（"On West Indian Writing"）という講演において、カリブ海で話される2種類の英語について触れ、植民地的ダイグロシアの状況をこう説明している。

西インド諸島において、私たちは英語がひとつではないという状況に生きています。たとえば公的な場、公共サービスの場、議会の場、学校の場などで使われる種類の英語があります。これは権威に関係している場です。そこでは、標準的、もしくはフォーマルな英語が使われます。しかしいかなる地域であっても、また別の種類の英語が常にあるのです。それは通俗語としての英語、つまり人口の多数が市場や通りで使用する言語です。誰かを罵倒したり、誰かを笑ったりするときに、そのような別種の言語がそこにあるのです。それは交渉の言語("the language of negotiation")ではなく、行動の言語("the language of action")と呼べるものです。[*21]

ラミングの説明においては、ダイグロシアの理論で言うところの高変種は「交渉の言語」、低変種は「行動の言語」という概念で表現されている。交渉の言語とは、政府や学校、行政といった公的な領域で使用される、いわば標準英語である。それは政治や国際的な場面でのやり取りや交渉の手段として好まれる。一方で行動の言語とは、地域的に日常生活や行動において使用される、すなわちクレオール語である。カリブ海の国々において、行動の言語を使用する多くの国民は、交渉の言語の運用能力がないため、国家機構へアクセスする領域から排除される。この植民地的ダイグロシアの状況は、言語を階級的搾取の手段として機能させ続け、エリート階級と大衆の間の不平等を再生産し続けている。

ラミングは、カリブ海において植民地的ダイグロシアの言語状況により人々が明確に分け隔てられてしまった社会を、身体的な比喩で表現する。支配層やエリート層は、宗主国の言語が持つ権威を利用して大衆が積極的に政治に参加することを困難にし、社会的特権を享受している。このように交渉の言語を使用する層に生まれるのか、それとも行動の言語を使用する層に生まれるのかで人々が分断されてしまう社会の状態は、カリブ海国家のあり方に甚大な影響を及ぼしている。スコットによるインタビューにおいて、ラミングは言語によってカリブ海社会が頭と胴が分離した状態であると説明する。

カリブ海の社会には奇妙な切断が起こっているのです。まず頭があります。その頭には身体全体に関するある種の「知識」があり、その知識によってもたらされる技能の数々を備えています。しかし頭は何らかの形で身体から、それがなければ生きていけないのに、切り離されてしまっているのです。言うなれば知識層、つまりテクノクラートやそのたぐいの人々で構成される学のある層がどこかを漂っていて、その社会の胴の部分がまたどこかで動き回っている状態なのです。そして、このふたつを繋ぎ合わせてひとつの総体へとする方法、すなわち言語を私たちはいまだに見つけられていないのです。[*22]

帝国からの独立は、カリブ海が脱植民地化に向けて共同体的に進んでいくための契機とはならなかった。支配層とエリート層は特権を維持しようとし、そのおかげで大衆は政治や行政の公的領域に参加することができないままでいる。この頭と胴の分断は、やがて国というひとつの身体を衰退へ導く。「実のところ、その頭は制限されてしまっているのです。というのも、それは身体という燃料を持つ機能を奪われているからです。そして、その身体は時に燃料をひどく浪費してしまいます。というのも、それは頭による指示を奪われているからです」[*23]。

ラミングは、小説『冒険の季節』において、カリブ海の架空の島サン・クリストバルにおける独立後の第一共和国が社会的分断を抱えたまま失敗する様を描いている。第二共和国の首相は、コフィ・ジェイムズ・ウィリアムズ・バーコ（彼はトリニダードの作家C・L・R・ジェイムズ、トリニダードの初代首相エリック・ウィリアムズ、そしてガーナのクワメ・エンクルマ率いる第一共和国で防衛大臣を務めたコフィ・バーコの名前を掛け合わせた人物である）が務めることになる。彼は、第一共和国が失敗した理由が言語にあるとし、こう主張する。

彼はサン・クリストバルに、自分たちが自由であることを忘れるよう求めた。そして、今生きている時代が彼らに与えた未来像の地平を、自分たちのやり方で広げていけるよう邁進することを求めたのだ。（……）彼が彼らに変われと命じることはなかった。だが彼は、それ以前の祈りの魔法に劣らず医学の魔法というものが本物であることを説明できるような言葉を見つけようとするのだった。(……)。
しかし、主な問題は言語であった。第一共和国を崩壊させたのは言語だった。そして第二も第三も同じ運命をたどるだろう。彼らがドラムの言語に劣らない直接性のある言語を見つけようとしない限りは。[*24]

西洋帝国主義から独立を迎えようとも、社会が頭と身体に分断されている以上、カリブ海の人々は自由ではない。バーコの演説が表現しているのは、「医学の魔法」にまつわる言語、つまり「科学の言語」と、「ドラムの言語」という2種類の言語によって悪化した分断をいかに乗り越えるかということだ。[*25] 植民地的ダイグロシアの言語状況では、この2言語の間に関係を与えることのできる言語が存在しない。「科学の言語」、すなわち支配階級やエリート層が用いる交渉の言語は、「一般信念の言語を話さない」ため、大衆を排除の対象としてしまう。[*26] 一方で、「ドラムの言語」、すなわち大衆が用いる行動の言語は、「貧者の重荷」となり国の発展の妨げとなりうる。[*27] この2つの言語の間にある溝を埋めることのできる第3の言語を見つけることが、カリブ海では必要であるとバーコは主張するのだ。

ラミングは、そのような言語の二元的な分断状況を乗り越えるための新しい言語を、「過去500年にわたってひとつの民族として遂げてきた独自の進化と私が考えるものと何らかの有機的な関係を持つ言語、つまり定義を与えてくれる言語」と説明する。[*28] そしてまた、「導かれる人々が、自分たちと指導者である人々の間にある自己同一性に気づくことのできる言語」であると述べる。[*29] この言語は、国や民族という単位に対応する言語ではない。それは、植民地支配、奴隷制、年季奉公制といった過去500年間の痛ましい経験と記憶、そしてその人種や文化の衝突と混淆から生成されるカリブ海特有の雑種性を包み込み、分断された人々の間に自己同一性を与えることのできる、創造性を備えた芸術的次元の言語である。

カリブ海思想家たちは、この言語を見つけることができるのが作家や芸術家であると考える。カリブ海作家たちが実際に使用するのは、自分たちの存在の家であるクレオール語だ。しかしながら、彼らが作品において表現する特殊な言語は、ノービス・フィリップが呼ぶところの「私－像」（"I-mage"）を描くことができる。彼女は、西洋存在論に対しカリブ海思想のユニークさをぶつけながら、こう述べる。「発話、声、言語、言葉――これらはすべて世界内に存在するための方法である。芸術家は世界内に存在し、私－像に取り組み、それに声を与える。アフリカ系の芸術家がこの世界、つまり新世界に存在する唯一の方法は、この声なき沈黙、すなわち分裂した私－像に声を与えることだったのだ」。[*30] この私－像という言葉においてノービス・フィリップは、「像」（image）の "i" を大文字化することで「私」（"I"）を浮かび上がらせ、カリブ海の人々の存在論的主権を前景化している。[*31] カリブ海作家たちは、クレオール語を使いながら社会の分断を乗り越え、すべての人々を内包した「私」という主体性を想像する。彼らの創造力によって表現されるこの芸術的な次元の言語は、トロロープの記述のような西洋の目を通して表象される自己無き空虚な像ではなく、カリブ海の視点からカリブ海の人々の間にある自己同一性、つまり私－像を描くことができるのだ。

カリブ海思想による言語という問題へのアプローチは、カリブ海作家たちの創造性によって表現される言語の必要性を認識させてくれる。ノービス・フィリップが言うように、カリブ海社会における作家の役割は、「私－像を自身の読者にとって意味のある言語へと翻訳する」ことにある。[*32] 私－像を描くカリブ海作家たちの「意味のある言語」こそが、「正常な」英語とクレオール語という植民地的ダイグロシアの言語状況によって分断された社会に関係を与えてくれる。そして彼らの作品は、クレオール語が劣った言語であるという不平等な価値観に抵抗し、それをカリブ海の人々の存在の家として肯定してくれるのだ。カリブ海作家たちは、カリブ海の人々のためにいる。ノービス・フィリップはこう述べる。「その人々の間で、その人々のために、作家は創作するものだ」。[*33]

＊1　Marlene Nourbese Philip, *A Genealogy of Resistance and Other Essays* (Toronto: Mercury Press, 1997), 42-43.
＊2　Anthony Trollope, *The West Indies and the Spanish Main* (London: Chapman and Hall, 1867), 55.
＊3　マルティン・ハイデッガー『「ヒューマニズム」について』、渡邊二郎訳（東京：筑摩書房、１９９７年）、18。

＊4 Nourbese Philip, *Genealogy*, 50.

＊5 Ibid.

＊6 Grace Nichols, *i is a long memoried woman* (London: Karnak House, 1983), 87.

＊7 Louise Bennett, *Selected Poems*, ed. Mervyn Morris (Kingston, JA: Sangster's Book Stores, 2005), 3.

＊8 ファノン『黒い皮膚』、65。

＊9 同書、70。

＊10 Charles Ferguson, "Diglossia," *WORD* 15, no. 2 (1959): 328.

＊11 Ibid., 329-30.

＊12 Hubert Devonish, *Language and Liberation: Creole Language Politics in the Caribbean* (Kingston, JA: Arawak Publications, 2007), 24.

＊13 Ibid.

＊14 Ibid., 25.

＊15 Ibid.

＊16 Morris Cargill, *Public Disturbances: A Collection of Writings 1986-1996*, ed. David D'Costa (Kingston, JA: The Mill Press, 1998), 198.

＊17 Ibid., 111.

＊18 Ibid., 197.

＊19 Carolyn Cooper, *Noises in the Blood: Orality, Gender and the 'Vulgar' Body of Jamaican Popular Culture* (London: Macmillan, 1994), 16-17.

＊20 Lamming, *Sovereignty of the Imagination: Conversations III*, 54.

＊21 George Lamming, "On West Indian Writing," in *The George Lamming Reader: The Aesthetics of Decolonisation*, ed. Anthony Bogues (Kingston, JA: Ian Randle Publishers, 2011), 39.

＊22 George Lamming, quoted in David Scott, "The Sovereignty of the Imagination: An Interview with George Lamming," *Small Axe* 6, no. 2, (September 2002): 159.

＊23 Ibid.

＊24 Lamming, *Season*, 363.

＊25 Lamming, quoted in Scott, "Sovereignty," 159.

＊26 Lamming, *Season*, 333.

＊27 Ibid., 362.
＊28 Ibid., 124.
＊29 Ibid., 159.
＊30 Nourbese Philip, *Genealogy*, 48.
＊31 ノービス・フィリップによるこの大文字化は、ジャマイカの労働者階級を中心に1930年代に発生したラスタファリを意識している。ラスタファリとは、エチオピア帝国最後の皇帝、ハイレ＝セラシエ1世を救世主として崇拝し、強制的に引きはがされた母なる大地であるアフリカへの回帰、そして黒人性の肯定といった特徴を持った思想運動である。この思想では、"I" は主体性の象徴となる。"We" の代わりに用いられる "I and I" という表現は、主体性を持った自分と、また主体性を持った人間、人生、世界との関係性を示す。ちなみにラスタファリを自身の思想と掲げる人々の中には、それが思想運動であり宗教運動ではないとして、ラスタファリアニズムと呼ぶことを拒否する人々もいる。
＊32 Nourbese Philip, *Genealogy*, 43.
＊33 Ibid., 43-44.

第14章

クレオール礼賛の裏で　カリビアン・フェミニズム

新世界において、アフリカ系女性の身体は搾取とあまりにも反人間的な強要がまかり通る場となった。つまり有無を言わせぬ生殖の強要、それに続く子どもの強制的な誘拐と売買の場となったのだ。さらに、強姦の可能性は依然として姿なき脅威である一方で、女性の身体は周囲の物質的な空間や場との相互作用において厳しく制限され続けている。もし、私が信じているように、詩が「身体に始まり、身体に終わる」のであれば、このことは詩を作ること、言葉を作ること、私ー像を作ることにどのように影響するのだろうか。[*1]

カリブ海の思想家たちは、カリブ海文化や社会の独自の発展を表現するためのメタファーやモデルとして、クレオライゼーションという視座を用いてきた。彼らの思想は植民地支配という負の歴史によって引き起こされた人種的、文化的混交の過程を表現し、そこから生成される文化的可能性を肯定してきた。しかし、そのクレオライゼーションの詩学は、差異や文化的混交を創造性の源泉としてカリブ海の経験を語らんとする一方で、カリブ海の女性たちが奴隷制や年季奉公制を通して重ねてきた悲痛な経験と保ち続けてきた勇敢さをどれほど反映できているのだろうか。ノービス＝フィリップが言うように、カリブ海思想の言葉は、女性たちの「私ー像」を描くことができているのだろうか。本章では、この観点からカリビアン・フェミニズムの可能性を考えたい。

カリビアン・フェミニズムを語るうえで、必ずと言っていいほど挙がる疑問が、「フェミニズム」という用語そのものがどれほどその地域に適したものであるかというものだ。フェミニズムの始まりとしては、イギリスの社会思想家メアリ・ウルストンクラフトによる1792年の著作『女性の権利の擁護』がよく引用される。ウルストンクラフトが提供した女性からの視座は、第1波フェミニズムの礎となった。第1波は19世紀末から20世紀前半にかけてイギリスやフランスで活発化し、「それまで女性に与えられていなかった参政権や相続権、財産権などの社会的権利を獲得することに焦点」を当てることで、男女は等しく理性を備えた同等の人間という存在であり、近代的社会において同様の権利を持つべき存在であると主張する運動だった。[*2] 第2波はおおよそ1960年代から1980年代にかけて、アメリカ合衆国で公民権運動や反ベトナム戦争運動といった社会的運動と同時期に活発化したもので、ベティ・フリーダンの『新しい女性の創造』が第2波の震源地としてよく引き合いに出される。男女平等の公的権利を求めた第1波とは異なり、この新しい波では「必ずしも男性と同じではない女性の身体や性、生殖にかかわる経験」、つまりより私的な領域の問題が強調された。[*3] 近代社会におけるパーソナルな領域に埋め込まれた性差別を言語化することで可視化し、1980年代にはマルクス主義と合流して家父長主義社会の性役割の押し付けと資本主義社会の階級的不平等の結びつきを暴露していった。第3波はグローバリズムの加速やポピュラーカルチャーの台頭を目撃した1980年代から1990年代に盛り上がりを見せ、ポストコロニアリズムといった新たな理論的視点を吸収したもので、「性別以外の属性に基づく女性たちの間の差異や多様性により一層の注意」を払うことで女性の連帯とエンパワメントを追究した。[*4] 2010年代以降、フェミニズムはオンラインメディアなどに言論の場を広げていき、第4波という新たな思想的ムーブメントを起こし、勢いを増している。

カリブ海思想にとって問題なのは、このように主に欧米を中心に発展を遂げてきたフェミニズムが、どのような言葉でカリブ海の女性たちの経験を語ることができるのか、ということである。フェミニズムは、女性への差別や抑圧を内包する男性優位的社会の構造に変革を加え、抑圧された女性にエンパワメントを与える思想として、欧米圏以外の女性たちにも有益であることは間違いない。しかし、そもそも物質的に恵まれた欧米社会に生まれ落ちた白人女性たちを中心に構築されていったこの言説は、女性の経験というものを欧米の女性の経験に一般化し、異なった人種的、文化的背景を持つ女性たちの経験をむしろ抑圧してしまっている部分があるのではないだろうか。岡真理はフェミニズムが第三世界という領域を前にして抱える問題点をこう説明する。「彼女たちが獲得した『ことば』とはいかなるものであるかということ。そして、彼女たちが表象しているのは、果たして『第三世界の女たち自身』であるのか、という問題である」。[*5]

フェミニズムが第3波を迎えた1980年代から、国や人種、民族の壁を越えた女性の連帯の形成を目指すその言説の構造に、むしろ西洋中心的、白人中心的な不健全性が内在しているという批判が出始めた。たとえば1992年出版の『フェミニズムの脱植民地化』の著者ローラ・ドナルドソンのような思想家たちは、フェミニズムが想定する「女性」が「欧米白人女性」であることを批判し、そしてその言説自体が脱植民地化される必要があることを主張する。その思想的潮流の代表格は、インド人フェミニズム思想家チャンドラ・タルパデー・モーハンティーである。彼女は1984年に「西洋の視線の下で」という論文を発表し、フェミニズムという言説が帝国主義といかに交錯してしまっているかを、「西洋フェミニズム」という言葉をもちいて批判的に論じる。

「西洋フェミニズム」と言うとき、わたしはけっして、それが均一であると言おうとしているわけではない。そうではなく他者を非西洋、自らを（暗に）西洋と分類する書き手が、さまざまな書き方をしているようでいながら、結果として同じような傾向を生じていることに注意を喚起したいのだ。「西洋フェミニズム」という言葉をわたしが使うのは、この意味においてなのである。同様の議論は、アフリカやアジアの都市に暮らす中産階級の学者が、農村女性や労働者階級の女性について書くときに中産階級文化を規範とし、労働者階級の歴史や文化を他者として定式化する場合にもあてはまる。だから本章では、第三世界の女性に関する「西洋フェミニズム」の言説に焦点を当てているものの、自らの文化について書きながら同じやり方をしている第三世界の学者たちをも批判している。[*6]

モーハンティーはフェミニズムが無自覚に女性の経験を欧米の白人女性の経験に単一化し、その規範的経験に沿わない非白人女性の経験を構造的に抑圧していることを批判する。最近では2017年にマーガレット・A・マクラーレン編著の『フェミニズムを脱植民地化すること』が出版され、2021年にはカイラ・シュラーの著書『ホワイト・フェミニズムを解体する』が出版され、フェミニズムの脱植民地化が着実に進められている。日本ではどうだろうか？

フェミニズムが非欧米地域に連帯の手を差し伸べる時、その言説が普遍性の顔をしているのであれば、その手は帝国主義の色で染められているかもしれない。岡は「西洋フェミニズム」の実践者がどのように帝国主義的な態度をとるかを、こう説明する。「私たちは知っている。何を？フェミニズムを、普遍的人権を。でも、彼女たちは知らない、フェミニズムを、普遍的価値観を。だから、教えてあげよう、私たちが、知っている私たちが、普遍的価値観を知っている私たちが、彼女たちに、知らない彼女たちに、いまだフェミニズムを知らない、普遍的価値観を知らない――遅れた、無知な、かわいそうな、貧しい、開発途上の――彼女たちに」[*7]。この「西洋フェミニズム」のような言説には、欧米地域の女性の経験を語る言葉を普遍的価値観を持つものと思い込み、それで表現することのできない経験を持つ非欧米地域の女性を「他者」として表象する、帝国主義的な態度が内包されている。つまり、「『フェミニズム』の名のもとに、あるいは『人権』の美名のもとに、実は他者の表象／エクリチュールによる第三世界の女性に対する知的支配が行われている」[*8]。

そのような誤謬に陥らずにフェミニズムを実践するために必要な意識を、岡はこう表現する。「私たちに分かるやり方で、すなわち私たちのやり方で、私たちと同じ言語によって彼女たちが異議申し立てをしてはじめて、彼女たちがようやく『戦い始めた』『立ち上がった』などと言うとしたら、先進工業国の女の傲慢以外のなにものでもないだろう」[*9]。

白人女性像を普遍的「女性」の基準とするフェミニズムに抗し、「女性」は必ずしも同じ地平線上に立っているわけではないとして、一枚岩的なアイデンティティの想定を批判したのが、ベル・フックスやバーバラ・スミスといったアフリカ系アメリカ人たちだった。アフリカ系アメリカ人作家アリス・ウォーカーは黒人女性フェミニストを「ウーマニスト」と称した。特権的な白人女性の言葉によって形成されてきたフェミニズムは、黒人女性が面してきた現実を無視してきただけでなく、黒人女性を女性ではなく単に黒人として見てきた。それに対してウォーカーは、黒人女性が女性として経験を語ることのできる言説としてウーマニズムという用語を提案した。

このウーマニズムの観点からフェミニズムの再考を試みるカリブ海思想家たちは、1990年にカリブ海女性思想研究の狼煙とも呼べる『クンブラの外へ』(*Out of the Kumbla*)を出版した。編者のひとりであるエレイン・セイヴォリー・フィドーは、フェミニズムを「政治的アジェンダ」、ウーマニズムを「文化的表出——女性の語り、風習、知恵」とし、それぞれの傾向を考察する[*10]。もうひとりの編者キャロル・ボイス・デイヴィスは、「西洋や白人女性の経験ではない、他の経験を語るためのフェミニズムという用語を再定義する重要なものとして、ウーマニズムは私にとって非常に力強い用語だ」と述べ、そして「それはカリブ海にもルーツがある」と主張し、カリブ海女性の視点からウーマニズムを評価する。[*11]

この本のあとがきを担当したウィンターは、思想的方法論としてのフェミニズムを、女性の「同一と差異」の弁証法を語ることができない西洋中心主義的な言説として拒否する姿勢を見せる。

この「あと／がき」の出発点は、カリブ海の女性によって書かれた初の批評エッセイ集であるこの本の根底にあり、この本をダイナミックに結びつけるものとして現れる、ある中心的な区別を探ることである。この区別は、一方にリュス・イリガライが普遍的なカテゴリーとして完全に西洋的観点から想定するもの、すなわち「女性」を置く。その「女性」の「沈黙を強いられた」立場が、イリガライが同様に普遍的に適用できるものとして定義するもの、つまり「家父長的言説」の条件となる。そして他方に、「ウーマニスト／フェミニスト」的批判アプローチという二重に西洋的でポスト西洋的な論説の態度を置く。このアプローチはこのアンソロジーを統一する定義として投影されている。「ウーマニスト／フェミニスト」という用語は、アフリカ系アメリカ人のフェミニスト、アリス・ウォーカーから借用した「ウーマニスト」という修飾的な属性を備えている。それは、ある矛盾の存在を明らかにする。(……)フェミニストという用語を「ウーマニスト」という修飾語で再定義しようとする試みそのものが、同一と差異の逆説的な関係を表現している。その関係は、カリブ海の女性知識階級を構成する人々であるこれらのエッセイの書き手たちが、西欧や欧米の同業者に対して負っているものだ。[*12]

「人間」という言葉の系譜をたどり、それが普遍的な「人間」として「過剰表象」するものが「ヒト(1)」、「ヒト(2)」という西洋白人男性であったことを批判したウィンターは、それと同様にフェミニズムにおける普遍的な「女性」が西洋白人女性を想定していることを批判する。彼女にしてみれば、フロイトの男性中心的な思想の脱構築を試みるイリガライが提出した「家父長言説」は、白人女性の経験を普遍的な基準と想定するフェミニズムの最たる例であり、解呪の対象である。フェミニズムは、イリガライの理論に見られるように、白人中心主義が生み出す特権に浸っている。そのフェミニズムをウーマニストという修飾語で修正しなければならないという事態そのものが、西洋女性と同じ女性であるが差異があるという、カリブ海の女性を含めた有色人種の女性が抱える「同一と差異の逆説的な関係」を指示しているのである。

ウィンターは、カリブ海の女性たちが植民地主義だけでなく西洋フェミニズムによっても「沈黙を強いられた」立場から脱し、自分たちの「声」を世界に響かせるには、既存の理論では限界があることに注意を促す。ここに、彼女の「マルクス主義、リベラル・ナショナリズム、フェミニズムという是認された活動の場の外にある新しい知的活動の場の可能性」を追究する姿勢が表れている。[*13]彼女は、ウーマニスト／フェミニスト言説がその「新しい知的活動の場」へと繋がる可能性があると考えている。

そのような別の用語（アメリカ黒人女性の視点と、新しく独立したカリブ海の元奴隷の国民である「ネイティヴな」女性知識人たちの視点の両方から投影されるものである）の必要性があるとしよう。その用語は、それ自身の理論的・解釈的な読解モデルを完全に明確化する一方で、既存のあらゆる理論的解釈モデルが抱える不十分さに弁別的に注意をひく役割を担うものだ。それはキャリバンの女性としての「ネイティヴな」カリブ海の女性やアメリカ黒人女性の経験という今まで沈黙を押しつけられてきた問題に「声を与え」、イリガライの家父長的な言説を越え、この種の沈黙を5世紀ほどに渡り押し付け続けてきたその別の言説が持つ意味体系を解読もする。そして、新たな「ネイティヴの」視点から投影される新しい「モデル」の可能性を想像させてもくれるのである。もしそのような別の用語の必要性を私たちが理解したいのであれば、今やフェミニスト内における差異を表すものとして機能している（……）「人種」という変数を翻訳する必要がある。[*14]

カリブ海の女性たちは「性／ジェンダー」、「階級」、そして「人種」という「3つの変数の交差点」に立たされている。[*15] 西洋フェミニズムがその黎明期に「性／ジェンダー」のみを根拠とし、その後マルクス主義と合流することで西洋社会における「階級」の問題を通して女性の普遍的な経験を想定するのに対し、ウィンターはカリブ海の女性たちの経験における「人種」の重要性を強調する。ウーマニスト／フェミニスト言説が明らかにするのは、人種が今やフェミニズムの根底を常に流れる変数だということである（西洋フェミニズムはこれを見て見ぬふりしてきた）。「まさにその『人種』という変数が、これらのエッセイに矛盾した二元論を押し付けているのである。その二元論によって、執筆者たちはフェミニズムという言説の『真実の体制』の中で活動しながら、同時にこのいまだ本質的に西洋の言説を利用しているのだ」。[*16] つまり、ウィンターがカリブ海の女性思想家たちの知的挑戦に見出した「同一と差異の逆説的な関係」は、この人種という変数が生み出しているのだ。そして彼女は、「女性」という同一性だけでなく、「人種」という変数が生み出す差異を含めた新たな認識論的様式をカリブ海の女性たちが見出す必要性を説くのである。

このようにウィンターは、人種という変数を無視するフェミニズムを拒否し、それを越えた新たな認識論的様式を求める。西洋フェミニズムだろうが、第三世界フェミニズムとして想像し直される新たなフェミニズムだろうが、実際にはカリブ海の女性の経験を無視し、彼女たちを沈黙させたうえで成り立っている。ウィンターによるフェミニズム批判は少々過剰すぎるところがあるが、それでも、カリブ海の女性たちが第三世界フェミニズムによっても沈黙から解放させることのできない、「他者」の立場に追いやられていることを強調するうえでは、非常に価値のある議論である。現実的には、ウィンターが主張するようにフェミニズムの理論的枠組みを越えた領域をたやすく想像することはできない。だが私は、彼女の人種という変数の重要性の指摘を考慮しつつ、世界には複数のフェミニズムがあり、カリブ海には女性たちの主体的経験から育まれた「カリビアン・フェミニズム」が存在すると考えたい。フェミニズムの複数性を考えることが、フェミニズムの理論の限界を越えた「新しい知的活動の場」へ私たちを導くかもしれない。

カリブ海の思想家たちは、欧米のフェミニズムに影響を受け連帯を探りつつも、その言説に潜む無自覚な白人優位性、そして欧米中心主義に抵抗してきた。「第三世界」と形容される地域の中でも、「他者」の地位に長い間押し込まれ続けてきたカリブ海におけるフェミニズムは、アジアやアラブ、ラテンアメリカのフェミニズムと比べ日本でも受容がかなり遅れている。カリブ海が実践するカリビアン・フェミニズムは、決して欧米の真似事や後追いではない。カリブ海には、たとえばジャマイカのエイミー・ベイリーやユナ・マーソン、トリニダードのエルマ・フランソワやオードリー・ジェファーズ、ベアトリス・グレイグらの活動に見られるように、西洋がフェミニズム第1波を迎えた20世紀初頭に、すでに女性による主体的な社会活動があった。ベイリーは1936年に「女性自由クラブ」（Women's Liberal Club）を結成しているし、マーソンは1928年に月刊誌「コスモポリタン」（*The Cosmopolitan Monthly Magazine*）を創刊している。このように、彼女たちは現地新聞に寄稿したり、自分たちで女性ジャーナルを立ち上げたりするなどして、カリブ海社会での女性の経験を言語化し、女性の地位の向上を目指していた。[*17] マーソンは、欧米での第1波フェミニズムの発展と同時期に、こう主張していた。「現代は女性の時代だ」。[*18]

自分たちを「他者」として表象する「西洋フェミニズム」に頼るのではなく、自分たちの主体的経験を語ることのできる自分たちの言葉を、マーソンのようなカリブ海思想家たちは紡いでいった。しかし、女性たちの観点からカリブ海思想史を眺めると、ある問題に気付かずにはいられない。1930年代の労働運動に芽吹き、1950から60年代の独立期にナショナリズムの発展と共に形成されていったカリブ海思想は、その礼賛される包括性にもかかわらず、女性の声を抑圧してきたのである。ベネットは「独立」と題された詩で、1962年のジャマイカの独立を扱っている。独立は必ずしも有益なことばかりというわけではなく、問題に直面することも多い。

すさまじい独立だ！
問題ごとが起き続ける独立だ！
ジャマイカは髭を生やし始めた。願うのは
私たちの顎がその負担に耐えられることさ！[*19]

この詩の語り手は、ジャマイカが独立国家として負担や責任に耐えられるほど力強く成長したことを願っている。ここでベネットは、一人前の国になることを「髭を生やす」という男性的な身体的変化によって表現している。独立後のカリブ海諸国では、政治などの表舞台はいつも男性の場であり、国のリーダーシップは常に男性が寡占的に握っていた。それは思想史においても同様だった。

女性の不在、性役割、性差別

カリブ海では、男女問わず様々な人種が1492年以降人種的、文化的衝突や混淆、すなわちクレオライゼーションという永遠に続く過程に参加してきた。しかし、カリブ海思想のルネサンス期に英語圏、仏語圏、そしてスペイン語圏から出現した思想家は、ほとんどが男性だった。彼らが新しい価値を持つものとして世界に披露し始めたカリブ海独自の思想は、カリブ海の長いクレオライゼーションの経験を語る一方、その構造にはジェンダーやセクシュアリティに関する男性中心主義的なイデオロギーが深く刻み込まれていた。

『1770年–1820年のジャマイカにおけるクレオール社会の発展』において、ブラスウェイトは「文化変容」と「文化相互作用」という2種類のクレオライゼーションの過程を定義する。そして「最も重要な——そして持続的な——文化相互作用が起きたのは、性的関係という人目につかない領域であった」と述べる。[20] ここでブラスウェイトは、この「人目につかない」「性的関係」がどのように、誰によって起こされていたかに関してあまり深く語ることはせず、文化相互作用がどのようにカリブ海で発生していたかを淡々と論じている。ヨーロッパとアフリカというふたつの世界がカリブ海において人種的にも文化的にも交じり合ったと書くのは簡単だ。その白と黒の混淆から新しいクレオール文化が生成されたと書けば、字面で見ても美しい。しかし、クレオライゼーションの歴史には、白人奴隷主による黒人女性奴隷への性暴力という事実がある。性暴力にさらされながらも女性たちが耐え続けてきた悲痛な経験があったために、世界でも類を見ない異人種、異文化の混淆がカリブ海で続き、現在礼賛されているクレオライゼーションの詩学へとたどり着いた。それにもかかわらず、カリブ海思想は女性たちの経験を排除してきた。アフリカ系文学の研究者であるヴェラ・クジンスキーは、クレオライゼーションやメスティザへ（「混血」、「混淆」を意味し、ラテンアメリカで用いられる）、雑種性といったカリブ海思想の議論が、「男性だけによる企画もしくは成果として正当化されている」と批判する。[21]「それにおいては、異人種間、異性間の強姦は、色の（……）境界を、そしてとりわけ強姦によって不在となった女性の身体を越えて、友愛に満ちた抱擁として再形成されうる」。[22] つまり、性暴力や性差別に耐え、主体性を決して失うことなく抵抗し続けた女性たちの経験は蔑ろにされ、クレオライゼーションは男性たちが植民地支配への抵抗の果てに勝ち取った白と黒の「友愛に満ちた抱擁」という美しい響きという形で理論化されるのだ。

ラミングの『流浪の歓び』は、1950年代以降のカリブ海文学の開花を告げる、カリブ海思想史においても重要な作品である。その中で、彼はプロスペローとキャリバンの姿を見直すことでイギリスとカリブ海の出会いを再訪し、カリブ海の人々が持つ歴史を擁護する。

私は奴隷たちの直系の子孫である。実際に行われてきた事業にあまりにも近すぎたがゆえに、その響きが奴隷解放のもたらした治世とともに終わったと考えることはできない。さらに私は、尽力によって支えられた同一の神殿で礼拝するプロスペローの直系の子孫である。私は言語という彼の遺産を用いる――我々の出会いを恨むのではなく――むしろそれをさらに押し進めるために。両者の子孫に済んだことはもう過去のことだと気づかせるのだ。それは土壌としか理解しようがない。そこから他の才能、あるいは同じでも異なる意味を持つ才能が、未来に向け育ってゆくかもしれないのだ。その未来は、この瞬間にも私たちの行為によって植民地化されるが、常に開かれたままであり続けなければならない。[*23]

ラミングは、自身を含めたカリブ海の人々を、キャリバンとプロスペローの直系の子孫と位置付けている。彼らはこのふたりの遺産を受け継ぎ、植民地支配の影響からの真の解放を目指す。しかし、ラミングが押し進めるこの「出会い」の議論において、女性は主体的な存在というよりむしろ、ジョツナ・シンが言うように、単に「プロスペローとキャリバンの対立の一側面として捉えられている」。[*24] カリブ海のクレオライゼーションの引き金となった西洋とアフリカの「出会い」は、キャリバンとプロスペローという男性たちに代表され、女性たちはその議論では不在となっているのである。パケットは「文章の複雑さにもかかわらず、『流浪の歓び』においては抵抗と解放は専ら男性による計画なのだ。その自伝的な枠組みは自意識的で自画自賛的な男性的模範例を生み出しており、それがその文章では問題にもされていないのである」と指摘する。[*25] このように、カリブ海思想の根幹を担うクレオライゼーションという概念は、女性が不在のまま、キャリバンとプロスペローの「友愛に満ちた抱擁」として議論が進められてきた。

ウィンターは、プロスペローとミランダ、そしてキャリバンの関係に、カリブ海の女性たちが刻み付けられたある問題を見出す。それは、キャリバン側の女性たちが登場しないという決定的な欠落である。キャリバンは、プロスペローの西洋の眼によって野蛮的で非理性的な他者として表象されるが、そもそもキャリバン側の女性たちの不在は一切問われない。この欠落は、カリブ海女性の不在の象徴である。その不在のおかげで、作品に登場する唯一の女性であるミランダには「女性」の規範としての価値が付与される。そしてミランダは、キャリバンに押し付けられた強姦未遂疑惑もあり、異性愛的欲望の対象としての普遍的な理想という位置まで高められる。キャリバン側の女性たちの不在はつまり、西洋人ミランダを代替するような「女性」はこの世界には存在しないということを確実にするイデオロギー的な欠如、すなわち「存在論的不在」なのである。[*26] プロスペローとキャリバン、そしてミランダの3人の登場人物によって構成される西洋と非西洋という認識論的枠組みに、カリブ海の女性たちはいない。彼女たちは、カリブ海思想家たちの男性優位的な言説によって、そして西洋フェミニストの言説によって、二重の沈黙を強制され、不在となる。

『テンペスト』におけるキャリバン側の女性の不在が問題ならば、キャリバンの母シコラックスがいるではないか、と思う方もいるだろう。A・ジェイムズ・アーノルドは、カリブ海男性思想家たちがキャリバンにカリブ海文化のアイデンティティの象徴、「精神的に変身を遂げたカリブ海の英雄、黒人、男性」という評価を与えている一方、シコラックスにはある性役割を押し付けていると指摘している。[*27] アーノルドが具体例として論じるのが、ブラスウェイトである。ブラスウェイトは、「カリブ海史の別の見方」(“An Alternative View of Caribbean History”)という講演において、シコラックスを「我々の抵抗の原型であり(……)第三世界のすべての地域に(……)よく見られる種の女性」と形容する。[*28] そして彼はこう主張する。彼女はすでに死んでいるが、「ネイティヴな文化を運ぶ者、保つ者、保護する者である。(……)彼女について大事なのは、彼女が海に沈んだということだ。(……)そして文化に当てはめてみると、この女性シコラックスはカリブ海の文化に貢献することはできていないが、彼女はまだ自分の中に、ネイティヴな文化の本質を海に沈んだ形で持ち続けている」。[*29] ここで思い出してほしいのが、ブラスウェイトがクレオライゼーションを説明する際、アフリカを「クレオールシステムの沈み込んだ母」と呼んでいたことである。ブラスウェイトにとって、アフリカ文化を「運ぶ者、保つ者、保護する者」としてのシコラックスは、死してなお海に沈んでいる。男性が主体的に新しい文化を創り出していくのに対し、女性は男性のように「カリブ海の文化に貢献することはできていない」。彼女たちは海底でクレオールシステムを保護し続け、男性たちの活動を支えるという「沈み込んだ母」としての受動的な役割を担っているのである。

カリブ海の女性たちの象徴、もしくはカリブ海で「よく見られる種の女性」であるシコラックスに押し付けられた受動的な役割には、自然界との繋がりや類似性が条件として組み入れられている。アーノルドは、ブラスウェイトの思想に埋め込まれた男性優位性と女性の性役割をこう指摘する。

シコラックスはまだ、家庭で火の始末をし、母乳を通して小さなキャリバンたちに民族言語を伝えなければならない。キャリバンにとって根本的で原初的な存在であるその模範的シコラックスが、母乳を通してしか意思疎通をとらないということは、それはつまり、文化の変化を仲介する者としての彼女の役割は、実際にはまったく自然界的な機能へと落とし込まれるということなのだ。キャリバンの母親であるシコラックスでさえ、キャリバンがポストコロニアルな社会において唯一変化をもたらすことのできる性差が込められた請負人になるために必要な要素を、自然を通してでしか伝えることができない。彼女を母としての自然界的な機能に押し戻す傾向は、ブラスウェイトの言説の中では、彼女が第三世界において自らの文化的潜在能力を発揮する日が決して来ないだろうことを示唆している。このように、自然と文化のそれぞれの役割をめぐる議論において、キャリバンは改めて文化の側にいるが、シコラックスは自分が身近な自然界の役割に追いやられていることに気づくのだ。[*30]

ブラスウェイトのシコラックス解釈では、女性はカリブ海の男性たちによるクレオール文化の主体的実践を支えることのできる、家庭的で自然的な「母親」としての地位に存在し続けなければならない。つまり、ブラスウェイトにとっては、カリブ海の女性たちは主体的な存在ではなく、男性を支える「沈み込んだ」存在でしかないのである。

セゼールの『もうひとつのテンペスト』でも、シコラックスは死後に自然界と一体化し、キャリバンに自然を通して意思を伝えるような描写が与えられている。プロスペローによるシコラックスの醜悪な魔女呼ばわりに対し、キャリバンはこう言い返す。

生きていようと死んでいようと、それは俺のお袋だ。俺はお袋を捨てはしない！　それに、あんたはお袋が死んだと思っているが、それはただ、あんたが大地は死んだものだと思っているからにすぎないさ……まったく便利なものだ！　死んでいるからといって、人は大地を足蹴にし、汚し、勝ち誇って踏みつけにする！　しかし俺は大地を大事にする。なぜなら俺は大地が生きていることを知っているからだ。そしてシコラックスが生きていることを。

俺のお袋シコラックスよ！

ヘビよ！　雨よ！　稲妻よ！

俺にはあんたがいたるところに見える。

ホタルイを通して瞬きもせずに俺をみつめる沼の目の中に。

ねじれた根の身振りと身構えるその跳躍の中に。

盲目のまったき見者、鼻孔のないまったき嗅ぎ人たる夜の中に！

……それに、たびたびお袋は、夢を通して俺に話しかけ、俺に知らせてくれる……たとえば昨日も、俺が川辺にうつぶせになって、泥水をすすりながら水に自分の姿を映していると、あの怪物が手に岩の塊を持ち、俺に襲いかかろうとしていた。*31


ラミングやブラスウェイト、セゼールといったカリブ海の男性思想家たちが描いてきたキャリバン像とシコラックス像には、それぞれ政治などの表舞台で力強く振る舞う男性と、自然と一体化したような母性を持つ女性という、性役割的な価値観がこびりついている。シコラックスは、不在ではないとはいえ、「母なる自然」という受動的な役割を押し付けられ続けてきたのだ。

シャモワゾーやコンフィアン、ベルナベらクレオリテ派による理論は、その性役割や性差別に関するイデオロギーでも厳しい批判を受けている。アーノルドは、「クレオリテ派は小説や回顧録において、攻撃的な異性愛的エロティシズムを再生産している」と指摘する。[*32] 実際に、『クレオール礼賛』において、クレオリテ派は、カリブ海文学の先駆者たちを無視しながら自分たちが新しい文学の創造の担い手であると宣言する際、こう述べている。「研ぎすまされた我々の五感の結婚によって、新たな書き物（エクリチュール）の中でクレオールの言葉を受精させることができるだろう。要するに、我々は我々の口承性の伝統的な形に根をおろしつつ、現代的な書き物のすべての要請に応えられるような一つの文学を作ろうとしているのだ」。[*33] 新たな文化の創造には、常に「結婚」と「受精」が必要なのだろうか。それに加え、クレオリテ派は、この文化の創造の主体的な担い手を男性として想定しているように思われる書き方をしている。そしてその男性にとって、母親という存在はむしろ彼らの文化的進化の妨げとなりうる。「フランス語の習得のためによかれと思って、母親が子どもの喉元でクレオール語を抑圧してしまうのは、その都度、子どもの想像力の芽を摘み取り、子どもの創造力を収容所送りにするようなものだ。（……）我々の作家の多くの悲劇は、彼らが幼年時代に犠牲となった言語的な去勢に由来する」。[*34] クレオリテ派の眼に見えるカリブ海という世界では、フランス語を強制することで我が子が社会の階層を上がることができるようにしようとする母親は、男性たちによるクレオール語をベースにした創造性を阻む存在なのだ。男性優位的な価値観を露ほど疑わないカリブ海思想では、女性たちは一方では文化や伝統を保持する受動的かつ家庭的な存在と描かれ、他方ではむしろ新しい文化の創出を妨げる存在としても描かれる。いずれにしても、男性たちの自己陶酔的なクレオール礼賛の中で、カリブ海女性の私－像は表現されていない。

アーノルドによるクレオリテ派批判に続き、さらに彼らに対し手厳しい批判を加えたのが、リチャード・プライスとサリー・プライス夫妻である。彼らは、クレオリテ派が故郷マルティニークの社会に見受けられる性役割や性差別に基づいて女性を扱う傾向に着目し、こう主張する。「もしアーノルドが主張するように、クレオリテ派が過去を描く際に文化生産の主体としての女性を消し去っているのだとしたら、そしてもし奴隷制時代の日々の（男性の）語り手の相続者として自分たちを描く傾向があるのだとしたら、存命の女性作家たちや女性評論家たちを単に沈黙させることで彼女たちに対処する傾向が彼らにはあるということは驚くべきことではない」[*35]。その傾向を物語るエピソードとして、プライス夫妻は、フランス人作家で文芸批評家のアニー・ル・ブランに対するシャモワゾーとコンフィアンの振舞いに触れている。ル・ブランは、セゼールを題材にした自分の新著の宣伝のために、1995年にマルティニークを訪れた。そこで行われた講演で、彼女はセゼールの作品を称賛する一方で、クレオリテ派を公然と批判した。すると、シャモワゾーとコンフィアンは、「即座に行動を開始し、（比喩的に言えば）メリケンサックをつけ、地元紙の側溝に彼女の死体を放置した」[*36]。ル・ブランへの彼らの反応は、『クレオール礼賛』で見せたあの包括的な態度とは程遠い、本質主義的で性差別的な要素が入り混じるものだった。コンフィアンは、ル・ブランがマルティニーク作家たちに物申すことのできる権利自体に異議を唱え、こう告げる。「あなたが出してきた主張が、もしアンティル人、アフリカ人、あるいは黒人のアメリカ人から出たものであれば、私はそれを受け入れていただろう。しかしそれはあなた、つまりフランス人女性、西洋人、大げさで植民地主義由来の自惚れに浸っているあなたから出たものだ。だからそれはどうにも容認しがたく我慢ならない。（……）あなたにはないのだ――道徳的にもしくは歴史的に――マルティニークのアイデンティティに関する議論に入ってくる権利など」[37]。これにシャモワゾーも加わり、「クレオリテ運動への暴力的な侮辱、そして彼女の悪意に満ちた狂気の沙汰は、文学的分析というより精神疾患から生じるものだ」と過激な言葉を含む批判を展開し、ル・ブランを「世に知られていない、出来損ないの女流詩人」と形容した[38]。

この騒動は、まさしくダッシュがクレオリテ派の思想に見出したある危険性を示唆するものである。ダッシュは、クレオリテ派がグリッサンの思想を「イデオロギー的なドグマ」に変えてしまう危険な傾向があるとして、このように批判する。

クレオリテ派は、独自のレトリック、独自の承認されたテキスト、独自の知識人のヒエラルキーを作り出す誘惑に駆られている。（……）それはグリッサンの思想の特徴である皮肉なまでの自己内省、そして過程（それはクレオリテではなくクレオライイゼーションのことだ）へのこだわりが欠けている。実際、グリッサンへの恩義を公言しているにもかかわらず、『クレオール礼賛』は、グリッサンが常に概念化しようと努めてきた本質主義的思考との認識論的断絶を元に戻してしまう危険がある。[*39]

クレオリテ派による「クレオール性」の理論は、クレオライゼーションを永遠に続く変化の過程とするグリッサンの思想を、本質主義的な思考へと帰してしまう危険性がある。それは「イデオロギー的なドグマ」と化し、それに対して異を唱える者は、自分たちが是認する「アンティル人、アフリカ人、あるいは黒人のアメリカ人」ではない。クレオリテ派のル・ブランへの振る舞いは、「フランス人」がクレオール性理論を批判することに対する抵抗と、「女性」に対する性差別的な感情が入り混じっているように見える。

プライス夫妻は、『クレオールとは何か』におけるシャモワゾーとコンフィアンの仏語圏カリブ海文学の議論にも、性差別を見出している。シャモワゾーとコンフィアンは自分たちが想定するクレオール性に沿う文学作品の数々を紹介していくが、彼らの女性作家への態度には「露骨な性差別」が含まれている。[*40] 彼らはシモーヌ・シュヴァルツ＝バルトを称賛するが、彼らの言葉にはルッキズムが見受けられる。

グアドループの小説家シモーヌ・シュヴァルツ＝バルトに会うことはいつも喜びだ。ゆるぎない風情の美しさ、昔風の三つ編みを解いた髪、気だるげなまぶた、大きなほほえみ、まったく気取りのない魅力、『奇跡のテリュメに雨と風』のヒロインそのままだ。この小説は現在のフランス語クレオール文学の描線に深い影響を与えている。再読のたびに豊かさを増す作品だ。[*41]

クレオール礼賛の裏には、このようなカリブ海女性への性差別や彼女たちの経験の抑圧があった。グアドループ出身のマリーズ・コンデは、マルティニーク出身のクレオリテ派とは一定の距離を保っている。彼女は彼らの作品を批判的に眺め、「セクシュアリティは（……）もはや不在ではない。しかし、それはもっぱら男性のセクシュアリティである」、そして「女性は依然としてステレオタイプ的あるいは否定的な役割に限定されている」と主張している。[*42]

コンデは「クレオール語なきクレオール性？」というエッセイでも、クレオライゼーションの理論を世に広めていったブラスウェイトたちと比べ、「マルティニークのクレオリテ派が特異なのは、それが法と秩序を課すことを前提としているからだ」とそのドグマ性を指摘している。[*43] その危険性に抗い、コンデはあるインタビューでこう答えている。「クレオール性が作家を閉じ込めるような文化的テロリズムへと変貌してはならないのです。クレオール性は、個人個人が西インド諸島の現実と望んだような関係を持つことを妨げるべきではないのです」[*44]。カリブ海におけるクレオライゼーションに女性たちは長い間貢献し続けてきたが、カリブ海思想の隆興を盛り上げた男性思想家たちのほとんどが、彼女たちを自分たちの思想を補強するための道具や象徴としてしか見ていなかった。カリブ海のクレオール文化には女性たちの主体的な貢献が確実にあるということ、そしてカリブ海思想には彼女たちの経験が脈々と流れているということを、私たちは認識しなければならない。コンデはこう述べている。「クレオール性は(……)アンティル性の娘なのです」[*45]。

女性の経験、女性の貢献、女性の私ー像

マーソンたちによる20世紀初頭から始まったカリビアン・フェミニズムは、その後の女性作家たちの文芸活動にもかかわらず、男性優位な言説の形成過程で言語化されずに抑圧され続けた。フェミニズムの観点から見たカリブ海思想史における大きな転換点は、1989年である。まずこの年に、ジャマイカ人詩人パメラ・モーデカイとジャマイカ人作家エリザベス・ベティ・ウィルソンの編集による、あらゆる言語圏のカリブ海女性作家たちの作品を集めたアンソロジー『彼女の本当の本当の名前』(*Her True-True Name*)が刊行された。女性による文芸活動の結晶であるこの作品が、それまで男性優位だったカリブ海文学の世界に亀裂を入れた。

そして続く1990年、2冊のカリブ海女性思想研究の金字塔が出版された。ひとつが『クンブラの外へ』であり、もうひとつがセルウィン・R・クジョーの編著『カリブ海女性作家たち』

(*Caribbean Women Writers*) である。『カリブ海女性作家たち』は、1988年にアメリカのウェレズリー大学で開催された、カリブ海女性による文学作品や批評をテーマにした学会がその種となっている。その学会には中国系ガイアナ人作家のヤニス・シンブーンやアフリカ系ジャマイカ人作家のアーナ・ブロドバー、アフリカ系トリニダード人作家のマール・ホッジといった錚々たる顔ぶれが参加していた。50名以上の女性作家や批評家による寄稿で構成されるこの大著を、クジョーはこう形容する。「16世紀に祖先が新大陸に渡って以来、初めてこの女性たちそして男性たちが一堂に会し、自分たちの著作について語り、自分たちの経験を書かんとする際に自分たちが何を得ようとしているのかを世に知らしめることができたのだ。本書は、彼女たちが自らの経験に声を与え、世界中の女性たち、特にアフリカン・ディアスポラの女性たちが、他の何者にも邪魔されることなく、自らの存在を定義しようとする試みに参加した際の声明を記録したものだ」[*46]。この著作は全3部構成となっており、第1部でカリブ海女性の経験の理論的、社会的、そして歴史的背景を説明している。第2部ではジーン・リースやフィリス・シャンド・オーフリー、ジャメイカ・キンケイドといった英語圏カリブ海女性作家たちの作品分析が展開される。そして第3部は、仏語圏やスペイン語圏、オランダ語圏といった英語圏以外の女性文学史の概説に充てられている。1990年は、カリブ海女性知識人が集結し、カリブ海女性の特有の経験と知識を自分たちの言葉で語ることにより、その後のカリビアン・フェミニズムの隆興をもたらす契機となった年だった。

1990年代、カリブ海女性作家、思想家たちは、クレオライゼーションの理論において男性たちによって抑圧され隠されていた女性の経験を自らの言葉で言語化し、目に見える形にしていった。1993年には、ふたりの女性思想家による2冊の単著が世に羽ばたいた。ひとつが、イーヴリン・オキャラハンによる『女性ヴァージョン』(*Woman Version*)である。彼女の「女性ヴァージョン」という理論は、「多様性の中の統一を説明できるようなアプローチ」である。それは彼女に言わせれば、「最上のクレオールの伝統における理論であり、それが解明しようとする女性たちの文学的な声と同様に、混淆的で包括的なものである」[*47]。オキャラハンは、「女性ヴァージョン」のヒントを、ディック・ヘブディジによるカリブ海の音楽研究から得ている。ヘブディジは、『カットゥンミックス　文化、アイデンティティ、そしてカリブ海音楽』(*Cut 'N' Mix: Culture, Identity and Caribbean Music*)において、「ルーツとはそのものが絶え間なく変化し、流動的なのである」と主張する[*48]。DJは「マスターテープ」をただかけるのではなく、アレンジし、切り取り、別のテープと混ぜ、新たな音楽の表現へと変換する。この「ダブ・ヴァージョン」を、オキャラハンはカリブ海女性作家たちによる文芸活動へ応用する。「上記のことを踏まえて私が提案するのは、一種のリミックスあるいはダブ・バージョンとして、この［女性たちによる］文学にアプローチすることである。その文学は、カリブ海の文学的言説が掲げる『マスターテープ』から得られた要素を（組み合わせ、引き伸ばし、新しい方法で修正することで）利用する。そして、ジェンダーの視点を披露する。(……)そして、再び文脈化を行うことで変化をもたらし、ユニークな文学的存在を作り上げるのである」[*49]。カリブ海女性作家たちが披露する女性の経験によって、男性作家たちの「マスターテープ」は変化し続ける。「女性ヴァージョン」は、カリブ海女性思想家によるクレオライゼーションの理論の形のひとつである。

1993年に現れたもうひとつの単著は、キャロリン・クーパーによって書かれた『血に潜むノイズ』(*Noises in the Blood*)である。オキャラハンと同様に、クーパーはカリブ海の音楽文化から理論的ヒントを得ている。クーパーによれば、カリブ海の大衆文化が放つ「ノイズ」は、植民地支配を通して西洋帝国からカリブ海社会に移植された「世間体」という中流階級の生活様式の条件を、脱構築する抵抗の手段となる。カリブ海の労働者階級の人々が受け継ぎ続けているサブカルチャーとしての口頭伝承は、アフリカの文化が残る「ノイズ」の文化的実践として、帝国主義者を模倣してお高くとまった中流階級がしがみつく白人文化を破壊し、混ざり合う。「世間体」を絶対的な価値観とする中流階級にとっては、「ノイズ」溢れる大衆文化は「下品」でしかない。クーパーは、この「下品」という視点をむしろ利用する。彼女は、ダンスホールのような社会空間において、「下品」とされるカリブ海の女性たちの身体的パフォーマンスが、中産階級による「世間体」に対する「ノイズ」となり、大衆の抵抗の場を提供すると論じる。中流階級によって保存されている西洋植民者たちの文化は、アフリカの影響が残る大衆文化、特に女性たちが実践する「ノイズ」に浸食される。そしてそこに、ブラスウェイトが呼ぶところの「文化相互作用」が発生するのだ。

1997年には、ハイチ系カナダ人作家ミリアム・チャンシーがふたつの著作を連続で出版し、クレオライゼーションの理論におけるカリビアン・フェミニズムの実践の重要性を世界に見せつけた。『沈黙をかたどる』(*Framing Silence*) において、チャンシーはカリブ海男性作家たちによる文学では、言語圏の違いにかかわらず、女性をめぐる表象が、「植民地思想に存在するものと同じへゲモニー(人種や性、階級などの二極化)を複製する」ものであると指摘する。「植民地由来のへゲモニーは、ジェンダーとして構築されている。それは植民地支配を受けた人々(受動的、したがって女性)と植民地支配をした人々(能動的、したがって男性)を区別するためだ」[*50]。男性優位な価値観を疑わずに発展を遂げたカリブ海文学は、男性が能動的で主体的な文化の実践者であり、女性が受動的で男性を支える自然的な存在という、性役割や性差別を含んだ描写で溢れている。

チャンシーは、ハイチの女性作家の文学作品における女性たちの表象を考察し、女性の観点からクレオライゼーションの表現を論じる。

(……)私は、ハイチのような国民国家という「統一された」文化の中にある雑種性を包含するために、人種や民族的な意味合いを越えたメティサージュ(“métissage”)という概念を押し進めたい。そのような文化では、社会における存在の複数の水準が、ひとりか複数人の登場人物にまとめられ、彼らを通して、人種や文化だけでなく、階級やセクシュアリティも含んだメティサージュとして表現される。[*51]

チャンシーは、混血や異種交配を意味する「メティサージュ」、つまり様々な変数の交差点にいる自分たちの経験としてとらえることのできる「女性の権利に関する多元的ヴィジョン」が、ハイチ人女性作家たちの作品において表現されていると主張する。そして彼女はハイチ女性たちによるフェミニズムと西洋フェミニズムを区別し、ハイチ・フェミニズムを「混淆的フェミニズム」と定義する。[*52] カリブ海におけるクレオライゼーションの経験を女性の言葉で語ることを可能にする「混淆的フェミニズム」は、チャンシーのもうひとつの著作『安全な場を求めて』(*Searching for Safe Places*)において、その射程範囲を世界中に散らばるカリブ海の人々のディアスポラの経験にまで伸ばす。そして「アフロカリビアン・ディアスポリック・フェミニズム」となり、より一層人種という変数を包み込むフェミニズムの形へと変わる。[*53] チャンシーいわく、カリブ海の女性たちは個人レベルでフェミニズムを実践するのではなく、個々を代表しつつ混淆することによって社会政治的集団を作り、責任を伴ったフェミニズムを実践する。それにより、男性優位社会によって受動的な他者という地位に抑圧されていた自分たちを解放し、カリブ海のクレオライゼーションの歴史に自分たちの存在を証明するのである。

『彼女の本当の本当の名前』の編者であるモーデカイも、自身のユニークなクレオライゼーションの思想を披露している。彼女は1977年に西インド諸島大学に提出した博士論文『プリズマティック・ヴィジョン　カマウ・ブラスウェイトとデレック・ウォルコットの詩における像と言語、そして構造の諸側面について』において、「プリズマティック」という概念を提唱している。この博士論文は書籍として出版されてはいないが、この概念自体は彼女が発表したウォルコットに関する論文で説明されている。「簡単に表現すると、プリズム状の意識または認知に関する習慣とは、『時に解き明かされることのない複数性の経験を知覚し解釈する傾向』のことである。それは、論理的、直線的な知の方法とは全く異なるものである。それはまた、弁証法的でもない。(……)プリズム状に知覚することで耐えられるのは、この多様な他者に触れる感覚である」[*54]。モーデカイの「プリズマティック」は、カリブ海における異なった文化的、人種的背景を持った人々が、クレオライゼーションの過程で互いに出会う中でその衝撃を耐え、新しい共同体へと自分たちを変えてゆくことのできる多彩な意識である。『クンブラの外へ』の序章でも、モーデカイは、「プリズマティック」を「本質的に直線状の知の方法では制限されていた複数性への衝動である」と表現している。[*55]また同書においてフィドーは、カリブ海の女性がジェンダーと階級、そして人種という3つの変数を経験していることを説明する際、モーデカイを参照する。そして、「プリズム状の現実」を「カリブ海思想の様式の特徴のひとつ」と述べている。[*56]

その後も1999年にはベリンダ・エドモンドソンが『男性を作ること』(*Making Men*)を、2000年にはアントニア・マクドナルド＝スマイスが『西インド諸島に家を作ること』(*Making Home in the West Indies*)を、2005年にはクーデラ・フォーブスが『国からディアスポラへ』(*From Nation to Diaspora*)を出版し、カリブ海女性たちは自分たちの言葉で自分たちの作品を語り、自分たちの存在を世界中に見せつけていった。2012年にはオディール・ファーリィが『ある〈関係〉の詩学』(*A Poetics of Relation*)を出版し、グリッサンの〈関係〉の詩学とフェミニズムを混淆させることで、より一層環カリブ海的な志向の強いフェミニズム理論を打ち出した。ファーリィは、グリッサンの詩学にはなかった女性の視点でカリブ海のクレオライゼーションの理論を展開していき、リゾームではなくマングローブのメタファーを「〈関係〉とクレオライゼーションの理論の女性的な拡張」として提唱する。[*57]「マングローブは、特に女性による介入のメタファーとして使われている。しばしば先祖への回帰を求めてしまうことで、さまざまな局面で言説の囲い込みや一種の共同体の知的な死という結果をもたらしてきた男性主義的な伝統に対して、女性たちがもたらすことのできる再生化の効果を認識するためだ」。[*58]オキャラハンが主張したように、女性思想家たちの介入は男性思想家たちの「マスターテープ」を変化させ続ける。つまり、女性思想家たちは、女性の観点で男性たちの言説を読み直し、それを自分たちの私-像を映す言葉へと変えていくのである。

カリビアン・フェミニズムによって女性の経験を語る言葉の重要性を知ったカリブ海社会からは、女性作家や批評家たちが続々と出現している。ローダ・レドックやカイアマ・グローヴァー、パトリシア・モハメドやカマラ・ケンパドゥー、ポーラ・モーガンなど枚挙にいとまがない。さらにディアスポラの経験を経たカリブ海の女性たちは、欧米でも自身の言葉で女性の経験を語っている。オードリ・ロードやアンダイエ、ロクサーヌ・ゲイといったフェミニストたちは、世界的にもフェミニズム研究の対象とされる言説を提供してきた。日本では、彼女たちは「ブラック・フェミニズム」の文脈で理解されることがほとんどだが、彼女たちがカリブ海の背景を持っていることをご存じだろうか。ブラックという修飾語のみが注目を浴び、カリブ海が脱色された形で彼女たちが読まれているのは残念である。

現在のカリブ海では、フェミニズムの流れは男性たちの意識も変えていっている。『流浪の歓び』において女性の経験を描くことのなかったラミングも、ある講演で、「男女関係の機能不全状態を、ジェンダーに関する改革運動に閉じ込めることはできない。というのも、女性の解放は、社会全体の解放なしにはありえないからだ。カリブ海の女性の解放のための闘いにおいてこそ、人種や民族の対立が抱える複雑さが最も瓦解しうるのである」と述べ、カリブ海におけるあらゆる対立を乗り越えるためには、男女の不平等を解決する必要性を説いている。*59 ラミングの世代では男性優位の価値観が当然視されており、ラミングの後年の女性に対する意識の変化も決して十分ではないかもしれない。しかし、カリビアン・フェミニズムは彼らの「マスターテープ」を変えてゆく。そして、女性だけでなく男性もその実践に参加する思想運動へと変貌を遂げつつある。

クレオールを礼賛するのはいい。ただ、その美しい礼賛の言葉の裏で、男性思想家たちが女性たちを抑圧し続けてきたという事実にも目を向けるべきである。カリブ海の女性たちは植民地支配に耐え、同郷の男性たちの抑圧に勇敢に抵抗し、男性優位の言説に介入していき、そして今、女性の私―像を描く自分たちの言葉を紡いでいっているのである。

＊1　Marlene Nourbese-Philip, *She Tries Her Tongue, Her Silence Softly Breaks* (London: The Women's Press), 1993, 90.
＊2　清水晶子『フェミニズムってなんですか?』（東京：文藝春秋、２０２２年）、24。
＊3　同書、29。
＊4　同書、20。
＊5　岡真理『彼女の「正しい」名前とは何か　第三世界フェミニズムの思想［新装版］』（東京：青土社、２０１９年）、67。
＊6　C・T・モーハンティー『境界なきフェミニズム』、堀田碧監訳、菊地恵子・吉原令子・我妻もえ子訳（東京：法政大学出版局、２０１２年）、26。
＊7　岡『彼女の「正しい」名前とは何か』、１５９。
＊8　同書、69。
＊9　同書、１６２（強調原著者）。
＊10　Carole Boyce Davies and Elaine Savory Fido, "Preface: Taking It Over: Women, Writing and Feminism," in *Out of the Kumbla: Caribbean*

Women and Literature, ed. Carole Boyce Davies and Elaine Savory Fido (Trenton: Africa World Press, 1990), xii.

＊11 Ibid.

＊12 Sylvia Wynter, "Afterword: Beyond Miranda's Meanings: Un/Silencing the 'Demonic Ground' of Caliban's 'Woman,'" in *Out of the Kumbla: Caribbean Women and Literature*, ed. Carole Boyce Davies and Elaine Savory (Trenton: Africa World Press, 1990), 355-56.

＊13 Sylvia Wynter, "Beyond the Word of Man," 640.

＊14 Wynter, "Afterword," 353-64.

＊15 Ibid, 365.

＊16 Ibid.

＊17 20世紀初めのトリニダードにおけるフランソワ、ジェファーズ、グレイグらの活動は、ローダ・レドックの研究が詳しい。Rhoda Reddock, "The Early Women's Movement in Trinidad and Tobago, 1900–1937," in *Subversive Women: Historical Experiences of Gender and Resistance*, edited by Saskia Wieringa (London: Zed Books, 1995), 101-20.

＊18 Una Mason, quoted in Imaobong D. Umoren, "'This is the Age of Woman': Black Feminism and Black Internationalism in the Works of Una Marson, 1928-1938," *History of Women in the Americas* 1, no. 1 (2013): 50.

＊19 Bennett, *Selected Poems*, 129.

＊20 Brathwaite, *Contradictory Omens*, 19.

＊21 Vera Kutzinski, *Sugar's Secrets: Race and the Erotics of Cuban Nationalism* (Charlottesville: University of Virginia Press, 1993), 168.

＊22 Ibid.

＊23 Lamming, *Pleasures*, 15.

＊24 Jotzna Singh, "Caliban versus Miranda: Race and Gender Conflicts in Post-Colonial Writings of The Tempest," in *Feminist Readings of Early Modern Culture: Emerging Subjects*, ed. Valerie Traub, M. L. Kaplan, and D. Callaghan (Cambridge: Cambridge University Press, 1996), 194.

＊25 Paquet, introduction to *Pleasures*, xxi-xxii.

＊26 Wynter, "Afterword," 361.

＊27 A. James Arnold, "Caliban, Culture and Nation-Building in the Caribbean," in *Constellation Caliban: Figurations of a Character*, ed. Nadia Lie and Theo D'haen (Amsterdam: Rodopi, 1997), 239.

＊28 Brathwaite, quoted in ibid.

＊29 Ibid.
＊30 Ibid., 239-40.
＊31 セゼール「もうひとつのテンペスト」、20－21。
＊32 A. James Arnold, "The Erotics of Colonialism in Contemporary French West Indian Literary Culture," *New West Indian Guide* 68, nos. 1/2 (1994): 5.
＊33 ベルナベ、シャモワゾー、コンフィアン『クレオール礼賛』、55－56（強調原著者）。
＊34 同書、67－68。
＊35 Richard Price and Sally Price, "Shadowboxing in the Mangrove," in *Caribbean Romances: The Politics of Regional Representation*, ed. Belinda J. Edmondson (Charlottesville: University of Virginia Press, 1999), 141.
＊36 Ibid., 142.
＊37 Confiant, quoted in ibid.
＊38 Chamoiseau, quoted in ibid.
＊39 J. Michael Dash, *Edouard Glissant* (Cambridge: Cambridge University Press, 1995), 23.
＊40 Price and Price, "Shadowboxing," 143.
＊41 パトリック・シャモワゾー、ラファエル・コンフィアン『クレオールとは何か』、西谷修訳（東京：平凡社、２００４年）、２８９－90。
＊42 Maryse Condé, "Order, Disorder, Freedom, and the West Indian Writer," *Yale French Studies* 97, no. 2 (2000): 129.
＊43 Maryse Condé, "Créolité without the Creole Language?" in *Caribbean Creolizations: Reflections on the Cultural Dynamics of Language, Literature, and Identity*, ed. Kathleen M. Balutansky and Marie-Agnès Sourieau (Gainesville: University Press of Florida, 1998), 106.
＊44 Françoise Pfaff, *Conversations with Maryse Condé* (Lincoln: University of Nebraska Press, 1996), 114.
＊45 Ibid.
＊46 Selwyn R. Cudjoe, "Introduction," in *Caribbean Women Writers: Essays from the First International Conference*, ed. Selwyn R. Cudjoe (Wellesley: University of Massachusetts Press, 1990), 5.
＊47 Evelyn O'Callaghan, *Woman Version: Theoretical Approaches to West Indian Fiction by Women* (London: Macmillan Caribbean, 1993), 10.
＊48 Dick Hebdige, *Cut 'N' Mix: Culture, Identity and Caribbean Music* (New York: Routledge, 1987), 10.

＊49 O'Callaghan, *Woman Version*, 11.

＊50 Myriam J. A. Chancy, *Framing Silence: Revolutionary Novels by Haitian Women* (New Brunswick: Rutgers University Press, 1997), 107.

＊51 Ibid., 117.

＊52 Ibid., 38.

＊53 Myriam J. A. Chancy, *Searching for Safe Spaces: Afro-Caribbean Women Writers in Exile* (Philadelphia: Temple University Press, 1997), 9.

＊54 Pamela Mordecai, "'A Crystal of Ambiguities': Metaphors for Creativity and the Art of Writing in Derek Walcott's Another Life," *World Literature Written in English* 27, no. 1 (1987): 93.

＊55 Pamela Mordecai, foreword to *Out of the Kumbla*, ed. Boyce Davies and Savory Fido (Trenton: Africa World Press, 1990), viii.

＊56 Elaine Savory Fido, ""Textures of Third World Reality in the Poetry of Four African-Caribbean Women," in *Out of the Kumbla: Caribbean Women and Literature*, ed. Boyce Davies and Savory Fido (Trenton: Africa World Press, 1990), 43.

＊57 Odile Ferly, *A Poetics of Relation: Caribbean Women Writing at the Millennium* (London: Palgrave Macmillan, 2012), 3.

＊58 Ibid., 6.

＊59 George Lamming. *Coming, Coming Home Conversations II: Western Education and the Caribbean Intellectual Coming, Coming, Coming Home* (Philipsburg, St. Martin: House of Nehesi Publishers, 2000), 39.

第15章

クレオールの精神　カリビアン・クィア・スタディーズ

あなたの「クィア」が指すものは

これこそが問題なのだ。この極めて西洋的な、第一世界の認識論は、クローゼットやクィアネス、ゲイネスといった独自の概念を持ち、そう、従来犠牲になってきた主体性の数々を説明しようと試みているのだが、ある言語を用いているのである。それは中心から生じ、常に自身の権力を振るうことになる。それは常に一種の植民地的言語なのだ。その植民地的言語によって、おそらくはその過程で何かが失われるのは避けられないという翻訳に関する長年の自明の理を理解せずに、私たちは他のポストコロニアル的経験を翻訳しようとするのである。*1

1492年のコロンブスによる「発見」から、西洋列強の植民地政策の場として搾取され続けたカリブ海。そこでは400年以上にわたり、奴隷制や年季奉公制を通して暴力的に引き合わされたヨーロッパ、アフリカ、そしてアジアの3つの世界が衝突し、混淆していった。その過程で、カリブ海の土壌には新たな思想の種が蒔かれた。その種は1930年代の労働運動に芽生え、1950・60年代の独立期にその開花を迎えた。白人を「人間」の普遍的理想と想定する西洋思想に真っ向から抵抗し、「存在論的不純性」を肯定するその独特な思想は、西洋中心的な言説を解呪する力を秘めている一方で、性差別的価値観を再生産し続けるイデオロギーを含んでいた。その男性優位な機軸に1980年代に女性たちが介入することで、カリブ海思想はカリビアン・フェミニズムの隆興を迎え、女性の経験を女性の私‐像を語ることのできる言語を編んでいった。そして今、カリブ海思想は新たな局面を迎えている。それが、脱植民地化が進むカリブ海社会において、支配的な異性愛規範の前提や秩序を問いただすクィア・スタディーズの発展である。

1990年代にアメリカを中心に発展したクィア・スタディーズは、もともと「変態」を意味する「クィア」という侮蔑的な言葉をあえて用いることで、非異性愛者に向けられてきた差別意識と社会の差別的構造を転倒させ、非異性愛者の生と性のあり方と価値観の積極的な再定義を試みる研究である。1970年代から80年代にアメリカ合衆国を中心に先鋭化したレズビアン／ゲイ・スタディーズや運動を通して、異性愛以外のセクシュアル・アイデンティティがレズビアン、ゲイ、バイセクシュアル、トランスセクシュアル、トランスジェンダーといったように細分化されていった。クィアは、「細分化された数々のセクシュアリティのあいだの差異、あるいは各セクシュアリティをめぐって交錯する多様な差異を浮かび上がらせ、差異そのものについて思考を深化させるための概念として提唱されたのである」[*2]。クィア・スタディーズは、男女の性別二元論に基づいた異性愛的ジェンダー規範を拒否し、多様なセクシュアル・アイデンティティを持つ人々の間の連帯可能性の地平を開く、脱構築的な思想の実践のひとつなのである。この批評の代表格で、『男同士の絆』や『クローゼットの認識論』などで知られているアメリカ人文学研究者イヴ・コゾフスキー・セジウィックも、クィアが示すのは、「様々な可能性、ずれ、重なり合い、不協和音と共振、意味の失効や過剰などからなる開かれた網状の組織である。どんな人のジェンダーあるいはセクシュアリティを構成する要素も、画一的に意味するようにはさせられない（もしくはさせられえない）のだから」と主張する。*3

クィア・スタディーズは、セクシュアリティやジェンダーという観点からだけでなく、人種という視座からも、多様な主体性の間のあらゆる差異を意識しながら、連帯を模索する。アメリカのアカデミズムにおいて、「クィア」という用語を初めて使い、クィア・スタディーズの先駆者とされるテレサ・デ・ラウレティスは、あるインタビューでこう述べている。「私にとっては、人種とセクシュアリティの関係について話すのが重要でしたし、さらにジェンダーも含めて話したかったのです。私にとってクイア・セオリーというのは、その言葉をもってそうした問題について話すことができるような概念なのです」*4。セジウィックも、クィア・スタディーズの発展をこのように説明している。「最近の『クィア』に関するものの中でも最も興奮を覚えるものの多くが、ジェンダーやセクシュアリティのもとに包摂できない次元の方へとその用語を紡いでいっている。たとえば人種や民族、ポストコロニアル的なナショナリティが、アイデンティティを構成しアイデンティティを揺さぶるこれらや他の言説と交差する方法で。（……）そうすることで、（……）『クィア』という用語は自身を深め、変化してゆくのだ」*5。アイデンティティを構成しつつも同時に揺さぶるクィアという概念の射程には、人種や民族、そしてポストコロニアル的状況までもが想定されている。人種間の差異を認めつつ連帯を図る、異性愛以外のセクシュアリティのあり方を実践する人々の生きられた経験を、クィア・スタディーズは語ろうとするのである。『ジェンダー・トラブル』や『問題＝物質（マター）となる身体』などで有名なジュディス・バトラーも、こう表現している。「問うべきは、パフォーマティヴィティの理論が人種へと輸送可能かどうかではなく、人種と向き合おうとしたとき、理論に何が起こるかである」[*6]。

しかし、人種という変数に対してこのような包摂的な姿勢が宣言されている一方で、実際のクィア理論には白人優位性、そして欧米中心性が内在しているということは否めない。欧米から輸出されるクィアの言説には、欧米社会が想定する文化的、社会的文脈とは異なる文脈との間で生じる差異を無視して、クィアの経験を欧米の視点で画一化してしまう傾向がある。訳者の船倉正憲が「ゲイの存在論」と称するレオ・ベルサーニの理論も、黒人のゲイ男性やレズビアン女性について言及しているが、ある白人優位な認識論的枠組みに囚われているように見える。

人種差別とホモフォービアには強い投影のエネルギーが含まれているが、この投影の点で両者はまったく違っている。白人の人種差別者は自分の空想した卑猥なセックスを黒人に投影するが、彼らが作り出す「黒人の本質」――（彼らが密かに羨望する）セックスの動物であるだけではなく怠惰で暴力に走りやすくて知的に欠陥がある――は、彼らが外部からの脅威、すなわち彼らが考える個人の安全、経済的保証、白人文明の偉業に加えられる脅威に対する反応である。黒人は危険で劣等な人種であり、わたしたち白人を殺すかもしれない。ところが、この人種差別者が、黒人になれ、と黒人が自分を誘惑するのではないか、という不安に駆られることはありえないだろう。これとは反対に、ホモフォービアたちはずばりこの不安に駆られるのである。ゲイにゲイであることを公言されたり、彼らに同等の権利を認めたり、彼らに自分の正体と欲望対象に関する発言を許したりすると、自分はゲイに誘われる危険を冒すことになる。

(……)黒人排斥のほうは少なくとも一時的には人種差別者の不安を鎮めるだろう。確かに破壊衝動が黒人恐怖を育てた事実に本当らしい歴史的証拠を与えるにはもう数人の証言者を見つける必要があるだろう。それでも、少なくとも黒人自身に関して言うと、彼らが押し付ける脅威は彼らが滅亡すれば消滅してしまう。むしろ黒人はこの驚異の具体化ではないが、これに対してホモセクシュアリティの脅威のほうはその特徴と見なされるものに潜んでいないのである。というのは、その脅威はホモセクシュアルであることとぴたり同じなのである。ホモセクシュアルたちの集団であることを悟られずにホモセクシュアリティの脅迫感をかもしだせるグループなどないだろう(今黒人が耐えている空想の重荷を韓国人に投影しはじめたとしても、韓国人は黒人にならないだろう)。[*7]

イアン・バーナードは、「レオ・ベルサーニは黒人ゲイ男性とレズビアンを明確に論じることで有色のクィアの人々を説明する必要性を認識しているように見えるが、『黒人』と『ゲイ』、『黒人のホモフォービア』と『ゲイの人種差別』というバイナリーに陥ることで、再び有色のクィアの人々の複数のアイデンティティを消し去ってしまっている」と指摘している。[*8] ハイデガーの存在論と似たような形で、ベルサーニの「ゲイの存在論」はその中心的視点がアメリカ白人の経験に基づくものであり、有色人種のクィアは他者化されている。バトラーも実際にクィア理論における白人優位性を認識しているようで、「ある文脈では、その語は、『レズビアン・ゲイ』という語が時に意味するいっそう制度化され改革主義的な政策に抵抗したいと考える、より若い世代に訴えるものであり、別の文脈では、また時に同じ文脈でも、それは主に白人による運動を示してきたし、その運動は、非白人共同体の内部で『クィア』が果たしている――あるいは、果たし損ねている――役割にあまり関心を示してこなかった」と述べている。[*9] このように、クィアを巡る現代思想も、白人優位で欧米中心的な価値観からは逃れられていない。

多くの思想家たちが、この欧米の認識の枠組みの外側に立ち、マスターテープである欧米のクィア・スタディーズに介入している。彼らは、その包摂的な言説が、実のところ白人中流階級の経験を主に反映しているとして批判を展開している。その批判的潮流の急先鋒的存在が、グロリア・アンサルドゥーアである。テキサス州南部で、スペイン系の祖先をもつ父とメキシコのインディアンの祖先をもつ母の間に生まれたアンサルドゥーアは、「私はボーダーウーマン（"a border woman"）

である。私はメキシコ（インディアンの影響が強い）とアングロ系（自身の領土で植民地化された民族のひとりとして）というふたつの文化の間で育った」と自らを形容する。[*10]「チカーナ」（メキシコ系アメリカ人女性）である自分の雑種的アイデンティティを「ボーダー」とし、アンサルドゥーアは「チカーナ・フェミニズム」という見地からクィア・スタディーズに鋭い批判を加える。彼女は、1991年というクィア・スタディーズの歴史において早い段階から、クィア・スタディーズがレズビアン／ゲイ・スタディーズと同様人種という問題に無頓着であると指摘している。

それは、白人中流階級のレズビアンやゲイ男性が議論の条件をまとめあげるという慣例に追従してしまっている。クィア理論を生み出してきたのは彼らであり、大概彼らの理論は、私たち有色人種のゲイたちを抽象化している。彼らは学術界や活動家コミュニティにおけるクィアに関する知識の生産を支配している。ゲイ・ポリティクスやゲイ美学のヒエラルキーの上位に位置する彼らは、いともたやすく自分たちの作品を出版し、広めることができる。彼らはクィア的人種的民族的他者の領域に入り込み、再び名前を刻み込み、再植民地化する。彼らは私たちの経験や人生さえも利用し、私たちを「書き立てる」。彼らは理論化の空間を占拠し、彼らの理論は、人々に可能性や解放を与えることを目指しているにもかかわらず、しばしば人々を無力化し新植民地化する。彼らは有色人種のクィアを理論で取り締まるのだ。彼らは理論化する。つまり、英米的あるいはヨーロッパ的なアプローチ、スタイル、方法論によって現実のかたまりを認識し、整理し、分類し、名づけるのである。彼らの理論は、私たちがクィアであることについて考える方法を制限するのだ。[*11]

クィア・スタディーズが白人優位性を保ったまま有色人種の非異性愛者たちを「再植民地化する」、というアンサルドゥーアの批判は極めて重大である。私たちは普段欧米から輸入した理論に集り、最先端のものとして貪っている。だがアンサルドゥーアに言わせてみれば、欧米知識人たちが学術界を独占し、支配的に生産するクィアの知識体系は、クィアの経験を白人中流階級の経験によって一般化している。それは確かに同じように異性愛的規範による抑圧を受けている世界中の非異性愛者たちにエンパワメントを与えているかもしれない。しかしそれは同時に、「クィア的人種的民族的他者の領域に入り込み」、その他者の人生を利用して「書き立て」てしまっているかもしれないのだ。

私たちは、クィア・スタディーズを含めた欧米の理論に学ぶ一方で、その理論が孕む白人優位性を批判するアンサルドゥーアのような思想家たち、活動家たち、そして当事者たちの声にも耳を傾けなければならない。セジウィックやバトラーのような欧米の社会や文化、歴史に依拠したクィアの概念、または欧米から輸入されたクィア理論に依拠してあなたが「クィア」と言う時、それは誰を指しているのだろうか。最初にイメージとして浮かび上がるのは誰だろうか。ウィンター的に言えば、クィアという言葉が表象する人間主体は主に白人であり、クィア・スタディーズは他の理論と同様に白人の経験を普遍化することで非白人を周縁化・他者化している可能性がある。それゆえ、クィアにまつわる理論も、解呪の対象として批判的に見られなければならない。アンサルドゥーアは、こうも述べている。「クィアは、あらゆる人種、民族、階級のすべての『クィア』が押し込められる、偽りの統一を与える傘として使われている。外部の者たちに対して団結を強めるために私たちはこの傘を必要とする時もある。しかしその下に逃げ場を探すときでさえ、この傘が私たちの差異を均質化し、消し去ってしまうことを忘れてはならない。そう、私たちはみな同性を愛しているかもしれないが、同じではないのだ」[*12]。

クィアという概念が「偽りの統一を与える傘」となり果てるのは、アンサルドゥーアが指摘しているように、文化間や人種間の差異が無視され、白人中流階級のクィア的経験がクィアの一般的経験とされる時だ。カリブ海研究者のコフィ・キャンベルは、カリブ海出身のクィア作家、芸術家、そして活動家たちとのインタビューをまとめた著作『クィア・カリビアンが語る』(*The Queer Caribbean Speaks*)を2014年に出版し、その序説でこう指摘している。「もしセクシュアリティやアイデンティティが本当に社会的に構築されるのであれば、それらを単独で説明することのできる普遍的な理論などない。ならば私たちはそれらを生み出す特定の文化や社会に注意を払わなければならない(……)」[*13]。もしジェンダーが本質的なものではなく社会によって構築されるものなのであれば、もし社会からの要請によって男が男に、女が女に「なる」のであれば、世界に点在する様々な社会の間にある差異が必ず問題となるはずだ。しかしクィア理論は、「ジェンダーが社会の構築物」であることを前提としているにもかかわらず、欧米の社会におけるクィアの経験を普遍化し、それによって非欧米社会に生きる差異を持った人々を均質化し、「単独で説明」しようとしてしまっているのではないか、とキャンベルは論じるのである。

現在、カリブ海におけるクィアの経験を携えた新世代のカリブ海思想家たちが、クィア・スタディーズに内在する非欧米社会との不均等なパワーバランスに批判を加えながら、自分たちの声を世界に響かせ始めている。その代表格のひとりが、冒頭で私が引用したクィア理論批判を展開したジャマイカ人作家で詩人のカイ・ミラーである。自身がゲイであることを公言しているミラーは、言語と植民地主義の相関性を取り上げ、クィア理論が新植民地主義的な影響をカリブ海の非異性愛者たちに与えていると主張する。異性愛的規範に対して「領域侵犯的」であるジェンダー・パフォーマンスのすべてが、『クィア』や『LGBT』という新植民地的な概念もしくは文化で容易くマッピングできるわけではない」[*14]。しかし、長い間植民地支配を被り、いまなおその残滓と闘い続けているジャマイカなどのカリブ海社会には、「言葉や概念がいつも外から輸入されている新植民地的世界」が広がっており、それゆえ「ポストコロニアル的主体は、輸入された用語で、誰かの憐みの視線を通して自身を理解し始め、そして自身が抑圧されているということを理解するのである」[*15]。

カリブ海のような非欧米社会に生きるレズビアン、ゲイ、バイセクシュアル、トランスジェンダーなどの人々は、植民地支配の影響に今でも抵抗しながらも、欧米から輸入された誰かの言葉でしか自分を表現することができない。しかし、自分たちの経験をその「植民地的言語」によって翻訳すると、その過程で「何かが失われるのは避けられない」。誰かが「憐みの視線」を送りながら差し出してくるその「クィア」という傘は、アンサルドゥーアが言う差異を均質化し、消し去ってしまうような「偽りの統一を与える傘」かもしれないのだ。

欧米社会の白人中流階級の経験とは異なったカリブ海社会特有の地域的経験は、欧米の学術界に理論として容易には受容されないし、キャンベルが言うように、「西洋が用意した鋳型へとしつけられて収まらない限り、他のクィア・セクシュアリティは即座に偽物の烙印を押される」可能性が常にある。[*16] しかし、この本を通して私が言い続けてきたことだが、「人間」をテーマとする理論が、普遍性を標榜しながら地域性を無視することがあってはならない。キャンベルとのインタビューで、ガイアナ人作家のフェイザル・ディーン・フォレスターはこう述べている。「私自身の経験から言っても、西インド諸島のゲイの友人たちが長年にわたって私に語ってくれたことから言っても、カリブ海には違う種類のクローゼットがあるのです」。[*17] カリブ海思想において新たな波を起こしている新世代のカリブ海思想家たちは、上の世代が磨きあげた思想を応用しながら、同時に欧米中心的なクィア・スタディーズに介入し、自分たちの言葉へと置き換えることで、自分たちの「違う種類のクローゼット」の経験を語ろうと試みている。

身体図式、歴史的・人種的図式、ジェンダー図式

ミラーやフォレスターのような新世代のカリブ海作家たちが、クィア理論に介入しながら言語化しようとしているカリブ海のセクシュアリティやジェンダー、そして非異性愛者差別の問題は、カリブ海思想のルネサンス期に活躍しその発展に貢献した偉大な思想家たちが無視、もしくは放置してきたものである。人種間や文化間の対立をクレオライゼーションという概念で乗り越える、その包摂的なクレオール的視座を礼賛されてきたにもかかわらず、カリブ海思想は今まで異性愛的規範をまったく疑問視せずにいたのだ。それによって、非異性愛的セクシュアル・アイデンティティの持ち主たちへの差別は言語化されることなく、抑圧され続けてきたのである。アフリカ系アメリカ研究とカリブ海研究に従事しているフェイス・スミスは、こう指摘している。「啓蒙主義的な二元論やルーツ（roots）を否定し、ルーツ（routes）やリゾーム（rhizome）、ヴェリション（verrition）やカオスに寛容であることで華やかに賞贊されている理論家たちは、彼らが忌み嫌う純血主義者と同じ様に、生殖的な異性関係に依存している」[*18]。カリブ海思想の代表格であるブラスウェイトやウォルコット、セゼールやグリッサン、そしてクレオリテ派たちは、リゾームやヴェリション、カオスといった概念をもちいて、差異や異種混淆に開かれた理論を提供してきたにもかかわらず、男女性別二元論に基づいた異性愛的規範に依存しており、結局自分たちが批判してきた純血主義者たち

と同じ穴の狢なのだ。[*19] つまり、カリブ海思想の偉大な先駆者たちは、植民地支配を通した人種的異種混淆から生成される複雑で流動的な文化を理論化する一方で、性別二元論に囚われていることを顧みもしないため、クレオライゼーションという変化の過程におけるジェンダーやセクシュアリティという側面を認識し損ねてきた、ということだ。黒人文化、ジェンダー研究者のオミセケ・ティンスレーもこのように主張している。「包括的クレオール性に関する最も有名な理論家たちは、自分たちが抱えてしまっている二元的なジェンダーやセクシュアル・アイデンティティに根ざした新植民地主義が、自分たちのプロジェクトの基本であると彼らが表明しているあの複雑性をいかに損なっているかを認識していないことが多い」[*20]。彼らの「存在論的不純性」には、ジェンダーやセクシュアリティに関する不純性が含まれていない。カリブ海の非異性愛者たちは、彼らの味方となってくれるはずの言説にも放置され、何重にも抑圧されてきたのである。

新世代のカリブ海思想家たちが綴るクィアの経験を知れば、上の世代がいかにセクシュアリティやジェンダーという問題に無頓着であり続けたかがわかる。ここで、ミラーによる身体経験に関する思索を解説したい。彼は評論集『私が差し控え続けてきたもの』(*Things I Have Withheld*)において、身体について書くことを宣言している。「私は、私たちの身体について書きたいと思う。身体が何を意味するのか、どのように意味付けするのか、そして、私たちの身体が世界中を、時間や空間を越えて移動するにつれ、その意味がどのように変化していくのかについて書きたいのだ」[*21]。この評論集で、ミラーは人間の存在が身体を通して世界と関わりあうという哲学的な考察を披露している。「私たちは身体の助けを借りて、あるいは身体のせいで、関係してゆくのだ——私たちがいつも考えているわけではない意味を、身体が持っているからこそ」[*22]。新しい時代のカリブ海思想家たちの中でも、ミラーはとりわけ私たちの経験における身体性を重要視している。というのも、身体には、世界と人間、そして人間同士がどのように関係してきて、どのように意味が作られていったかという歴史が刻み込まれているからだ。

世界と関わる媒体としての身体を思索するミラーの思想は、メルロ゠ポンティとファノンがそれぞれ理論化した「身体図式」と「歴史的・人種的図式」と強く共鳴している。メルロ゠ポンティは、ハイデガーの存在論を補いながら、世界と人間との弁証法の場としての身体の存在論的意義を論じている。「身体とは世界内存在の媒質であり、身体をもつとは、或る生物体にとって、一定環境に適合し、幾つかの企てと一体となり、そこに絶えず自己を参加させてゆくことである」[*23]。メルロ゠ポンティによるこの「身体図式」の普遍性の限界を示したのが、ファノンである。『黒い皮膚・白い仮面』において、ファノンは自身の人種差別の経験を反映させながら、「白人の世界においては、黒人は自己の身体図式を構成するのに多大の困難に出会う」と述べる。[*24] 白人の世界では、自分の黒人としての身体は、自我と世界の弁証法的な関係としての存在論的場というよりむしろ、ただただ白人のまなざしの対象物となっている。このまなざしは歴史的に黒い肌を劣等や野蛮という否定的な像を作り上げてきた。黒人がこのような歴史的、人種的に捏造された否定的な像を背負わされていることを認識し、ファノンはこう述べている。「私としては身体図式の下に歴史的・人種的図式を造り上げてあった」[25]。フランスで彼が望んだのは、「ただ単に他の人間たちのなかのひとりであること」だった[26]。しかし、白人のまなざしは彼を黒人と分類し、否定的な像として晒し出す。「すでに白人のまなざしが、それだけが真のまなざしである白人のまなざしが私を解剖する。私は凝視・染色される。ミクロトームを調整して、白人のまなざしは私の実在の切断を客観的に行う。私は裏切られる。これら白人のまなざしのうちに私は感じとり、見てとる。新しいひとりの人間が登場するのではなく、人間の新しいタイプ、新しい種族が現れるのであることを。ニグロというわけさ！」[27]。

ジェンダー・セクシュアリティ研究者のゲイル・サラモンは、メルロ＝ポンティとファノンが展開した身体図式と歴史的・人種的図式を比較し、それぞれが「身体への逃避というものを、逆説的にではあるが社会関係から生じて身体と主体が世界に存在する道を開くもので、困難だが勝ち取ることが必要なもの」として理解する視座を提供していると論じる[28]。メルロ＝ポンティは、私たちは身体があるからこそ相互人間的な世界に存在することができるが、身体を使って「無名の生活」へと逃げ込むこともできると説明する。「正常者であっても、しかも彼が相互人間的な状況の中に入り込んでいる場合ですらも、主体は身体をもっているかぎり、そのつどその状況から身をもぎ放つ能力を持っているのだ。（……）私の身体は、世界に対して身を閉ざすことができるからこそまた同時に、世界へと私を開き、そこに私を状況づける当のものでもあるのだ」[*29]。メルロ＝ポンティの議論を解釈して、サラモンは、身体を通した匿名性への逃避という議論が、「匿名的な関係」、あるいは「詮索されることのないプライバシーという時折の贅沢」へと引きこもる能力と関連していると主張する。[*30] これはつまり、自分の特殊性により目立つことを避け、同じような身体を持つ「他の人々の群れに溶け込む能力」のことである。[*31] ファノンは、カリブ海から白人世界に身を投じ、そこで「ただ単に他の人間たちのなかのひとり」になりたいと願った。つまり、フランスの群衆の中に溶け込むことを願ったのだ。しかし、白人のまなざしは、彼の黒い身体を「凝視・染色」し、彼らの白い世界に彼が没入することを阻む。それゆえ、彼は嘆く。「私はどこに自己を位置付けるべきなのか？　あるいはまた、どこにもぐりこむべきなのか？（……）私はどこに身を隠すべきか？（……）私の身体は引き延ばされ、分断され、再びめっきされて、冬の日の白い光のなかに喪色にうち沈んで戻ってきた」[*32]。サラモンは、ファノンがフランスにおいて「他の人間たちのなか」に身を隠すことができなかったことを、彼の黒人の身体によって引き起こされたとする。そして、「（……）この匿名性そのものが、白人男性だけが享受できる、人種的に目を引かない男らしさという特権であることが示されている」と主張する。[*33]

しかし、サラモンによるメルロ＝ポンティの存在論における白人（男性）特権批判が見落としているのは、ファノンがフランスからマルティニークに戻れば、彼はその身体をもって、また匿名性を感じることができるだろうということである。というのも、そこでは人々が彼と同じように黒い肌を持っているというだけでなく、ファノンが知る限りでは、「男色の明白な存在を確認する機会がなかった」からだ。[*34] 彼の黒人としての身体は、彼をフランスで「他の人間たちのなかのひとり」にさせることはなかった。しかし、彼の異性愛者としての身体は、彼をマルティニークで「他の人間たちのなかのひとり」になるのを可能にする。ファノンの眼に見えているカリブ海という世界では、非異性愛者たちは存在していない。それゆえ、彼の異性愛を当然とする認識の枠組みに従えば、彼の異性愛者としての身体は他の人々と同等のものであり、それゆえその人々の中に埋没し、匿名性を感じることができるだろう。

この点で、ファノンは完全に間違っている。カリブ海における非異性愛者たちの存在についての彼の見解は不当である。もしくは、ファノンは非異性愛者たちをその恣意的な言葉で誤表象している、と言ってもいいだろう。彼はマルティニークにおける非異性愛者の存在を認めないし、精神科医として、「私は彼らが正常な性生活を送っているものと信じている」とまで言ってしまうのである。[*35] ファノンは異性愛が「正常」であるという観点を疑わないカリブ海思想家たちのひとつの例でしかない。彼のように、カリブ海の脱植民地化と真の解放への原動力である思想を提供し続けてきた偉大な思想家たちは、ラミングであれセゼールであれ、ウォルコットであれグリッサンであれ、そしてベニーテス゠ローホーであれウィンターであれ、異性愛的規範を当然視することで、非異性愛者たちの存在を抑圧してきた。「男色の明白な存在を確認する機会がなかった」というファノンの発言は、カリブ海思想家たちがカリブ海における非異性愛者たちを周縁化していたことを物語っている。

サラモンのように、黒人（ファノン）と白人（メルロ゠ポンティ）の二元論で身体的経験を検討してしまうと、その二元論によって抑圧されてしまうカリブ海の非異性愛者たちの地域的な経験を見落としてしまう。ミラーにとっては、そのような欧米中心の見方は、カリブ海の人々の身体が持つ人種的・文化的多様性を無視しているのである。「カリブ海の物語を語るとき、私たちは白人対黒人というふたりの登場人物だけの単純な物語としてそれを語ることがある。だが実際には、それには他にも多くの身体が存在しているのであり、その身体は多くの他の相互作用を経験し、多くの他の物語を生み出しているのである」。[*36]そこで、新世代のカリブ海思想家であるミラーは、「黒人としての私の身体、男性としての私の身体、そしてクィアとしての私の身体」について書くと宣言する。[*37]ミラー自身が経験する「クィアとしての私の身体」に関する記述は、メルロ゠ポンティとファノンの異性愛的規範を内包した身体の議論、すなわち身体図式と歴史的・人種的図式では十分に説明できない、身体のさらなる複数性・複雑性を認識させてくれる。そのため私は、ミラーの「クィアとしての私の身体」の記述を「ジェンダー図式」と呼んで差異化している。[*38]

ミラーやフォレスターだけでなく、マーロン・ジェイムズ、ニコール・デニス＝ベン、ステイシーアン・チンといった新世代のカリブ海作家たちが、自分たちのクィアとしての身体の経験を文学的に、そして詩的に表現し始めている。彼らは、ファノンの「男色の明白な存在を確認する機会がなかった」という見解に真っ向から対立する。彼らの作品の登場人物たちは、カリブ海において非異性愛者たちが表立って自分たちのセクシュアル・アイデンティティを明かさず、ファノンのような異性愛主義者たちの視界に現れない理由を言語化している。彼ら／彼女らは異性愛的な身体的ふるまいを演じる。というのも、自分たちの「クィアとしての身体」が社会に晒されてしまうと、おぞましいほどの差別と迫害にあうからだ。カマラ・ケンパドゥーが言うように、カリブ海の「過剰なセクシュアリティ・過剰な家父長制」（"hypersexuality and hyperpatriarchy"）は、その社会構造を決定している。「［過剰なセクシュアリティは］カリブ海に長年にわたって浸透してきたイデオロギーに関するものである。そのイデオロギーは、カリブ海の人々は性欲が過剰に活発であり、アイデンティティの指標としてセクシュアリティに過度に依存しているというものだ。カリブ海のセクシュアリティは正常ではなく、過剰なのである（……）」。[*39] カリブ海の社会では、過剰なほどの男らしさや女らしさがアイデンティティとして価値を持っている。新世代の作家たちの作品が見せるのは、その異性愛的規範に届かない人々、もしくはそれに従おうとしない人々（とりわけ男性の同性愛者）が、その社会の侮蔑や差別、そして排除の対象となってしまう現実である。

「石の恐怖」、「セクザイル」の経験

ミラーの短編集『石の恐怖』は、ジャマイカにおけるゲイ男性たちの身体的経験を描き、この過剰なセクシュアリティに価値を置く社会において非異性愛者として生きることの難しさを表現している。ジャマイカでは同性愛が犯罪であるのだが、この法律が、植民地支配の時代に西洋から押し付けられたものであることを忘れてはならない。ジャマイカのような旧英領カリブ海の国々では、イギリスの法律を基に、いわゆる「ソドミー法」が１８６４年に制定され、それが独立後の今でも存在している。ミラーはこの法律を「我々の植民地時代の遺産」と指摘している。[*40] ジャマイカ人文化研究者のドナ・ホープの解説を以下引用する。

その第76項には、「人間ないし動物との肛門性交という忌まわしき罪を犯した者は、10年以下の禁固刑及び重労働に課せられる」とある。また第79条では公的か私的かを問わず、男性間の「はなはだしくわいせつな行為」を一切禁じている。この項の定義する肛門性交には、人間の男女間・男性間のものと、人間と動物の間で行われるものとが含まれる。そこに承諾年齢はない。第76項は肛門性交をとくに「男性間」のものと定義しているわけではない。しかし暗黙の憶測によれば、この項は男性同性愛を禁じるために作られたものだという。こうした憶測は、口承文化が文字よりも優勢な社会において、さまざまな形で口伝えで広まり、強化されている。

「はなはだわいせつな行為」という、いかようにも解釈できる表現が、「男性」という語とともに用いられ、どんな形であれ男性同性愛の行為は法律で禁止されているのだと解釈されている。[*41]

この法律を押し付けた当のイギリスは、すでに1967年にこの法律を国内で廃止している。しかし、その法はカリブ海で生き続けている。1991年のバハマ国の場合を除いて、この法律を無効にする国が出始めたのはつい最近である。ベリーズが2016年に最高裁がソドミー法を違憲とし、トリニダード・トバゴも2018年にそれに続いた。2022年にアンティグア・バーブーダ、セントクリストファー・ネイビス、そしてバルバドスが同性愛を非犯罪化した。しかし、現在でも6つの国でソドミー法は合憲となっている。それがドミニカ国、グレナダ、ガイアナ、セントルシア、セントビンセント及びグレナディーン諸島、そしてジャマイカである。ホープが言うように、「多くのカリブの国では、植民地時代の遺産として、同性愛恐怖症的な法律が残っている」[*42]。そしてこの残滓に、カリブ海の非異性愛者たちは苦しめられているのである。ところが、今までの思想的、文化的、そして政治的な脱植民地化への取り組みに、ジェンダーとセクシュアリティという問題は含まれていなかったのだ。

法律のみならず、宗教も植民地時代の残滓と言える。ホープは、ジャマイカのレゲエやダンスホールという文化において、同性愛者（特に男性）が差別の標的とされる傾向をこのように説明する。

ジャマイカには、一般的に『地獄の責め苦や業火』といったプロテスタントの信条に漬かった、キリスト教的・原理主義的な価値観が根付いている。ジャマイカのダンスホール・アーティストやダンスホールの信奉者は、キリスト教の訓示を自分たちも支持していると主張し、ほとんどのアーティストが歌の中で同性愛男性を非難する際、聖書の訓示を使用している。[*43]

このように法律、宗教、そして文化が互いに異性愛の支配的価値観を共有しあうことで、その規範に沿わない非異性愛者たちが差別を受けて当然、という社会的了解が出来上がる。ウェイン・マーシャルやグループで活動しているTOKやワード21、それにアロゼイドにエレファント・マン、そしてブジュ・バントンといった有名アーティストたちが、歌詞に男性同性愛に対して攻撃的な表現を含めた作品を出している。[*44]

ミラーは、この背景を「石の恐怖」という物語に見事に織り込んでいる。主人公のガヴィン・ウィリアムズは、ジャマイカ社会から要請された男らしさを身体で表すことができないでいる。彼の祖母であるミス・ベティは、その社会通念にガヴィンを縛る育て方を行い、その結果、彼の頭の中では常に彼女の命令する声が聞こえてくるようになっている。学校でいじめられた時、彼は頭の中で自分自身の「泣きたくなるのに、泣くのはなぜいけないんだろう？」という声を聞く。[*45] すると、祖母の声がすかさず聞こえてくる。「泣くんじゃないよ。まだあんたは若い男なんだから」[*46]。ガヴィンの身体の「男らしくない」動きは、彼が男友達数人とキングストン湾に行ったときに露呈する。彼らは石を投げて水の上で跳ねさせる遊びを始めるが、ガヴィンはそれに加わろうとしない。友人たちは彼をからかい、石を投げさせるようとする。そのグループのリーダー格のドワイトが「おい、デブのインド人！　お前の番だぞ！」と命令すると、ガヴィンはある恐怖を抱く。この恐怖は、物語の語り手によって「石恐怖症」という医学用語で説明される。「恐怖症を完全に並べ上げるリストは、おそらくそれ自体で辞書一冊になるだろう。それらのいくつかは、あなたにとって本当に実在するとは想像すらしないものだろう。たとえば10代の若者への恐怖（ティーンエイジャー恐怖症）や湖水への恐怖（湖恐怖症）、さらには石の恐怖（石恐怖症）のように」[*47]。カリブ海、そしてジャマイカの社会的現実に触れたことのない人々には、ガヴィンの恐怖は、友達の目の前で石を飛ばすのに失敗することへの恐れによるもののように見えるだろう。だが、ドワイトがガヴィンに投げつけたからかいの言葉に、その恐怖の真の意味が示唆されている。「ガヴィンはちっせぇ女みたいに投げたりしないぜ。あいつはでけぇバティマンみたいに投げるんだ！」[*48]。

彼らが港を訪れた年は、ジャマイカにおけるジェンダー問題の文脈を暗示している。1992年、「ジャマイカのダンスホールは真剣だった。（……）ブジュ・バントンがジャマイカの声として台頭し始めた」[*49]。バントンの曲の歌詞に合わせて、ガヴィンを含めた少年たちのグループは、「この堅苦しく、深刻ぶった歩き方をする。彼らはその歩き方が男ならそう動くべき歩き方だと想像していたのだ」[*50]。この物語の年代設定を考慮すると、彼らの歩き方には、バントンの悪名高い同性愛嫌悪の曲「ブン・バイバイ」の影響を受けたジェンダー・パフォーマンスの側面があると言える。この曲の歌詞には、「バティマン」(ジャマイカの言葉でバティは「尻」であり、バティマンは「ホモ野郎」を意味する)という、ドワイトがガヴィンに対して使った差別語が用いられている。ジャマイカ人作家トーマス・グレイヴは、この曲をこのように説明する。「リリース時から、この曲はジャマイカで賛成の声と共に広く受け入れられた。それは言わずもがなバントンの際立った声と音楽の才能によるものではあるが、ジャマイカの反男性同性愛的な文化的通念の数々と足並みが揃ったそのテーマのせいでもある」[*51]。

クーパーは、ある論文で、ヨーロッパや北米でこの曲に対する国際的な抗議デモが行われた数か月後、「地元の同性愛者たちがキングストンで抗議デモ行進を行い、ハーフ・ウェイ・ツリー、マンデラ・パークに集結する」という噂がジャマイカで広まっていたと述べている[*52]。この「噂されていたデモ行進の当日、あらゆる社会階層の男たちが広場に集まり、棒、石、ナタなど様々な道具で武装し、明らかに自分たちの異性愛者としての名誉を守ろうとした」[*53]。したがって、1992年は、バントンのメッセージに合わせ、男性同性愛を嫌悪し差別する人々が公の場で同性愛者たちに石を投げつける意図を示した重要な年であった。この文脈でしばしば引用される、ピーター・ノエルというジャーナリストによる論文は、1983年から1988年にかけてジャマイカでゲイと疑われた男性が大量に殺されたことを取り上げる。そして、石を投げつけてドゥーシェという名前のゲイ男性を殺したことを自慢している、スリックスタという13歳の少年に触れている。ノエルはこの少年を、ジャマイカの人々の「石による死刑や火あぶりといった中世の刑罰への信仰」を示す例としている。*54「ジャマイカでは、バティボーイを狩ることは、国民食であるフライフィッシュ・アン・バミーを渇望するのと同じぐらい本能的なものなのだ。その姿を見ただけで、魔女狩りのような騒ぎになることもある」*55。この当時の雰囲気が、ガヴィンの「石の恐怖」と密接に結びついている。

語り手は、ガヴィンの「石の恐怖」を表現する言葉が、西洋の言葉でできた世界には存在しないことを指摘する。辞書には「石恐怖症」という言葉がある。しかし、それはカリブ海固有の種類の恐怖を説明できない。

ここに論理の欠陥がある。存在するものすべてに、言葉がある。もし何かに言葉がないのであれば、それはそのものが存在しないということだ。だが、ガヴィンはいつも何に怯えているというのだろうか？　石の恐怖とは——いや、石を投げつけられる恐怖というのは何なんだろうか？　何と呼ばれるのだろうか？　ある男たちが、その背中に負っているこの予感は。そこにいる人々が、ただ真っ直ぐに憎しみを込めて、石を拾い上げて私たちに投げつけるという予感は。もぐりこまないことへ、つまり男なら属していなければならないと彼らが決めつけているあるカテゴリーに属さないことへの、糾弾、罰、そして罵りとしての投石。私たちの血に流れる、ある日友人や家族が背を向けて、私たちとの関係を否定してしまうかもしれないという予感に、名前はあるのだろうか？　言語には限度がある。そのようなものには言葉がひとつとしてない。しかし、そのようなものは存在するのだ。[*56]

ガヴィンのようなジャマイカの非異性愛者たちは、自分のセクシュアル・アイデンティティを公に曝け出さない。異性愛主義者の人々と匿名の関係であるために、異性愛者として振る舞う。だからこそ、ファノンはこの人々を視認できなかったのだ。彼らが感じる「石の恐怖」は、石によって傷つくという肉体的な暴力への恐怖だけでなく、家族や友人、コミュニティや社会がある日石を拾い上げ、彼らに投げつけるかもしれないという日常的な恐怖を象徴している。欧米社会を反映したクィア理論だけでは、このカリブ海の地域的な経験である「石の恐怖」を言語化し、カリブ海の非異性愛者たちに寄り添うことはできないのだ。

実際に、カリブ海でクィアなアイデンティティを異性愛者の人々に目撃されてしまい、迫害の対象となってしまった人々は、国外へ逃亡するまで追い込まれるほどの恐怖を経験している。この迫害や差別の果ての追放の経験を、プエルトリコ人社会学者マヌエル・グスマンは「セクザイル」と呼ぶ。「セクザイル」は、性を表す「セックス」と追放者を意味する「エグザイル」を組み合わせた言葉で、「生まれた国を自分たちの性的志向のために出ていかなければならなくなった追放者たち」を示す。[*57] 国内で「石の恐怖」に日々怯えながら生活し、自分たちのセクシュアル・アイデンティティがいざ漏れてしまうと、国を出て「セクザイル」とならなければいけないほどの差別を、カリブ海の非異性愛者たちは受けるのである。

ミラーの「タイガーロードを歩く」という物語の主人公のジャマイカ人マーク・ラングリンは、セクザイルとしてアメリカに10年近く滞在している。彼がジャマイカを去ったのは、彼が同性愛行為に及んだという噂が出回ったせいである。だが逃亡した先のアメリカでも、彼の黒人としての、そして同性愛者としての体は匿名になることができない。泥酔したインド人男性に絡まれ、「ホモのニガー野郎」という人種的かつ性的な攻撃性を併せた差別的発言を受けたことをきっかけに、マークがジャマイカに戻る決意をするところから、物語が始まる。彼を女手一つで育てた母親メアリーは、一人息子である彼を愛し、誇りに思っている。しかし、彼の女々しい身体の動かし方を心配し、「なぜあんな風に腰を振って、手首をパタパタさせて、女のように歩かなきゃなんないんだ？」と疑問に思う。[*58] マークとメアリーが暮らしている村の人々は、「ミス・メアリーが育ててんのは女の子みてぇなやつだ！」と口々に言う。[*59] このような偏見に溢れた彼らの発言は、彼らが異性愛的規範を当然視していることを物語っている。メアリーは、マークが「ちゃんとした男のように振る舞う」ようになる期待を込めて、彼をキングストンの学校へ入学させる。[*60] しかし、社会から男性に要請される男らしい振る舞いを遂に演じることができなかったマークは、いじめの対象となり、傷だらけで帰ってくることが多くなった。そのため、彼は「セクザイル」としてアメリカに滞在することになる。10年後、彼がジャマイカに戻る頃には、彼が同性愛者であるという噂は「怪しげな神話」に成り下がっていた。[*61]

しかし、アイドル・ボーイという男性との遭遇が、彼の帰国を悲劇へと変える。アイドル・ボーイは、自身に潜んでいる同性愛的傾向に恐怖し、それを他者へ投影し暴力的に攻撃することで、自分を異性愛者であると納得させ続けている。彼はマークを見ると、「それで、あんたがあいつらが言ってるバティマンか？」と問いかける。マークはここで男性らしい振る舞いが求められていることを感じ取り、異性愛者としてのアイデンティティを演じようとする。しかし、それは失敗に終わる。

笑い飛ばすんだ、と彼は自分に言い聞かせた。「このクソ野郎が、何の話だ」みたいな、何か怒りを込めた返事をしてやれ。しかし、その音はしっかりと出てこなかった。彼はマッチョなジャマイカ人男性たちの言語を知らなかった。彼はそれに心地よさを感じることがなかったのだ。彼らの身振りや独特な癖に。マークは演じることを求められた。そして突然舞台負けしてしまった。もしマークが単に舌打ちして彼を無視すれば、アイドル・ボーイは何も思わなかっただろう。しかしそうはせずに、マークは彼が座っている低い塀まで歩いていき、不器用にアイドル・ボーイの腿に手を置き、「どんな質問なのですか?」と聞いたのだ。[*62]

マークが「マッチョなジャマイカ人男性たちの」言語や振る舞いを演じることができていたら、自分のセクシュアル・アイデンティティを隠し通すことができただろう。つまり、異性愛者の中に隠れることができただろう。しかし、彼はこの演技に失敗し、彼のクィアとしての身体はアイドル・ボーイに露呈する。そして、アイドル・ボーイは即座に反応する。「バティマン! てめぇなんか失せやがれ」[*63]。

この騒動を聞きつけ表に出てきた村の人々は、アイドル・ボーイに加勢する。クィアな身体が露呈してしまったマークは、彼らの迫害の対象となる。彼らは石を拾い、それをマークに投げつけ始める。どれだけ傷つこうとも抵抗せず、自分の母が暮らしている家に歩み続ける彼に、大きな石が投げつけられ、彼は重傷を負う。メアリーが家から出てきて目撃したのは、傷だらけで地面に倒れ込んでいたマークの身体だった。

マークやガヴィンのように、カリブ海における非異性愛者たちは、国内ではひたすら「石の恐怖」に苛まれている。そして自分の愛する人を愛そうとすると、異性愛的規範を破り社会を不安定にさせる者として差別され、国外へ逃亡しなければならないという「セクザイル」の経験をする。彼らは、西洋が残していった性差別的で反同性愛的な社会通念によって抑圧され続けているのである。いつ友人や家族が、彼らを同性愛者だと嫌悪し、石を投げつけてくるかわからない。その筆舌しがたい恐怖を経験し、セクザイルになりながらも、新世代のカリブ海作家たちは、世の中に文学作品を送り出し、自分たちの声を響かせることを止めない。直視するのもつらい現実を彼らが描き続けるのは、カリブ海の非異性愛者たちに長く押し付けられてきた沈黙を破るためだ。

それでも沈黙を破ること

『私が差し控え続けてきたもの』において、身体について書くと宣言したミラーは、自身のクィアとしての身体を、これ以上異性愛的なパフォーマンスを行うことによって匿名性に浸すことを拒否する。

ジャマイカであろうと、もう二度とそのような身体にアクセスすることはないだろうと思う。私は今、間違った服を着ていると言われるし、間違ったアクセサリーを身に着けているとも言われる。場違いの感覚が私にまとわりついている。そして実のところ、私は簡単にはもぐりこみたくはないのだ（"I would never want to fit in"）。いくら目立つのが嫌いだとしても。そういうことなのだ。[*64]

ファノンがフランスで自身の黒人としての身体により目立ち、白人の群衆の中にもぐりこむことができず、「私はどこに自己を位置付けるべきなのか？　あるいはまた、どこにもぐりこむべきなのか？　（……）私はどこに身を隠すべきか？」と嘆く一方で、ミラーは、自身のクィアとしての身体をもって異性愛者の群れの中に「もぐりこみたくない」と宣言する。ミラーの決断は、新世代のカリブ海作家たちが共有する、沈黙を破るという決意を象徴している。グレイヴは、カリブ海のゲイ／レズビアン作家たちの論考を集めたアンソロジー『我々のカリブ海』の序文で、「沈黙させられ、隠れざるを得ない状況の終わりはここから始まる」と宣言している。[*65]同様に、キャンベルも著書『クィア・カリビアンが語る』が「クィア・カリビアンの人々の生活を取り巻いている沈黙」から生まれたと述べている。[*66]同性愛差別や迫害、恐怖、そしてセクザイルの経験をしてもなお、新世代のカリブ海作家たちは、クィアとしての身体の経験を文学的に表現し、非異性愛者たちに押し付けられてきた沈黙を破ろうとするのである。

彼らの活動は、カリブ海思想に新たな波を引き起こし、今まで無視されてきたジェンダーやセクシュアリティという変数を内包する必要性を前景化している。カリブ海におけるクレオライゼーションという変化の過程から生成される特有の複雑な文化は、ブラスウェイトやグリッサンたちが捉えることのできていた人種の混淆のみならず、性の流動性や多様性までもが含まれているのである。トリニダード人作家ジェニファー・ラヒムは、それを「セクシュアリティを含んだクレオールの精神」と形容する。[*67]

クィア・スタディーズの言語は、ミラーが指摘するように、植民地的言語として「中心から生じ、常に自身の権力を振るう」。その権力は、非欧米社会に生きる非異性愛者たちの特有の経験を単一化し、構造的に抑圧する。しかし世界に散らばる社会の間には差異があり、その社会それぞれに地域性がある。ならば、キャンベルが言うように、「それらを単独で説明することのできる普遍的な理論などない」。クィア・スタディーズに学びながらも、その理論が内包する欧米中心的な価値観に抵抗する新たな世代のカリブ海作家たちは、「セクシュアリティを含んだクレオールの精神」を胸に灯している。それは、カリブ海の地域性のジェンダーやセクシュアリティの側面を照らし出し、非異性愛者たちのクィア的経験を優しく包み込むのである。

＊1　Kei Miller, *Writing down the Vision: Essays and Prophecies* (Leeds: Peepal Tree Press, 2013), 101.
＊2　河口和也『クイア・スタディーズ』（東京：岩波書店、２００３年）、iii-iv。
＊3　Eve Kosofsky Sedgwick, "Thinking through Queer Theory," in *The Weather in Proust*, ed. Jonathan Goldberg (Durham: Duke University

Press, 2011), 199-200.

＊4　テレサ・デ・ラウレティス「クイアの起源：レズビアンとゲイの差異を語ること」、『実践するセクシュアリティ　同性愛／異性愛の政治学』、風間孝、キース・ヴィンセント、河口和也編（東京：動くゲイとレズビアンの会、1998年）、68。

＊5　Eve Kosofsky Sedgwick, *Tendencies* (Durham: Duke University Press, 1993), 9.

＊6　Judith Butler, preface to *Gender Trouble: Feminism and the Subversion of Identity* (New York: Routledge, 1999), xvi.

＊7　レオ・ベルサーニ『ホモセクシュアルとは』、船倉正憲訳（東京：法政大学出版局、1996年）、30-31（強調原著者）。

＊8　Ian Barnard, "Queer Race," *Social Semiotics* 9 , no.2 (1999) :199.

＊9　ジュディス・バトラー『問題＝物質（マター）となる身体――「セックス」の言説的境界について』、佐藤嘉幸、竹村和子、越智博美ほか訳（東京：以文社、2021年）、313。

＊10　Gloria Anzaldúa, preface to *Borderlands/La Frontera: The New Mestiza* (San Francisco: Aunt Lute Books, 1987), unpaged.

＊11　Gloria Anzaldúa, *The Gloria Anzaldúa Reader*, ed. AnaLouise Keating (Durham: Duke University Press, 2009), 165.

＊12　Ibid., 164.

＊13　Kofi Omoniyi Sylvanus Campbell, introduction to *The Queer Caribbean Speaks: Interviews with Writers, Artists, and Activists* (London: Palgrave Macmillan, 2014), 7.

＊14　Miller, *Writing*, 102.

＊15　Ibid.

＊16　Campbell, introduction to *Queer Caribbean*, 9.

＊17　Faizal Deen Forrester, quoted in Campbell, *Queer Caribbean*, 71.

＊18　Faith Smith, "Introduction: Sexing the Citizen," in *Sex and the Citizen: Interrogating the Caribbean*, ed. Faith Smith (Charlottesville: University of Virginia Press, 2011), 5.

＊19　特にリゾームはグリッサン、ヴェリションはセゼールを意識していると思われる。砂野幸稔によれば、ヴェリションには複数の解釈があり、ラテン語の動詞「回転する」"vertere"を意味するとするもの、ラテン語の動詞「掃く」"verrere"を意味するとするもの、そして古フランス語の「ガラスのように輝く、半透明の」"verri"から作られたとするものなどがある（セゼール『帰郷ノート／植民地主義論』、126-27）。

＊20　Omise'eke Natasha Tinsley, *Thiefing Sugar: Eroticism between Women in Caribbean Literature* (Durham: Duke University Press, 2010), 25.

＊21　Kei Miller, *Things I Have Withheld: Essays* (Edinburgh: Canongate Books, 2021), 5-6.
＊22　Ibid., 8.
＊23　メルロー＝ポンティ『知覚の現象学（１）』、１４７‐48。
＊24　ファノン『黒い皮膚』、１３０。
＊25　同書、１３１。
＊26　同書、１３２。
＊27　同書、１３６。
＊28　Gayle Salamon, "'The Place Where Life Hides Away': Merleau-Ponty, Fanon, and the Location of Bodily Being," *Differences* 17, no. 2 (2006): 97-98.
＊29　メルロ＝ポンティ『知覚の現象学（１）』、２７２‐73。
＊30　Salamon, "Place Where Life Hides Away," 109.
＊31　Ibid.
＊32　ファノン『黒い皮膚』、１３３‐34。
＊33　Salamon, "Place Where Life Hides Away," 109.
＊34　ファノン『黒い皮膚』、３１１。
＊35　同書。
＊36　Miller, *Things*, 105.
＊37　Ibid., 8.
＊38　Tohru Nakamura, "'Maybe Broken Is Just the Same as Being': Brokenness and the Body in Kei Miller's Short Stories," *Caribbean Quarterly* 68, no. 3, (2022): 398.
＊39　Kamala Kempadoo, *Sexing the Caribbean: Gender, Race and Sexual Labor* (New York: Routledge, 2004), 7.
＊40　Miller, *Writing*, 102.
＊41　ドナ・ホープ「『ホモは死ぬべきだ』　ダンスホールにおける、男らしさの表現としての同性愛恐怖を探る」、『LT1　ジャマイカの性』、森本幸代編、森本幸代訳（香川：Mighty Mules' Bookstore）、34。
＊42　同書。
＊43　同書、33。

＊44 同書、36－44。
＊45 Kei Miller, *Fear of Stones and Other Stories* (London: Macmillan Caribbean, 2006), 116.
＊46 Ibid.
＊47 Ibid., 127.
＊48 Ibid.
＊49 Ibid., 124.
＊50 Ibid.
＊51 Thomas Glave, *Words to Our Now: Imagination and Dissent* (Minneapolis: University of Minnesota Press, 2005), 240.
＊52 Carolyn Cooper, "'Lyrical Gun': Metaphor and Role Play in Jamaican Dancehall Culture," *Massachusetts Review* 35, nos. 3/4 (1994): 439.
＊53 Ibid.
＊54 Peter Noel, "Batty Boys in Babylon: Can Gay West Indians Survive the 'Boom Bye Bye' Posses?" *Village Voice* 38, no. 2 (1993): 30.
＊55 Ibid.
＊56 Miller, *Fear of Stones*, 136.
＊57 Manuel Guzmán, "'Pa' La Escuelita con Mucho Cuida'o y por la Orillita': A Journey through the Contested Terrains of the Nation and Sexual Orientation," in *Puerto Rican Jam*, ed. Frances Negrón-Muntaner and Ramón Grosfoguel (Minneapolis: University of Minnesota Press, 1997), 227.
＊58 Miller, *Fear of Stones*, 6.
＊59 Ibid. (original emphasis)
＊60 Ibid. 6.
＊61 Ibid. 6.
＊62 Ibid. 10 (original emphasis).
＊63 Ibid.
＊64 Miller, *Things*, 148.
＊65 Thomas Glave, "Introduction: Desire through the Archipelago," in *Our Caribbean: A Gathering of Lesbian and Gay Writing from the Antilles*, ed. Thomas Glave (Durham: Duke University Press, 2008), 10.

* 66 Campbell, introduction to *Queer Caribbean*, 1.

* 67 Jennifer Rahim, "'No Place to Go': Homosexual Space and the Discourse of 'Unspeakable' Contents in *My Brother* and *Black Fauns*," *Journal of West Indian Literature* 13, nos. 1/2 (2005): 121.

終わりに

本書は、出版社書肆侃侃房の「web侃づめ」にて2022年6月から2023年の5月まで全12回かけて連載していた「私が諸島である　カリブ海思想入門」を加筆修正して書籍化したもので、序章と第13章、第14章、第15章は書き下ろしである。

この連載が始まるきっかけとなったのは、書肆侃侃房の編集者である藤枝大さんからいただいた連絡だった。2022年4月のことだった。ひとまずお話をしましょうとのことで、オンラインで話をした。当初はカリブ海作家たちのエッセイを私が選んで翻訳するなどの案があった。だが結局私が藤枝さんに送ったのは、連載の第1回目となる原稿だった。

本書は、私が初めて自分の研究を日本語で表現した書籍である。私は、博士号を取得して希望を胸に帰国したまではよかったものの、日本で誰もカリブ海研究に興味を持ってくれない状況に苦しんでいた。同世代の方々が単著や共著、共訳などで華々しく業界で活躍していくのを見ながら、日本語で書く気持ちがすり減っていった。そんな状況も、留学前から予想はできていた。誰かに望まれた留学でもないし、誰かが「推す」ようなものを研究できている自信もない。正直に言えば、連載中もこの内容を誰が読むのだろうかという気持ちが常にあった。英語で論文を書けば、少なくとも海外の（アカデミックな世界の）読者がいるし、実際に *Journal of West Indian Literature* や *Caribbean Quarterly* などの海外研究ジャーナルに論文が載った際には、海外の研究者から連絡をもらっていた。カリブ海文学の受容もなかなか進んでいない日本で、カリブ海思想について日本語で書いたとして、読者はいるのだろうか。いたとしても、理解してくれるのだろうか。

ラミングは、1950年代、1960年代にイギリスに渡り、執筆活動を始めたカリブ海作家たちが、いつも「外国人読者」（"the foreign reader"）に向けて書いていたと述べている。[*1] 当時のカリブ海の識字率は低く、読み書きができる人々は中産階級以上の人々だった。そのため、作品が出版に至ったとしても、読者は中産階級の人々もしくは欧米の人々に限られていた。「一方には、読み書きができず、そうでなかったとしても貧しかったり疲れて本を読むことができなかったりして、文学とはまったく無縁であった大衆がいた。他方には、生まれの地で育ったものや作られたものを嘲笑うという明白な目的のために教育されたような植民地中産階級がいた」。[*2] カリブ海作家たちは、大衆側に立ち、大衆が直面している現実を自分たちの作品に反映させることを望んでいたが、当の大衆は読むことができず、日々の生活にそんな余裕もない。ラミングは、当時のカリブ海作家の置かれた状況がいかに困難なものであったかを、このように説明する。「本を書くという行為が、いかにささやかなものであっても、それを読んでもらうという期待と結びついていることを受け入れるなら、西インド人作家が自分の共同体で生活し、作業をするという状況は、耐え難い困難を伴うことになる」[*3]。

しかしラミングは、カリブ海作家にとって、読者の存在は問題ではないと主張する。「彼［西インド人作家］は常に外国人読者のために書いている。その外国人とは、イギリス人やアメリカ人だけを意味するのではない。（……）彼は読者がどこかにいると信じている。その読者がどこにいるのか、正確にはわからない。彼が確かに知っている唯一のことは、その読者が全体として見た場合、西インドの中産階級ではないということである」[*4]。ラミングが外国人読者と呼ぶものは、必ずしもヨーロッパやアメリカの読者を指しているわけではなく、カリブ海社会の中産階級の人々を指しているわけでもない。カリブ海作家たちは、自分たちの読者がどこかに存在すると信じているというわけだ。この「外国人読者」という信念のもと、彼らは、現実の読者（中産階級、ヨーロッパ人、アメリカ人）ではなく、どこかに必ずいる読者に向けて書いていたのだ。

連載中、ラミングに自分を重ねながら、どこかにいる読者を想像したとき、最初に私の頭に浮かんできたのが、大学院生時代の自分だった。誰にも教わることができず、ひとりカリブ海文学を読み漁り、未来が見えないまま孤立していたあの頃の自分。ハリスは、時間を直線的に見る現実主義的なバイアスを越え、想像によって過去と現在と未来の同時性を描くことの重要性を説いた。ならば、彼に従って、当時の私が時間を巡って、本書を手に取る光景を想像するのも自由だろう。この本があったら、もっと研究もしやすかっただろう。あの頃の自分はもっと救われていただろう。この本は、当時の私が努力を続けた結果であり、今の私が当時の私に最大限してあげられることである。

研究者の方々が本書を手に取り、まだ自分たちが知らないものがあると思ってくれれば、日本語で書いた意味があったと思える。また、カリブ海の思想や文学、文化などに興味がある方が、この本を楽しんでくれることを願う。そして、本書が少しでも日本における現代思想の複数性の議論への、そしてカリブ海研究への貢献となれば、それ以上幸せなことはない。

連載の機会を与えてくださった藤枝さんは、私が想定語数をまったく守らず、好き放題に書いた文章でも毎回読んではエンパワメントとなる言葉をくださいました。そのおかげで、1年間の連載を乗り切ることができました。深く感謝いたします。藤枝さんがいなければ、私は日本語で書くことをあきらめていました。また、東京大学大学院人文社会系研究科でエメ・セゼールの研究をされている大学院生の畠山茉理絵さんには、連載開始時から毎回長い原稿を辛抱強く読んでいただき、ご助言をいただきました。心からお礼を申し上げます。愛知教育大学の堀内真由美先生には、第14章のカリビアン・フェミニズムの原稿をお読みいただき、ご指導いただきました。ありがとうございました。そして、日本語で述べても彼が理解することはないかもしれないけれども、西インド諸島大学英文学科在籍時に指導教員だったノーヴァル・エドワーズ先生にも感謝を申し上げます。あなたとの出会いが、私の研究者としての人生を変えました。また、学部時代からの同級生で、常に研究人生を並びながら歩き続けた戦友と言ってもいい日本大学生産工学部助教の皆川祐太さんにもお礼を申し上げます。そして、連載を読んでコメントや応援をくださった方々にも、感謝申し上げます。おかげさまで、こうして書籍化に至りました。最後に、突然大学院に進学すると言ったりジャマイカへの留学を宣言したりして振り回し続けたにもかかわらず、最大限の愛を持って私を支え続けてくれた両親、父哲雄と母優子にありったけの感謝を込めて、本書を捧げます。

また次の冒険の季節に、お会いできますように。

中村達

2023年11月

＊1　Lamming, *Pleasures*, 43
＊2　Ibid., 40.
＊3　Ibid., 42.
＊4　Ibid., 43.

参考文献

序章

Lamming, George. *Season of Adventure*. Ann Arbor: University of Michigan Press, 1992.

White, J. P. "An Interview with Derek Walcott." In *Conversations with Derek Walcott*, edited by William Baer, 151-74. Jackson: University Press of Mississippi, 1996.

第1章

Henry, Paget. *Caliban's Reason: Introducing Afro-Caribbean Philosophy*. New York: Routledge, 2000.

Milne, Drew. "Introduction: Criticism and/or Critique." In *Modern Critical Thought: An Anthology of Theorists Writing on Theorists*, edited by Drew Milne, 1-22. Oxford: Blackwell, 2003.

Niblett, Michael. "The Manioc and the Made-in-France: Reconsidering Creolization and Commodity Fetishism in Caribbean Literature and Theory." In *Readings in Caribbean History and Culture: Breaking Ground*, edited by D. A. Dunkley, 159-82. Plymouth: Lexicon Books, 2011.

Torres-Saillant, Silvio. *An Intellectual History of the Caribbean*. New York: Palgrave Macmillan, 2006.

ウォーラーステイン、イマニュエル『新しい学　21世紀の脱＝社会科学』山下範久訳。東京：藤原書店、２００１年。

橋本智弘「帝国／ネーション／グローバル化と文学」『クリティカル・ワード　文学理論　読み方を学び文学と出会いなおす』三原芳秋、渡邊英理、鵜戸聡編、１５１－６７。東京：フィルムアート社、２０２０年。

ヘーゲル『歴史哲学講義（上）』長谷川宏訳。東京：岩波書店、１９９４年。

本橋哲也『ポストコロニアリズム』東京：岩波書店、２００５年。

第2章

Edwards, Norval. "'Talking about a Little Culture': Sylvia Wynter's Early Essays." *Journal of West Indian Literature* 10, nos. 1/2 (2001): 12-38.

Edwards, Whitney. "Psychoanalysis in Caribbean Literature." In *The Routledge Companion to Anglophone Caribbean Literature*, edited by Michael A. Bucknor and Alison Donnell, 314-22. New York: Routledge, 2011.

Eze, Emmanuel Chukwudi. *Introduction to Race and the Enlightenment: A Reader*, edited by Emmanuel Chukwudi Eze, 1-9. Oxford: Blackwell, 1997.

Husserl, Edmund, *Phenomenology and the Crisis of Philosophy*. Translated by Quentin Lauer. New York: Harper Torchbooks, 1965.

Khanna, Ranjana. *Dark Continents: Psychoanalysis and Colonialism*. Durham: Duke University Press, 2003.

Lamming, George. *The Pleasures of Exile*. Ann Arbor: University of Michigan Press, 1992.

Maldonado-Torres, Nelson. *Against War: Views from the Underside of Modernity*. Durham: Duke University Press, 2008.

Paquet, Sandra Pouchet. Introduction to *The Pleasures of Exile*, vii-xxvii. Ann Arbor: University of Michigan Press, 1992.

Roberts, Neil. "Sylvia Wynter's Hedgehogs: The Challenge for Intellectuals to Create New 'Forms of Life' in Pursuit of Freedom." In *After Man,: Towards the Human: Critical Essays on Sylvia Wynter,* edited by Anthony Bogues, 157-89. Kingston, JA: Ian Randle Publishers, 2006.

Scott, David. "The Re-Enchantment of Humanism: An Interview with Sylvia Wynter." *Small Axe*, no. 8 (September 2000): 119-207.

Wynter, Sylvia. "Africa, the West, and the Analogy of Culture: The Cinematic Text After Man." In *Symbolic Narratives/African Cinema: Audiences, Theory and the Moving Image*, edited by June Givanni. 25-76. London: British Film Institute, 2000.

---. "On Disenchanting Discourse: 'Minority' Literary Criticism and beyond." *Cultural Critique*, no. 7 (Fall 1987): 207-44.

---. "Unsettling the Coloniality of Being/Power/Truth/Freedom: Towards the Human, After Man, Its Overrepresentation – An Argument." *CR: The New Centennial Review* 3, no. 3 (Fall 2003): 257-337.

---. "1492: A New World View." In *Race, Discourse, and the Origin of the Americas: A New World View*, edited by Hyatt Lawrence and Rex Nettleford. 5-57. Washington DC: Smithsonian Institute Press, 1995.

ミルズ、チャールズ・W『人種契約』杉村昌昭、松田正貴訳。東京：法政大学出版局、２０２２年。

第３章

Burik, Steven. *The End of Comparative Philosophy and the Task of Comparative Thinking: Heidegger, Derrida and Daoism*. Albany: State University of New York Press, 2010.

Glissant, Édouard. *Caribbean Discourse: Selected Essays*. Translated by J. Michael Dash. Charlottesville: University of Virginia Press, 1989.

Maldonado-Torres, Nelson. *Against War: View from the Underside of Modernity*. Durham: Duke University Press, 2008.

---. "On the Coloniality of Being: Contributions to the Development of a Concept." *Cultural Studies* 21, nos. 2-3 (March/May, 2007): 240-70.

Monahan, Michael J. *The Creolizing Subject: Race, Reason, and the Politics of Purity*. New York: Fordham University Press, 2011.

Morris, Mervyn. "To a West Indian Definer." In *Caribbean Literature: An Anthology*, edited by G. R. Coulthard, 86-87. London: University of London Press, 1966.

Nettleford, Rex. *Inward Stretch Outward Reach: A Voice from the Caribbean*. New York: Palgrave Macmillan, 1993.

Scott, David. "The Re-Enchantment of Humanism: An Interview with Sylvia Wynter." *Small Axe*, no. 8 (September 2000): 119-207.

Torres-Saillant, Silvio. *Caribbean Poetics: Toward an Aesthetic of West Indian Literature*. 2nd ed. Leeds: Peepal Tree Press, 2013.

Walcott, Derek. *What the Twilight Says: Essays*. New York: Farrar, Straus and Giroux, 1998.

Warren, Calvin L. *Ontological Terror: Blackness, Nihilism, and Emancipation*. Durham: Duke University Press, 2018.

Williams, Denis. *Image and Idea in the Arts of Guyana, The Edgar Mittelholzer Memorial Lectures*. Georgetown: National History and Arts Council, 1969.

Wynter, Sylvia. "Beyond the Word of Man: Glissant and the New Discourse of the Antilles," *World Literature Today* 63, no. 4 (Autumn 1989): 637-48.

グリッサン、エドゥアール『〈関係〉の詩学』菅啓次郎訳。東京：インスクリプト、２０００年。

ハイデッガー、マルティン「シュピーゲル対談」『形而上学入門』川原栄峰訳、３５７−４１２。東京：平凡社、１９９４年。

---『ブレーメン講演とフライブルク講演』森一郎、ハルトムート・ブッナー訳。東京：創文社、２００３年。

ファノン、フランツ『黒い皮膚・白い仮面［新装版］』海老坂武、加藤晴久訳。東京：みすず書房、２０２０年。

第４章

Benítez-Rojo, Antonio. *The Repeating Island: The Caribbean and the Postmodern Perspective*. Translated by James E. Maraniss. 2nd ed. Durham: Duke University Press, 1996.

Cummins, Alissandra, Allison Thompson, and Nick Whittle. *Art in Barbados: What Kind of Mirror Image?* Kingston, JA: Ian Randle Publishers, 1999.

Donald, Merlin. *Origins of the Modern Mind: Three Stages in the Evolution of Culture and Cognition*. Cambridge, MA: Harvard University Press, 1991.

Glissant, Édouard. *Caribbean Discourse: Selected Essays*. Translated by J. Michael Dash. Charlottesville: University of Virginia Press, 1989.

---. *Introduction to a Poetics of Diversity*. Translated by Celia Britton. Liverpool: Liverpool University Press, 2020.

Lamming, George. *Of Age and Innocence*. London: Peepal Tree Press, 2011.

---. *The Pleasures of Exile*. Ann Arbor: University of Michigan Press, 1992.

---. "The West Indian People." *New World Quarterly* 2, no. 2 (1966): 63-74.

エリアーデ、ミルチャ『神話と現実』中村恭子訳。東京：せりか書房、１９７３年。

グリッサン、エドゥアール『〈関係〉の詩学』菅啓次郎訳。東京：インスクリプト、２０００年。

ケレーニイ、カール、カール・グスタフ・ユング『神話学入門』杉浦忠夫訳。東京：晶文社、１９７５年。

ナンシー、J=L『無為の共同体　哲学を問い直す分有の思考』西谷修・安原伸一朗訳。東京：以文社、２００１年。

ニーチェ、フリードリッヒ『悲劇の誕生』塩屋竹男訳。東京：筑摩書房、１９９３年。

ヤング、ロバート・J・C『ポストコロニアリズム』本橋哲也訳。東京：岩波書店、２００５年。

第５章

Froude, James Anthony. *The English in the West Indies: Or, the Bow of Ulysses*. London: Charles Scribner's Sons, 1900.

Kingsley, Charles. *At Last: A Christmas in the West Indies, The Works of Charles Kingsley*. London: MacMillan, 1880.

Lamming, George. *Sovereignty of the Imagination: Conversations III*. Philipsburg, St. Martin: House of Nehesi Publishers, 2009.

Lovelace, Earl. *Growing in the Dark: (Selected Essays)*, edited by Funso Aiyejina. San Juan, Trinidad: Lexicon Trinidad, 2003.

---. *Is Just a Movie*. London: Faber and Faber, 2011.

---. *Salt*. London: Faber and Faber, 1996.

Naipaul, V. S. *The Middle Passage*. New York: Vintage, 1990.
Saunders, Patricia J. "The Meeting Place of Creole Culture: A Conversation with Earl Lovelace." *Calabash: A Journal of Caribbean Arts and Letters* 2, no. 1 (2001): 10-22.

第6章

Beckford, George, *Persistent Poverty: Underdevelopment in Plantation Economies of the Third World*. Oxford: Oxford University Press, 1972.
Brathwaite, Edward. *Contradictory Omens: Cultural Diversity and Integration in the Caribbean*. Kingston, JA: Savacou Publications, 1974.
Brathwaite, Edward Kamau. *Folk Culture of the Slaves in Jamaica*. London: New Beacon, 1970.
Brathwaite, Kamau. *The Development of Creole Society in Jamaica, 1770-1820*. Kingston, JA: Ian Randle Publishers, 2005.
Higman, B. W. Introduction to *The Development of Creole Society in Jamaica, 1770-1820*, ix-xxiii. Kingston, JA: Ian Randle Publishers, 2005.
Paul, Annie. "The Ironies of History: An Interview with Stuart Hall." *HUM 736: Papeles de cultura contemporánea* 14 (2011): 22-57.
Puri, Shalini. *The Caribbean Postcolonial: Social Equality, Post-nationalism, and Cultural Hybridity*. New York: Palgrave Macmillan, 2004.
Smith, M. G. *The Plural Society in the British West Indies*. Berkeley: University of California, 1974.
ウィリアムズ、E『コロンブスからカストロまで（Ⅱ）　カリブ海域史、1492-1969』川北稔訳。東京：岩波書店、２０１４年。
遠藤泰生「クレオールのかたちを求めて」『クレオールのかたち　カリブ地域文化研究』遠藤泰生、木村秀雄編、１－18。東京：東京大学出版会、２００２年。
鈴木慎一郎「複数文化をめぐる言説の歴史化にむけて――ブラスウェイトのクレオール社会論に関する試論」『〈複数文化〉のために　ポストコロニアリズムとクレオール性の現在』複数文化研究会編、239-53。京都：人文書院、１９９８年。
ミンツ、シドニー・W『甘さと権力　砂糖が語る近代史』川北稔、和田光弘訳。東京：筑摩書房、２０２１年。

第7章

Baugh, Edward. "Literary Theory and the Caribbean: Theory, Belief and Desire, or Designing Theory." *Journal of West Indian Literature* 15, nos. 1/2 (2006): 3-14.
Benítez-Rojo, Antonio. "Creolization and Nation-Building in the Hispanic Caribbean." In *A Pepper-Pot of Cultures: Aspect of Creolization in the Caribbean*, edited by Gordon Collier and Ulrich Fleischmann, 17-28. Amsterdam: Rodopi, 2003.
---. *The Repeating Island: The Caribbean and the Postmodern Perspective*. Translated by James E. Maraniss, 2nd ed., Duke University Press, 1996.
Brathwaite, Edward. *Contradictory Omens: Cultural Diversity and Integration in the Caribbean*. Kingston, JA: Savacou Publications, 1974.
Brathwaite, Edward Kamau. "Caribbean Man in Space and Time." Savacou 11/12 (September1975): 1-11.
---. *History of the Voice: The Development of Nation Language in Anglophone Caribbean Poetry*. London: New Beacon, 1984.
Breeze, Jean 'Binta'. *Spring Cleaning*. London: Virago, 1992.
Brathwaite, Kamau, and Edouard Glissant. "A Dialogue: Nation Language and Poetics of Creolization." In *Presencia criolla en el Caribe y América*

Latina/Creole Presence in the Caribbean and Latin America, edited by Ineke Phaf, 19-35. Frankfurt am Main: Verveurt, 1996.
Glissant, Edouard. *Caribbean Discourse: Selected Essays*. Translated by J. Michael Dash. Charlottesville: University of Virginia Press, 1989.
Torres-Saillant, Silvio. *Caribbean Poetics: Toward an Aesthetic of West Indian Literature*. 2nd ed. Leeds: Peepal Tree Press, 2013.
グリッサン、エドゥアール『〈関係〉の詩学』菅啓次郎訳。東京：インスクリプト、２０００年。
ベルナベ、ジャン、パトリック・シャモワゾー、ラファエル・コンフィアン『クレオール礼賛』恒川邦夫訳。東京：平凡社、１９９７年。

第８章

Baugh, Edward. "The West Indian Writer and His Quarrel with History." *Small Axe* 16, no. 2 (July 2012): 60-74.
Benítez-Rojo, Antonio. *The Repeating Island: The Caribbean and the Postmodern Perspective*. Translated by James E. Maraniss, 2nd ed., Duke University Press, 1996.
Breiner, Laurence. "Too Much History, or Not Enough." *Small Axe* 16, no. 2 (July 2012): 86-98.
Breslin, Paul. *Nobody's Nation: Reading Derek Walcott*. Chicago: University of Chicago Press, 2001.
Edwards, Nadi. "Contexts, Criticism, and Quarrels: A Reflection on Edward Baugh's 'The West Indian Writer and His Quarrel with History.'" *Small Axe* 16, no. 2 (July 2012): 99-107.
Fabian, Johannes. *Time and the Other: How Anthropology Makes Its Object*. New York: Columbia University Press, 1983.
Glissant, Édouard. *Caribbean Discourse: Selected Essays*. Translated by J. Michael Dash. Charlotteville: University of Virginia Press, 1989.
---. *Introduction to a Poetics of Diversity*. Translated by Celia Britton. Liverpool: Liverpool University Press, 2020.
Hearne, John. Introduction to *Carifesta Forum: An Anthology of 20 Caribbean Voices*, edited by John Hearne, vii-xi. Kingston, JA: Institute of Jamaica and Jamaica Journal, 1976.
Hirsch, Edward. "The Art of Poetry XXXVII: Derek Walcott." In *Conversations with Derek Walcott*, edited by William Baer, 95-121. Jackson: University Press of Mississippi, 1996.
Lamming, George. *The Pleasures of Exile*. Ann Arbor: University of Michigan Press, 1992.
Naipaul, V. S. *Finding the Center*. New York: Knopf, 1984
---. *The Loss of El Dorado*. New York: Vintage, 1973.
---. *The Middle Passage*. New York: Vintage, 1990.
Patterson, Orlando. *An Absence of Ruins*. Leeds: Peelpal Tree Press, 2012.
Walcott, Derek. "The Caribbean: Culture or Mimicry?" *Journal of Interamerican Studies and World Affairs* 16, no. 1 (1974): 3-14.
---. *Collected Poems, 1948-1984*. New York: Farrar, Straus and Giroux, 1986.
---. *Selected Poems*, edited by Edward Baugh. New York: Farrar, Straus and Giroux, 2007.
---. *What the Twilight Says: Essays*. Farrar, Straus and Giroux, 1998.

White, J. P. "An Interview with Derek Walcott." In *Conversations with Derek Walcott*, edited by William Baer, 151-74. Jackson: University Press of Mississippi, 1996.

カー、E・H『歴史とは何か［新版］』近藤和彦訳。東京：岩波書店、２０２２年。

---『新しい社会』清水幾太郎訳。東京：岩波新書、１９６３年。

カント、イマヌエル『純粋理性批判（上）』石川文康訳。東京：筑摩書房、２０１４年。

ニーチェ、フリードリッヒ『反時代的考察』小倉志祥訳。東京：筑摩書房、１９９３年。

ハイデガー『存在と時間（下）』桑木務訳。東京：岩波書店、１９６３年。

ファノン、フランツ『黒い皮膚・白い仮面［新装版］』海老坂武、加藤晴久訳。東京：みすず書房、２０２０年。

---『地に呪われたる者［新装版］』鈴木道彦、浦野衣子訳。東京：みすず書房、２０１５年。

第9章

Brathwaite, Kamau. "Caribbean Culture: Two Paradigms." In *Missile and Capsule*, edited by Jürgen Martini. Bremen: University of Bremen Press, 1983.
---. "Metaphors of Underdevelopment: A Proem for Hernan Cortez." In *The Art of Kamau Brathwaite*, edited by Stewart Brown, 231-53. Glamorgan, Wales: Seren, 1995.
---. *MR: Magical Realism*, vol. 1. New York: Savacou North, 2002.
Burns, Lorna. *Contemporary Caribbean Writing and Deleuze: Literature between Postcolonialism and Post-Continental Philosophy*. London: Bloomsbury, 2012.
Lamming, George. *The Pleasures of Exile*. University of Michigan Press, 1992.
Mackey, Nathaniel. "An Interview with Kamau Brathwaite." In *The Art of Kamau Brathwaite*, edited by Stewart Brown, 13-32. Glamorgan, Wales: Seren, 1995.
Retamar, Roberto Fernandez. *Caliban and Other Essays*, translated by Edward Baker. Minneapolis: University of Minnesota Press, 1989.
Saldívar, José David. *The Dialectics of Our America: Genealogy, Cultural Critique, and Literary History*. Durham: Duke University Press, 1991.
Yancy, George. *Look, a White!: Philosophical Essays on Whiteness*. Philadelphia: Temple University Press, 2012.
サルトル、ジャン＝ポール「序」『地に呪われたる者［新装版］』鈴木道彦、浦野衣子訳、５－33。東京：みすず書房、２０１５年。
シェイクスピア、ウィリアム『テンペスト』小田島雄志訳。東京：白水社、１９８３年。
セゼール、エメ『帰郷ノート／植民地主義論［第二版］』砂野幸稔訳。東京：平凡社、２０２２年。
---「もうひとつのテンペスト　シェイクスピア『テンペスト』に基づく黒人演劇のための翻案」『テンペスト』本橋哲也編訳、砂野幸稔、小沢自然、高森暁子訳、５－88。東京：インスクリプト、２００７年。

第10章

Césaire, Aimé. "Lay of Errantry." *The Collected Poetry of Aimé Césaire*, trans. Clayton Eshleman and Annette Smith, 254-9. Berkeley: University of California Press, 1983.

Dance, Daryl Cumber. *New World Adams: Conversations with West Indian Writers,* 2nd ed. Leeds: Peepal Tree Press, 2008.

Dash, Michael J. "In Search of the Lost Body: Redefining the Subject in Caribbean Literature," *Kunapipi* 11, no. 1 (1989): 14-26.

Harris, Wilson. "Carnival of Psyche: Jean Rhys's Wide Sargasso Sea." *Kunapipi* 2, no. 2 (1980): 142-150.

---. *The Carnival Trilogy*. London: Faber and Faber, 1993.

---. "The Fabric of the Imagination." Third World Quarterly 12, no. 1 (January 1990): 175-86.

---. *Selected Essays of Wilson Harris: The Unfinished Genesis of the Imagination,* edited by A. J. M. Bundy. New York: Routledge, 1999.

---. *The Womb of Space: The Cross-Cultural Imagination*. Westport, CT: Greenwood, 1983.

Hopkinson, Nalo. *Whispers from the Cotton Tree Root: Caribbean Fabulist Fiction*. Montpelier, Vermont: Invisible Cities, 2000.

Lamming, George. "The Honourable Member." *The George Lamming Reader: The Aesthetics of Decolonization*, edited by Anthony Bogues, 100-8. Kingston, JA: Ian Randle Publishers, 2011.

---. *Water with Berries*. London: Longman Caribbean, 1971.

Maes-Jelinek, Hena. "An Interview with Wilson Harris." *Caribana* 3 (1992): 23-9.

Patterson, Orlando. *An Absence of Ruins*. Leeds: Peepal Tree Press, 2012.

---. "Recent Studies on Caribbean Slavery and the Atlantic Slave Trade." *Latin American Research Review* 17, no. 3 (1982): 251-75.

ナイポール、V・S『インド・闇の領域』安引宏、大工原彌太郎訳。京都：人文書院、1985年。

ニーチェ、フリードリッヒ『権力への意志（上）』原佑訳。東京：筑摩書房、1993年。

ハイデガー『存在と時間（中）』桑木務訳。東京：岩波書店、1991年。

ハイデッガー、マルティン『形而上学入門』川原栄峰訳。東京：平凡社、1994年。

パターソン、オルランド『世界の奴隷制の歴史』奥田暁子訳。東京：明石書店、2001年。

ベルナベ、ジャン、パトリック・シャモワゾー、ラファエル・コンフィアン『クレオール礼賛』恒川邦夫訳。東京：平凡社、1997年。

メルロー＝ポンティ、M『知覚の現象学（1）』竹内芳郎、小木貞孝訳。東京：みすず書房、1967年。

第11章

Antoni, Robert. "Antonio Benítez-Rojo by Robert Antoni." *Bomb* 82, January 1, 2003. bombmagazine.org/articles/antonio-ben%C3%ADtez-rojo/.

Benítez-Rojo, Antonio. The Repeating Island: *The Caribbean and the Postmodern Perspective*. Translated by James E. Maraniss. 1st ed. Durham: Duke University Press, 1992.

---. *The Repeating Island: The Caribbean and the Postmodern Perspective*. Translated by James E. Maraniss. 2nd ed. Durham: Duke University, 1997.

Glissant, Edouard. *Caribbean Discourse: Selected Essays*. Translated by J. Michael Dash. Charlottesville: University of Virginia Press, 1989.

Harris, Wilson. *Selected Essays of Wilson Harris: The Unfinished Genesis of the Imagination*. Edited by A. J. M. Bundy. New York: Routledge, 1999.

グリッサン、エドゥアール『〈関係〉の詩学』管啓次郎訳。東京：インスクリプト、２０００年。

スチュアート、イアン『カオス的世界像　神はサイコロ遊びをするか?』須田不二夫、三村和男訳。東京：白揚社、１９９２年。

ドゥルーズ、ジル『差異と反復（上）』財津理訳。東京：河出書房新社、２０１０年。

ドゥルーズ、ジル、フェリックス・ガタリ『千のプラトー　資本主義と分裂症（上）』宇野邦一、小沢秋広、田中敏彦、豊崎光一、宮林寛、守中高明訳。東京：河出書房新社、２０１０年。

ルエール、Ｄ『偶然とカオス』青木薫訳。東京：岩波書店、１９９３年。

吉永良正『「複雑系」とは何か』東京：講談社、１９９６年。

第12章

Benítez-Rojo, Antonio. *The Repeating Island: The Caribbean and the Postmodern Perspective*. Translated by James E. Maraniss. 2nd ed. Durham: Duke University Press, 1997.

Dance, Daryl Cumber. *New World Adams: Conversations with West Indian Writers*, 2nd ed. Leeds: Peepal Tree Press, 2008.

Glissant, Edouard. *Caribbean Discourse: Selected Essays*. Translated by J. Michael Dash. Charlottesville: University of Virginia Press, 1989.

Hayles, N. Katherine. *Chaos and Order: Complex Dynamics in Literature and Science*. Chicago: University of Chicago Press, 1991.

Harris, Wilson. *Jonestown*. London: Faber and Faber, 1996.

---. “The Fabric of the Imagination.” *Third World Quarterly* 12, no. 1 (1990): 175-186.

---. “The Open Door.” *Journal of Modern Literature* 20, no. 1 (1996): 7-12.

---. *Selected Essays of Wilson Harris: The Unfinished Genesis of the Imagination*, edited by A. J. M. Bundy, New York: Routledge, 1999.

Riach, Alan. “Wilson Harris interviewed by Alan Riach.” *The Radical Imagination: Lectures and Talks by Wilson Harris*, edited by Alan Riach and Mark Williams, 33-65. Liège, L3: Language and Literature, 1992.

レイターマン、ティム、ジェーコブズ・ジョン『人民寺院　ジム・ジョーンズとガイアナの大虐殺』越智道雄監訳。東京：シャプラン出版、１９９１年。

第13章

Bennett, Louise. *Selected Poems*. Edited by Mervyn Morris. Kingston, JA: Sangster's Book Stores, 2005.

Cargill, Morris. *Public Disturbances: A Collection of Writings 1986-1996*. Edited by David D'Costa. Kingston, JA: The Mill Press, 1998.

Cooper, Carolyn. *Noises in the Blood: Orality, Gender and the 'Vulgar' Body of Jamaican Popular Culture*. London: Palgrave Macmillan, 1994.

Devonish, Hubert. *Language and Liberation: Creole Language Politics in the Caribbean.* Kingston, JA: Arawak Publications, 2007.

Ferguson, Charles. "Diglossia." WORD, vol. 15, no. 2 (1959): 325-40.

Lamming, George. *Season of Adventure.* Ann Arbor: University of Michigan Press, 1992.

---. *Sovereignty of the Imagination: Conversations III.* Philipsburg, St. Martin: House of Nehesi Publishers, 2009.

---. "On West Indian Writing." In *The George Lamming Reader: The Aesthetics of Decolonisation*, edited by Anthony Bogues, 35-50. Kingston, JA: Ian Randle Publishers, 2011.

Nichols, Grace. *i is a long memoried woman.* London: Karnak House, 1983.

Nourbese Philip, Marlene. *A Genealogy of Resistance and Other Essays.* Toronto: Mercury Press, 1997.

David Scott, "The Sovereignty of the Imagination: An Interview with George Lamming," *Small Axe* 6, no. 2 (September 2002), 72-200.

Trollope, Anthony. *The West Indies and the Spanish Main.* London: Chapman and Hall, 1867.

ハイデッカー、マルティン『「ヒューマニズム」について』渡邊二郎訳。東京：筑摩書房、１９９７年。

ファノン、フランツ『黒い皮膚・白い仮面〔新装版〕』海老坂武・加藤晴久訳。東京：みすず書房、２０２０年。

第14章

Arnold, A. James. "Caliban, Culture and Nation-Building in the Caribbean." In *Constellation Caliban: Figurations of a Character,* edited by Nadia Lie and Theo D'haen, 231-44. Amsterdam: Rodopi, 1997.

---. "The Erotics of Colonialism in Contemporary French West Indian Literary Culture," *New West Indian Guide* 68, nos. 1/2 (1994): 5-22.

Bennett, Louise. *Selected Poems,* edited by Mervyn Morris. Kingston, JA: Sangster's Book Stores, 2005.

Brathwaite, Kamau. *Contradictory Omens: Cultural Diversity and Integration in the Caribbean.* Kingston, JA: Savacou Publications, 1974.

Chancy, Myriam J. A. *Framing Silence: Revolutionary Novels by Haitian Women.* New Brunswick: Rutgers University Press, 1997.

---. *Searching for Safe Spaces: Afro-Caribbean Women Writers in Exile.* Philadelphia: Temple University Press, 1997.

Condé, Maryse. "Créolité without the Creole Language?" In *Caribbean Creolizations: Reflections on the Cultural Dynamics of Language, Literature, and Identity*, edited by Kathleen M. Balutansky and Marie-Agnès Sourieau, 101-109. Gainesville: University Press of Florida, 1998.

---. "Order, Disorder, Freedom, and the West Indian Writer," *Yale French Studies* 97, no. 2 (2000): 121-35.

Cudjoe, Selwyn R. "Introduction." In *Caribbean Women Writers: Essays from the First International Conference*, edited by Selwyn R. Cudjoe, 5-47. Wellesley: University of Massachusetts Press, 1990.

Dash, J. Michael. *Edouard Glissant.* Cambridge: Cambridge University Press, 1995.

Davies, Carole Boyce, and Elaine Savory Fido. "Preface: Taking It Over: Women, Writing and Feminism." In *Out of the Kumbla: Caribbean Women and Literature,* edited by Carole Boyce Davies and Elaine Savory Fido, ix-xx. Trenton: Africa World Press, 1990.

Ferly, Odile. *A Poetics of Relation: Caribbean Women Writing at the Millennium.* London: Palgrave Macmillan, 2012.

Fido, Elaine Savory. "'Textures of Third World Reality in the Poetry of Four African-Caribbean Women." In *Out of the Kumbla: Caribbean Women and Literature*, edited by Carole Boyce Davies and Elaine Savory Fido, 29-44. Trenton: Africa World Press, 1990.

Hebdige, Dick. *Cut 'N' Mix: Culture, Identity and Caribbean Music*. New York: Routledge, 1987.

Kutzinski, Vera. *Sugar's Secrets: Race and the Erotics of Cuban Nationalism*. Charlottesville : University of Virginia Press, 1993.

Lamming, George. *Coming, Coming Home Conversations II: Western Education and the Caribbean Intellectual Coming, Coming, Coming Home*. Philipsburg, St. Martin: House of Nehesi Publishers, 2000.

---. *The Pleasures of Exile*. Ann Arbor: University of Michigan Press, 1992.

Mordecai, Pamela. "'A Crystal of Ambiguities': Metaphors for Creativity and the Art of Writing in Derek Walcott's Another Life." *World Literature Written in English* 27, no. 1 (1987): 93-105.

---. Foreword to *Out of the Kumbla: Caribbean Women and Literature*, edited by Boyce Davies and Savory Fido, vii-viii. Trenton: Africa World Press, 1990.

Nourbese Philip, Marlene. *She Tries Her Tongue, Her Silence Softly Breaks*. London: The Women's Press, 1993.

O'Callaghan, Evelyn. *Woman Version: Theoretical Approaches to West Indian Fiction by Women*. London: Macmillan Caribbean, 1993.

Paquet, Sandra Pouchet. Introduction to *The Pleasures of Exile*, vii-xxvii. Ann Arbor: University of Michigan Press, 1991.

Pfaff, Françoise. *Conversations with Maryse Condé*. Lincoln: University of Nebraska Press, 1996.

Price, Richard, and Sally Price. "Shadowboxing in the Mangrove." In *Caribbean Romances: The Politics of Regional Representation*, edited by Belinda J. Edmondson, 123-62. Charlottesville: University of Virginia Press, 1999.

Reddock, Rhoda. "The Early Women's Movement in Trinidad and Tobago, 1900–1937." In *Subversive Women: Historical Experiences of Gender and Resistance*, edited by Saskia Wieringa, 101-20. London: Zed Books, 1995.

Singh, Jyotsna. "Caliban versus Miranda: Race and Gender Conflicts in Post-Colonial Writings of The Tempest." In *Feminist Readings of Early Modern Culture: Emerging Subjects*, edited by Valerie Traub, M.L. Kaplan, and D. Callaghan, 191-209. Cambridge University Press, 1996.

Umoren, Imaobong D. "'This is the Age of Woman': Black Feminism and Black Internationalism in the Works of Una Marson, 1928-1938." *History of Women in the Americas* 1, no. 1 (2013): 50-72.

Wynter, Sylvia. "Afterword: Beyond Miranda's Meanings: Un/Silencing the 'Demonic Ground' of Caliban's 'Woman.'" In *Out of the Kumbla: Caribbean Women and Literature*, edited by Carole Boyce Davies and Elaine Savory, 355-72. Trenton: Africa World Press, 1990.

---. "Beyond the Word of Man: Glissant and the New Discourse of the Antilles." *World Literature Today* 63, no. 4 (1989): 637-48.

岡真理『彼女の「正しい」名前とは何か　第三世界フェミニズムの思想［新装版］』東京：青土社、２０１９年。

清水晶子『フェミニズムってなんですか?』東京：文藝春秋、２０２２年。

シャモワゾー、パトリック、ラファエル・コンフィアン『クレオールとは何か』西谷修訳。東京：平凡社、２００４年。

セゼール、エメ「もうひとつのテンペスト　シェイクスピア『テンペスト』に基づく黒人演劇のための翻案」『テンペスト』本橋哲也編訳、砂野幸稔、小沢自然、高森暁子訳、５－88。東京：インスクリプト、２００７年。

ベルナベ、ジャン、パトリック・シャモワゾー、ラファエル・コンフィアン『クレオール礼賛』恒川邦夫訳。東京:平凡社、１９９７年。

モーハンティー、Ｃ・Ｔ『境界なきフェミニズム』堀田碧監訳、菊地恵子・吉原令子・我妻もえ子訳。東京：法政大学出版局、２０１２年。

第15章

Anzaldúa, Gloria. Preface to *Borderlands/La Frontera: The New Mestiza*. San Francisco: Aunt Lute Books, 1987.
---. *The Gloria Anzaldúa Reader*. Edited by AnaLouise Keating. Durham: Duke University Press, 2009.
Barnard, Ian. "Queer Race," *Social Semiotics* 9, no.2 (1999):199-212.
Butler, Judith. Preface to *Gender Trouble: Feminism and the Subversion of Identity,* vii-xxviii. New York: Routledge, 1999.
Campbell, Kofi Omoniyi Sylvanus. *The Queer Caribbean Speaks: Interviews with Writers, Artists, and Activists.* London: Palgrave Macmillan, 2014.
Cooper, Carolyn. "'Lyrical Gun': Metaphor and Role Play in Jamaican Dancehall Culture." *Massachusetts Review* 35, nos. 3/4 (1994): 429-47.
Glave, Thomas. "Introduction: Desire through the Archipelago." In *Our Caribbean: A Gathering of Lesbian and Gay Writing from the Antilles*, edited by Thomas Glave, 1-11. Durham: Duke University Press, 2008.
---. *Words to Our Now: Imagination and Dissent*. Minneapolis: University of Minnesota Press, 2005.
Guzmán, Manuel. "'Pa' La Escuelita con Mucho Cuida'o y por la Orillita': A Journey through the Contested Terrains of the Nation and Sexual Orientation." *In Puerto Rican Jam*, edited by Frances Negrón-Muntaner and Ramón Grosfoguel, 209-28. Minneapolis: University of Minnesota Press, 1997.
Kempadoo, Kamala. *Sexing the Caribbean: Gender, Race and Sexual Labor*. New York: Routledge, 2004.
Miller, Kei. *Fear of Stones and Other Stories*. London: Macmillan Caribbean, 2006.
---. *Things I Have Withheld: Essays*. Edinburgh: Canongate Books, 2021.
---. *Writing down the Vision: Essays and Prophecies*. Leeds: Peepal Tree Press, 2013.
Nakamura, Tohru. "'Maybe Broken Is Just the Same as Being': Brokenness and the Body in Kei Miller's Short Stories." *Caribbean Quarterly* 68, no. 3, (2022): 382-401.
Noel, Peter. "Batty Boys in Babylon: Can Gay West Indians Survive the 'Boom Bye Bye' Posses?" *Village Voice* 38, no. 2 (1993): 29-36.
Rahim, Jennifer. "'No Place to Go': Homosexual Space and the Discourse of 'Unspeakable' Contents in My Brother and Black Fauns." *Journal of West Indian Literature* 13, nos. 1/2 (2005): 119-40.
Salamon, Gayle. "'The Place Where Life Hides Away': Merleau-Ponty, Fanon, and the Location of Bodily Being." *Differences* 17, no. 2 (2006): 96-112.

Sedgwick, Eve Kosofsky. *Tendencies*. Durham: Duke University Press, 1993.
---. "Thinking through Queer Theory." In *The Weather in Proust*, edited by Jonathan Goldberg, 190-205. Durham: Duke University Press, 2011.
Smith, Faith. "Introduction: Sexing the Citizen." In *Sex and the Citizen: Interrogating the Caribbean*, edited by Faith Smith, 1-17. Charlottesville: University of Virginia Press, 2011.
Tinsley, Omise'eke Natasha. *Thiefing Sugar: Eroticism between Women in Caribbean Literature*. Durham: Duke University Press, 2010.
河口和也『クイア・スタディーズ』東京：岩波書店、２００３年。
セゼール、エメ『帰郷ノート／植民地主義論［第二版］』砂野幸稔訳。東京：平凡社、２０２２年。
バトラー、ジュディス『問題＝物質（マター）となる身体――「セックス」の言説的境界について』佐藤嘉幸、竹村和子、越智博美ほか訳。東京：以文社、２０２１年。
ファノン、フランツ『黒い皮膚・白い仮面［新装版］』海老坂武、加藤晴久訳。東京：みすず書房、２０２０年。
ベルサーニ、レオ『ホモセクシュアルとは』船倉正憲訳。東京：法政大学出版局、１９９６年。
ホープ、ドナ・Ｐ「『ホモは死ぬべきだ』ダンスホールにおける、男らしさの表現としての同性愛恐怖を探る」『ＬＴ１　ジャマイカの性』森本幸代編、森本幸代訳、29-55。香川：Mighty Mules' Bookstore、２００８年。
メルロー＝ポンティ、Ｍ『知覚の現象学（１）』竹内芳郎、小木貞孝訳。東京：みすず書房、１９６７年。
ラウレティス、テレサ・デ「クイアの起源：レズビアンとゲイの差異を語ること」『実践するセクシュアリティ　同性愛／異性愛の政治学』風間孝、キース・ヴィンセント、河口和也編、66－78。東京：動くゲイとレズビアンの会、１９９８年。

終わりに

Lamming, George. *The Pleasures of Exile*. Ann Arbor: University of Michigan Press, 1992.

究書。C・L・R・ジェイムズ、フランツ・ファノン、ウィルソン・ハリス、シルヴィア・ウィンターが大きく取り上げられている。ヘンリーはアフリカン哲学に関する研究を進めていて、その見地から二項対立的にカリブ海思想をマッピングした結果、グリッサンなどクレオライゼーションを重要視する思想家たちが議論から抜け落ちている。それでもこの研究書が持つ価値には疑いの余地はない。

④ Antonio BenÍtez-Rojo, *The Repeating Island: The Caribbean and the Postmodern Perspective*

英語圏のウィルソン・ハリス、仏語圏のエドゥアール・グリッサンと共鳴し、カオス理論やポストモダン言説で環カリブ海的美学を理論化するスペイン語圏からの研究書。ドゥルーズのリゾームや反復といった概念を応用し、カリブ海という世界が常に新しさを伴った「繰り返し」を経験している島であるとする。序盤の理論的枠組みの章は必読。

⑤ Sylvia Wynter, "Beyond the Word of Man: Glissant and the New Discourse of the Antilles"

シルヴィア・ウィンターによる論文は数が多く、ひとつひとつ長く内容も難しい。この論文は比較的簡単で、短めなのでそこまで苦労することなく読める。ウィンターによる理論における中心的な「人間」の系譜学について把握することができるだろう。この論文を読んでから、デイヴィッド・スコットによるインタビュー "The Re-Enchantment of. Humanism: An Interview with Sylvia Wynter" を読むのをお勧めする。彼女の唯一のエッセイ集である *We Must Learn to Sit Down Together and Talk about a Little Culture : Decolonizing Essays, 1967-1984* を読み始めるのは、それからにしたほうがいい。

⑥ George Lamming, *The Pleasures of Exile*

1950年代、1960年代の英語圏カリブ海文学の興隆の先駆けとなったジョージ・ラミングによるエッセイ集。イギリスでのカリブ海からの移民としての経験を交えながら、カリブ海の人々のアイデンティテ

カリブ海思想研究リーディングリスト

カリブ海思想の研究へ踏み出すためのエッセイ、論文、書籍を10点選びました。現時点でこれらの邦訳はなく、日本でカリブ海思想研究が芽生え、成長していくためにも翻訳が待たれます。私が選んだ10点は、ナディが西インド諸島大学の大学院で担当していた「カリブ海詩学」というコースでも推奨として載っていたものです。

① Edward Baugh, "West Indian Writer and His Quarrel with History"

植民地主義によってカリブ海に押し付けられた歴史という問題への突破口を見いだした革新的な論文。デレック・ウォルコットを極端でありながら典型的な「歴史との諍い」の例とし、遺跡などの「目に見える」もののみで形成する西洋中心主義的な歴史の観念に抵抗し、カリブ海の「目に見えない」歴史の存在を擁護する。ウィルソン・ハリスやV・S・ナイポール、カマウ・ブラスウェイトにも言及があり、カリブ海文学への理解が必要となる。エドワード・ボウの「歴史との諍い」が、『カリブ海序説』におけるエドゥアール・グリッサンによる歴史の議論へと繋がったことは知っておくべき事実である。

② Silvio Torres-Saillant, *Caribbean Poetics: Towards an Aesthetic of West Indian Literature*

英語、フランス語、スペイン語という言語圏をまたいでカリブ海詩学を究める研究書。それぞれの言語圏における経験の差異を認識しつつ、それでもカリブ海をひとつの世界とするものは何か、カリブ海特有の美学とは何か、そしてカリビアンネスとは何かを問う、カリブ海思想研究において非常に価値のある研究書。序盤に理論的枠組みを説明し、それからドミニカ共和国出身のペドロ・ミル、バルバドス出身のカマウ・ブラスウェイト、ハイチ出身のルネ・ドゥペストルという各言語圏を代表する3人の作品を個別に読み込んでいく。

③ Paget Henry, *Caliban's Reason: Introducing Afro-Caribbean Philosophy*

カリブ海思想家を「歴史主義者」("historicist")と「詩学主義者」("poeticist")に分けて論じる、カリブ海思想研究の幕開けを告げる研

代のジャマイカ社会を考察し、どのようにアフリカ系の文化が彼らの生活の中で生き延びていたか、そして西洋との文化との相互作用によってどのように変化していったかを論じている。詳細な史実が載っているので、もちろん歴史学的に重要であるのは間違いない。最終章の“Creolization”は、カリブ海におけるクレオライゼーションという現象を見事に言語化しており、続く世代のカリブ海思想家たちの灯台となっているし、乗り越えるべき対象ともなっている。

⑩ Evelyn O'Callaghan, *Woman Version: Theoretical Approaches to West Indian Fiction*

英語圏カリブ海における、カリビアン・フェミニズムを象徴するような研究書。カリブ海の女性たちがどのように自分たちの言葉で、男性中心に形成されていったカリブ海文学という「マスター・テープ」に介入していくかを、彼女たちの作品に見られる共通のテーマや文体的特徴に光を当てながら論じる。この研究書によって、オキャラハンはカリブ海における文学や理論が男性の専有物ではないことを証明し、カリブ海の女性作家たちによるカリブ海女性美学の可能性にアプローチしている。また、同年に出版されたキャロリン・クーパーの *Noises in the Blood: Orality, Gender and the “Vulgar” Body of Jamaican Popular Culture* もお勧めする。

ィを探る。「ポストコロニアル」という言葉が理論として欧米社会に浸透する以前から、すでに今日の理論が扱っている問題を取り上げている。シェイクスピアの『テンペスト』で奴隷として描かれるキャリバンの主体性を擁護し、彼をカリブ海の人々のモチーフとしたのは、少なくとも英語圏においてはラミングのこの書籍が初めてだろう。

⑦ Wilson Harris, *Selected Essays of Wilson Harris*

ウィルソン・ハリスの講演やエッセイはかなり多く、表現も内容も難しいため、カリブ海思想研究において重要な位置を占めているにもかかわらず、ハリスの思想にはなかなか手が伸びない人が多い。このエッセイ集では、その中でも極めて重要なものを編者が4つのトピックで分け、そのトピックごとに解説をつけているので、それを足がかりにしながら読んでいくことができる。ハリスの思想に興味を持った場合、*Explorations: A Series of Talks and Articles 1966– 1981* や *The Radical Imagination: Lectures and Talks* などのエッセイ集もお勧めしたいが、*Selected Essays* に比べると入手が困難である。

⑧ Derek Walcott, *What the Twilight Says: Essays*

デレック・ウォルコットは詩と演劇で有名だが、カリブ海思想における重要な視座を提供するエッセイを数々発表している。このエッセイ集は、カリブ海の雑種性を否定的なものではなく、新しい価値が生まれる文化的土壌として称揚するウォルコットの思想的文章で溢れている。カリブ海思想研究に興味がない人でも、ノーベル文学賞受賞スピーチにおける、彼の花瓶の比喩は一見の価値がある。また、この書籍は彼のV・S・ナイポールやパトリック・シャモワゾーに関するエッセイも収録している。

⑨ Kamau Brathwaite, *The Development of Creole Society in Jamaica 1770-1820*

カマウ・ブラスウェイトは詩人としてだけでなく、歴史学者としても功績を残している。この研究書は歴史学的アプローチから奴隷制時

■著者プロフィール

中村達（なかむら・とおる）

1987年生まれ。専門は英語圏を中心としたカリブ海文学・思想。西インド諸島大学モナキャンパス英文学科の博士課程に日本人として初めて在籍し、2020年PhD with High Commendation（Literatures in English）を取得。現在、千葉工業大学助教。著書に『私が諸島である　カリブ海思想入門』（第46回サントリー学芸賞受賞）、主な論文に、“The Interplay of Political and Existential Freedom in Earl Lovelace's *The Dragon Can't Dance*”（*Journal of West Indian Literature*, 2015）、“Peasant Sensibility and the Structures of Feeling of 'My People' in George Lamming's *In the Castle of My Skin*”（*Small Axe*, 2023）など。

私が諸島である　カリブ海思想入門

2023年12月27日　第1刷発行
2024年11月5日　第2刷発行

著者　中村達
発行者　池田雪
発行所　株式会社 書肆侃侃房（しょしかんかんぼう）
〒810-0041　福岡市中央区大名2-8-18-501
TEL 092-735-2802　FAX 092-735-2792
http://www.kankanbou.com
info@kankanbou.com

編集　藤枝大
デザイン　木下悠
DTP　黒木留実
印刷・製本　モリモト印刷株式会社

ISBN978-4-86385-601-1　C0095